馆窥
我的图书馆之旅

辅翼编

韦力 ◎ 著

国家图书馆出版社

自序

按照业界看法,中国图书馆的发展可以分为三个阶段:第一代图书馆指的是古代藏书楼,其特点是重藏轻用;第二代图书馆指的是受西方观念影响而形成的近代图书馆,其特点是藏以致用;第三代图书馆被称为现代图书馆,其特点是资源共享。

文字的出现是人类进入文明时代的重要标志,而文字需要载体,广义的载体就是各种材质的书,随着图书数量的增多,就需要有专门储藏书的房屋或殿堂,这些建筑物就是广义的图书馆。1900 年,美国考古学家约翰·彼得斯等人在伊拉克尼普尔的一个寺庙废墟中发现了一批泥版文书,其年代距今大约 4000 多年,这些泥版文书被视为流传至今最早的书之一。但寺庙藏书不能等同于后世所说的图书馆,如今考证出最早的图书馆是公元前 7 世纪亚述帝国在尼尼微开办的亚述巴尼拔图书馆,这座皇宫图书馆大致收藏了 25000 块泥版文书,包括宗教铭文、文学作品、天文记录以及数学、化学等科学方面的著作。

古埃及用莎草纸书写的《死者书》大约在 3000 年前,古印度的《贝叶经》流传至今者,有的也超过了 2500 年,古希腊、古罗马也都建有一定规模的图书馆,但这些主要都是服务于皇室。古罗马的恺撒想要建造一座规模宏大的图书馆,这个愿望在他去世后由其部下波利奥实现了,公元前 30 年代,罗马城内有了第一个公共图书馆。

中国最古老的文献被称为"三坟五典"。殷墟出土的商周甲骨文已然是成熟文字,故殷墟也被视为留存至今中国最古老的图书馆。秦始皇在都城咸阳的阿房宫设有专门的藏书机构,还专门安排"柱下史"负责管理藏书。汉高祖刘邦命萧何接管秦朝遗留的图书，为此专门修建了宫廷藏书楼，《汉宫殿疏》中称："天禄、麒麟阁，萧何造，以藏秘书，处贤才也。"自此之后，中国历代几乎都有官、私所办的藏书楼，同时还出现了一些具有集体性质的藏书机构，比如书院藏书，其介于公藏与私藏之间。

很多人认为现代图书馆是西方舶来品，无论办馆理念还是管理方法，均与中国古代藏书楼有着本质区别。这种说法有其道理在，但若仔细予以鉴别，也有不符事实之处。

中国很早就有与人分享的理念。春秋末年，孔子的弟子子路明确地说"愿车马，衣轻裘，与朋友共"，惜其所分享之物中，没有提及藏书。魏晋时期，将私家藏书与人分享的观念已然产生，《晋书·儒林传》载："（范平）家世好学，有书七千余卷，远近来读者恒有百余人。"《南齐书·文学传》称："（崔慰祖）聚书至万卷，邻里年少好事者来从假借，日数十帙。慰祖亲自取与，未尝为辞。"北宋时期，苏轼的朋友李公择曾在庐山五老峰下建藏书室，藏书量近万卷，离开时把这些藏书留在了原处，与人分享，为此苏轼在《李氏山房藏书记》中夸赞这种行为："而书固自如也，未尝少损。将以遗来者，供其无穷之求，而各足其才分之所当得。是以不藏于家，而藏于其故所居之僧舍。此仁者之心也！"

到了明末，多位藏书家都谈到愿意将自己的藏书与天下人分享。钱谦益在《跋〈草莽私乘〉》中谈到李如一的藏书观："天下好书，当与天下读书人共之！古人以匹夫怀璧为有罪，况书之为宝，尤重于尺璧，敢怀之以贾罪乎？"明末清初的曹溶更是反对把藏书封闭起来，为此特意撰写《流通古书约》，提出了一整套互通有无、流通古书、为古书续命的具体方法。

清代中期，山东藏书家周永年提出了"儒藏说"。虽然这种说法早在明末时藏书家曹学佺就已经提出，但曹学佺当时的观念是指整理历代儒家经典及相应解说并汇为一处，与佛藏、道藏相媲美，曹学佺的"儒藏说"中并没有提到书籍的流通问题。周永年的观念则是倡导藏书公开，他认为只有公开才能更好地保存和流传书籍，同时提出"惟藏之有法，故历久不替"，他所说的保存之法，则是"天下万世共读之"。周永年还建起了藉书园，以实现他的共读理念，而"藉"者，借也。

虽然藉书园的藏书最终也失散了，但是周永年的"儒藏说"理念却通过《四库全书》得以实施。周永年不仅参加过《四库全书》的纂修和《四库全书总目》的编写,还从《永乐大典》中辑出不少失传的文献。当年的四库七阁,其中有三阁处在南方,乾隆皇帝规定南三阁可以对学人开放,免费入内读书和抄录,等等,已然具备了公共图书馆的功能,因此司马朝军先生主编的《〈四库全书〉与中国文化》中称:"一部《四库全书》实即一部《儒藏》。"

晚清民国时期的不少藏书家都有将藏书公开的意识,比如玉海楼主人孙衣言称:"乡里后生,有读书之才、读书之志,而能无谬我约,皆可以就我庐,读我书。天下之宝,我固不欲为一家之储也。"清光绪二年(1876),国英所建共读楼被称为北京最早的私人图书馆,当时他特意在宗祠旁边建楼五楹,认为自己的藏书"子孙未必能读,即便能读,亦何妨与人共读",故而把自己的藏书楼命名为"共读楼"。

尽管有些传统藏书家不吝于将所藏与人分享,但多数藏书还是秘不示人,这既与藏书家本人的性格相关,同时也是因为缺乏完善的社会制度,借出之书往往难以索回,所以他们宁愿深锁琅嬛饱蠹鱼。在封建社会,个人藏书属于私有财产,而儒家文化使得许多藏书家都希望子孙能世代守护自己辛苦积攒的文化成果,以便培养出更多的读书人。比如明代范钦所创的天一阁,严格规定不能将书携带出阁,违者不许参加祭祖大典。明代藏书家叶盛在《书橱铭》中写道:"读必谨,锁必牢,收必审,阁必高。子孙子,惟学斅,借非其人亦不孝。"清代藏书家万言的一方藏书章印文为:"吾存宁可食吾肉,吾亡宁可发吾椁,子子孙孙永勿鬻,熟此直可供馔粥。"清代藏书家王昶在藏书印中告诫子孙:"如不材,敢卖弃。是非人,犬豕类。屏出族,加鞭棰。"这类藏书印还有许多,他们通过藏书印发出如此严厉的警示,一是说明古代藏书搜集十分艰难,能够收集到这么多的善本确非易事,二是侧面说明了在那样的时代积难散易。

图书的失散不仅仅是因为子孙不能守祖业,还有很多外在原因,尤其是社会动荡,对公私藏书都会构成巨大威胁。比如近代的太平天国运动,他们用拜上帝教来否定封建传统、儒家思想,在《诏书盖玺颁行论》中称:"凡一切孔孟诸子百家妖书邪说者尽行焚除,皆不准买卖藏读也,否则问罪也。"太平天国运动使得南三阁《四库全书》仅余半套,晚清四大藏书楼之一的海源阁损失过半。而那时的战争中心与藏书中心都在江南,致使很多藏书楼被毁。

战争结束后，一些有识之士看到了私家藏书的力量薄弱，再加上那段时间西方公共图书馆的理念渐渐为更多人所接受，有些人意识到，藏之于私不如藏之于公，密藏于家不如与人分享。随着社会的开放和观念的改变，越来越多的藏书家愿意与人分享自己的所藏，仅从藏书分享角度来说，这已经与现代图书馆的理念基本相同，只是在藏书楼的管理方式及分享方式上，尚未形成完善而持久的制度体系，致使很多与人分享的藏书楼一世而斩。然而，正是因为这些带有分享性质的藏书楼存在过，就不能说公共图书馆观念全部来自西方。

私人开放的藏书楼因为各种原因难以长久，于是有些人开始思考外国的一些图书馆为什么能够长久保存，并且有着更高的开放度。

就物权而言，中国古代藏书楼大部分属于私人所有，并没有在国家政府层面对外开放的藏书楼。有些学者把传统藏书之处称为藏书楼，把新式观念的开放式书楼称为图书馆。对于中国近代图书馆的起源，吴晞在《从藏书楼到图书馆》一书中认为："第一批超越了旧式藏书楼窠臼的新型图书馆，却是西方传教士们所创办的基督教图书馆。"该书中提到明代中晚期耶稣会传教士利玛窦以及后来的继承者汤若望、南怀仁等，他们带来了西方的书籍，同时也带来了公共图书馆理念，比如 1623 年艾儒略在《职方外纪》中介绍了欧洲的图书馆状况。西方人在中国建的最早的西式图书馆应该是 17 世纪金尼阁所建的教廷图书馆，他在《利玛窦中国札记》中写道"在中国成立了名副其实的教廷图书馆"。此后北京又陆续建成了南堂、东堂、北堂、西堂"四堂"图书馆。

之后又有了徐家汇藏书楼、文华公书林等，这些教会藏书楼的所藏，后来大多汇入了当今的公共图书馆，如果溯源各地公共图书馆的藏书，有不少都能找到教会藏书的身影。因此可以说，西方人在中国所建的教会图书馆，可以视为中国公共图书馆的前身之一。

总体来说，那时创建的一些西式图书馆在中国并没有产生重大影响，此后因为禁教之故，这些图书馆处于封闭状态。直到 1840 年后外国侵略者用坚船利炮打破了中国与世隔绝的状态，西方传教士再次来到中国，又建起了一些图书馆，比如 1847 年耶稣会传教士在上海创办的徐家汇天主堂藏书楼，以及 1871 年伟烈亚力创办的亚洲文会北中国支会图书馆。胡道静在 1935 年出版的《上海图书馆史》中转引了他人对亚洲文会北中国支会图书馆的评价之语：“在中国境内最好的东方学图书馆。”

这个时期，中国早期维新派开始痛定思痛地思索为什么貌似强大的帝国却败给了西方，想要了解西方强势的原因。林则徐主持翻译了英国慕瑞在 1836 年出版的《世界地理大全》，其中文译名为《四洲志》，书中谈到了西方近代图书馆状况。魏源在《海国图志》的序言中谈到了编纂此书的动机和目的：“是书何以作？曰：为以夷攻夷而作，……为师夷长技以制夷而作。”洋人除了枪炮还有哪些长技呢？魏源在书中谈到了西方的学校、报馆以及图书馆等，后者与前者有着必然的关联。此后徐继畬在《瀛环志略》中也谈到了西方图书馆。

1867 年，王韬在朋友资助下前往欧洲游历，他参观了英法图书馆，在《漫游随录》中写道：“法国最重读书，收藏之富殆所未有。计凡藏书大库三十五所，名帙奇编不可胜数，皆泰西文字也。”谈到大英博物馆时，王韬说：“其地袤广数百亩。构屋千楹，高敞巩固，铁作间架，铅代陶瓦，砖石为壁，皆以防火患也。院中藏书最富，所有五大洲舆图、古今历代书籍，不下五十二万部。”

王韬注意到，这些图书馆除了藏书数量巨大，还可以任人翻阅：“其前为广堂，排列几椅，可坐数百人。几上笔墨俱备，四面环以铁阑。男女观书者，日有百数十人，晨入暮归，书任检读，惟不令携去。”因此，王韬可谓是近代人物中第一次系统考察西方图书馆并撰写介绍文章的人。

接受一种新事物，首先要接受其观念，图书馆也是如此。以开放观念论，如前所说，中国古已有之，比如阮元所建的书藏，这种开放观念在社会上造成广泛影响，后来多地都出现了仿阮元而建的各种书藏。但是能读到藏书的人毕竟是少数，因此一些有识之士在接受了西方理念后，呼吁创建开放式图书馆。比如郑观应在《盛世危言》中，先介绍了清代官私藏书之盛：“我朝稽古右文，尊贤礼士，车书一统，文轨大同，海内藏书之家，指不胜屈。”接着谈到了私藏的弊端：“然子孙未必能读，戚友无由借观，或鼠啮蠹蚀，厄于水火，则私而不公也。”即使官藏也非一般人能任意翻阅：“乾隆时特开四库，建文宗、文汇、文澜三阁，准海内稽古之士就近观览，淹通博洽，蔚为有用之才，作人养士之心，至为优厚。而所在官吏奉行不善，宫墙美富，深秘藏庋，寒士末由窥见。”最终这些费了很大气力抄写而成之书，被战火所毁，“及寇乱洊经，付之一炬”。

对于西方图书馆的优点及状况，郑观应写道："泰西各国均有藏书院、博物院，而英国之书籍尤多，自汉、唐以来，无书不备，凡本国有新刊之书，例以二分送院收贮。如有益于国计民生者，必膺朝廷重赏，并给予独刊之权若干年。咸丰四年间，于院中筑一大厦，名曰读书堂，可容三百人，中设几案笔墨。有志读书者，先向本地绅士领有凭单，开列姓名住址，持送院中，董事换给执照，准其入院观书，限六阅月更换一次。如欲看某书、某册，则以片纸注明书目，交值堂者检出付阅。阅毕缴还，不许携带出门，及损坏涂抹，倘有损失，责令赔偿。"

在郑观应看来，如果中国也建这样的图书馆，就能使国家迅速强盛起来："若合天下之才智聪明，以穷中外古今之变故，标新领异，日就月将，我中国四万万之华民，必有复出于九州万国之上者。"可见那时的有识之士介绍西方图书馆，目的仍然是"师夷长技以制夷"，但客观上，他们让更多世人了解到西方强盛与图书馆之间的必然联系，这为中国建造近代新式图书馆起到了理论铺垫作用。

1894年爆发了中日甲午战争，转年清政府签订了丧权辱国的《马关条约》，更加激起了一些有识之士救亡图存的斗志。1895年康有为等人在北京、上海等地创办了强学会，章程中写明强学会要做四件事：翻译西方典籍、发行报纸、开大书藏、建博物馆，其中"大书藏"指的就是图书馆。1898年"戊戌政变"使得一些开办的图书馆被查封。1901年清政府决定实行新政，新政之一就是要开办近代新式图书馆。1903年，清政府颁布的《奏定大学堂章程》中提到"大学堂当附属图书馆一所，广罗中外古今各种图书，以资考证"，于是各地新建起的大学堂纷纷开设了图书馆。

1904年3月，梁焕奎、龙绂瑞等在《湖南官报》上发表募捐启，倡议创设湖南图书馆兼教育博物馆，后经湖南巡抚批准将长沙定王台改作图书馆。有些学者认为，湖南图书馆是中国第一所省立公共图书馆。此后，全国各省纷纷成立省立图书馆，一些市县也成立了公共图书馆，与此同时，还有一些私人及团体也开办了开放式的图书馆，由此使得公共图书馆在中国得以迅速普及，同时呈现出属性的多样化。

然而那时中国还没有与西式图书馆恰当对译的名词，例如1807年英国传教士马礼逊父子合著的《外国史略》中介绍到荷兰图书馆时，将其翻译为"书院"，王韬则称之为"藏书大库"，郑观应称之为"藏书院"，等等。对于这个新生事物,那时还没有统一的定名,一些呼吁者把图书馆也称为藏书楼,例如刘师培写过《论中国宜建藏书楼》一文,文中感慨封建社会不以学术为公器:"嗟乎!三代以降,苛政日增,不知以学术导其民,并不以学术公之于世。"为此他提出:"今宜参用其法,于名都大邑设藏书楼一区,以藏古今之异籍。"刘师培所说的"藏书楼"其实就是现代公共图书馆。清光绪二十二年(1896)孙家鼐谈到西方教育时称"泰西教育人材之道,计有三事:曰学校,曰新闻馆,曰书籍馆",其所说的新闻馆乃是指报社,书籍馆实指公共图书馆。

对于"图书馆"一词的使用,吴晞在其专著《从藏书楼到图书馆》中说:"中国'图书馆'一词的直接来源出自日文'図书館',最初是由梁启超引进到中国来的。1896年9月在梁启超主编的《时务报》上,首次出现了图书馆一词。"可见"图书馆"一词确实是舶来品。中国早期人文启蒙者大多是从日本间接地接受西方观念。程焕文在其专著《晚清图书馆学术思想史》中提及,日本古代和中世纪所建的藏书处称为文库,明治五年(1872),在维新派的推动下,日本政府创办了东京书籍馆,明治十三年(1880),该馆改名为"东京図书館",程焕文说:"是为日本使用'図书館'一词的开始。"

可见,日本的公共图书馆概念来源于西方,他们最初使用的是"书籍馆",后来有了"图书馆"一词。中国借鉴此词,在初期乃是将藏书楼与书籍馆、图书馆等词并行,后来才定于一尊,公共藏书处一律称为"图书馆",这种用法沿用至今。只是有一度将"图书馆"三个字合为一个字——圕,这是一个新造的象形字:将书放在一个大房子内。"圕"字是民国十五年(1926)由著名图书馆学家杜定友发明的,因为他在撰写图书馆学著述时,感觉文中不断地重复出现"图书馆"三个字太过麻烦,所以他发明了"圕"字来代替。1929年后,杜定友在中华图书馆协会第一次年会上提出《采用"圕"新字案》,获得通过,于是有些书上就出现了这个新字。

总体来说,现代图书馆概念来自西方和日本,因此吴晞认为:"中国的图书馆是西方思想文化传入中国的产物,中国图书馆的历史是从接受西方的图书馆思想及管理方法之后才开始的。"

随着图书馆的增多,相关的协会也随之诞生,中国最早的地方性图书馆协会是1918年成立的北京图书馆协会,自此之后,各地图书馆协会纷纷成立，1925 年又成立了全国性的图书馆团体——中华图书馆协会。该会的成立促进了中国图书馆事业的发展，他们制定章程，培养人员，联络国际图书馆，等等，在许多方面都有开创性的贡献。1920 年，经韦棣华女士的努力，她与沈祖荣等人在武昌文华大学开设了文华图书科，后独立为文华图书馆学专科学校，这是我国第一所独立的图书馆学校，该校培养出来的图书馆学人才在日后成为中国第一代图书馆学专家，他们为此的付出必将为历史所铭记。

但是，天下大多事物都具有萌芽期、成长期和衰败期，如果说公共图书馆的核心观念乃是"共享"二字，那么传统的藏书家早已具有这种观念，只是其管理制度与开放理念不如西式图书馆健全。故而我认为，西方图书馆的传入，丰富和完善了图书分享理念，出于这种认识，我认为讲述中国图书馆的故事，就要从中国古代藏书楼中找出具有开放理念者，予以论述。

如果以具体藏书论，现代中国的公共图书馆均很重视古籍善本的收藏，很多馆都将收藏善本量的多少，作为该馆收藏水准的衡量标准之一，而这些善本原本大多来自古代的私家藏书楼。这也侧面说明了传统藏书楼与现代图书馆的递承关系。

因为我喜欢藏书之故，这些年来为了核对善本去过一些国内公共图书馆的善本书库，为此陆续写了一些图书馆参观记。在新冠疫情期间，出门受到限制，故而坐在书桌边将这些走访图书馆之文分类梳理。在梳理书稿之时，我还是觉得讲述中国公共图书馆要从传统的、具有开放意识的藏书楼说起，比如阮元的灵隐书藏等，于是我将这部分内容补入文稿中，视之为中国公共图书馆的肇始，或者称之为萌芽期。走访各家省、市、县级图书馆及学校图书馆是本书的正章，我将相关之文分类汇为公共编与学校编。也有一些其他性质的图书馆，比如家族性质的关族图书馆和司徒氏通俗图书馆，这些馆不能称之为公共图书馆的前身，但它们的开放理念也属本书收录的范围，故而我将其放在辅翼编，我觉得它们恰好能够表现中国开放式图书馆的多样性。这种分法虽然不能涵盖中国图书馆类型的全部，但大致可以看出开放式图书馆的延续和脉络。

按照原计划，还有一些历史悠久的公共图书馆应该前去探访，但因疫情之故，这个想法难以实施。疫情的间隙我在北京市内寻访一些老图书馆，然外地的一些老馆却没有办法前往补充。事实上，藏有古籍的中国公共图书馆数量远比我想象的要多，这本小书不可能有这么大的涵盖面，因此未访到的图书馆只能期待将来出续集，以便更完整、更全面地展示中国公共图书馆的方方面面。

需要说明的是，由于我的视角主要在古籍方面，因此没有全面地讲述各家图书馆的丰富馆藏，比如平装书、洋装书、外文书及报纸杂志等，文中记述的主要是参观善本库和观赏善本时的感受，但是我的狭隘和偏见并不能掩盖各家图书馆馆藏的丰富，读者可以走访各家图书馆，亲自去领略一番。

于我而言，参观现代化的图书馆，却专门去看其中的古籍，这有如流行歌曲中的"洋装虽然穿在身，我心依然是中国心"，似乎用这句歌词来形容中国公共图书馆也很贴切。虽然我所谈的仅是一私之偏，却也是爱书人大多感兴趣的角落，对于公共图书馆的全面论述，则只能留待方家了。

这些年来的图书馆寻访，我得到了很多师友的帮助，得以进入一些重要图书馆的书库，目睹那些如雷贯耳般名典的真容，在此我向那些为我提供过帮助的师友表示郑重谢意。在图书馆之旅中，我既看到了老的馆舍，也看到了新的设施，惊叹于图书馆的壮美。天堂是不是图书馆的模样，我没去过天堂，不敢下断语，但我可以确定地说，图书馆一定是知识的天堂，也是爱书人心中的天堂。

时至今日，社会在巨变中，网络数字化越发普及，数字图书馆也不断涌现，今后纸本书是否真会成为陈列用的古董，我于此不敢断言，但我觉得书籍是人类社会共同的文化遗产，无论图书变成什么形式，曾经的历史都不能忘却，我以自己的眼界所及，记录下所看所想，这就是我写本书的初衷。

韦力

2022 年 5 月 28 日

目录

黄册库

古代最大的档案馆

明朝建立后，制定了多项新的规章，其中关键之一就是黄册制度。这项制度的实质是一种户籍管理办法，与之相关者还有鱼鳞图册。对于两者间的关系，清初陆世仪在《论鱼鳞图册》一文中称："旧制，定赋役有二册，一曰黄册，以人户为母，以田为子，凡定徭役、征赋税则用之；一曰鱼鳞图册，以田为母，以人户为子，凡分号数，稽四至则用之。"

可见明代的徭役和纳税制度有两项管理办法：一是以人头为主，以田地为辅；二是根据鱼鳞图册，以田地为主，以人为辅。两种方法交相使用，互为经纬，故《明史·食货志》总结说："鱼鳞册为经，土田之讼质焉。黄册为纬，赋役之法定焉。"

征派徭役是古代赋役制度中重要的项目之一，为了提高征派的有效性，必须对人口数目有精确的把握和管理，因此需要建立完善的户籍制度，于是在明初发明了黄册制度。关于黄册制度的发明人，《明史·范敏传》写道："洪武八年举秀才，擢户部郎中。十三年授试尚书。荐者儒王本等，皆拜四辅官。帝以徭役不均，命编造黄册。敏议百一十户为里，丁多者十人为里长，鸠一里之事以供岁役，十年一周，余百户为十甲，后遂仍其制不废。"

范敏在做户部尚书时，皇帝考虑到徭役征派不均，下令范敏制定相应制度，于是范敏根据皇帝的意思，提出先设置里长制。按照范敏的建议，110户为里，推丁多者十人为里长，其余百户分为十甲，每甲设甲首一人。每十年一个周期进行轮换，称之为里甲制度。

古代称男为丁，女为口，男性十六岁叫成丁，之前为未成丁，未成丁和妇女可以免除徭役。为了保证徭役、税赋的稳定征收，当时限制随意迁徙。因此明初制定黄册制度的目的，乃是限制人口迁移以及限制人转行业，故黄册制度直接涉及人丁和事产两个方面。

明洪武二十三年（1390），朱元璋对黄册制度下达诏令，转年黄册制度正式实施。朝廷详细规定了黄册中需要填报的内容，并且详细规定了撰写黄册的字体及呈报的数量，《大明会典》载："凡黄册字样，皆细书，大小行款高低，照坐去式样。面上乡、都、保、分等项，照式刊印，不许用纸浮贴。其各州、县，每里造册两本，进呈册用黄纸面，布政司、府、州、县册用青纸面。"

朝廷在颁发文告的同时绘出了黄册式样，同时规定要用细字书写，各地都要按此来制作黄册。本来还规定黄册不能做任何的涂改，但是后来发现用细字书写容易"洗改作弊",于是在明弘治年间要求将其改为楷书,同样规定不允许涂抹挖补。当时规定黄册的长宽均为一尺二寸,可见黄册是正方形,同时规定黄册必须用厚实的棉纸来制作,以粗棉索来装订,每本黄册的重量大约在四五斤。黄册上填写每一户的人丁数量、田地数量等,以此核算交税额度,早在洪武十五年(1382)朱元璋就下诏百姓要照依黄册交纳钱粮,朝廷根据天下各府州县的黄册来核定当地的税粮总数,只要黄册所载不变,应缴税额就不变。但人丁数量是在变化中的,所以黄册每十年修订一次。

当时无论官田还是民田,一律按黄册核定的数量来交粮税,按照《大明会典》卷十九《户部四》中的规定:"凡各州、县田土必须开豁各户若干及条段四至。系官田者,照依官田则例起科;系民田者,照依民田则例征敛。务要编入黄册,以凭征收税粮。"

如前所言,黄册乃是以核定人丁为主,鱼鳞图册则是以核定田亩为主。在制定黄册的同时,于洪武二十年(1387)年底,朝廷开始核定田亩。《续文献通考》卷二《田赋考二》载:"帝既定天下,核实天下土田,而两浙富民畏避徭役,大率以田产寄他户,谓之贴脚诡寄。是年,命国子生武淳等分行州县,随粮定区。区设粮长,量度田亩方圆,次以字号,悉书主名及田之丈尺,编类为册,状如鱼鳞,号曰鱼鳞图册。"

很多水田是不规则的形状,鱼鳞图册就根据地块的实际状况在图册中描画下来,同时列明每块田地四周所邻及具体的状况等。因此,鱼鳞图册是核定土地的实际凭证,其与黄册共同构成了纳钱粮依据。

"鱼鳞图册"这一名称的来源乃是描绘土地的形状,那么"黄册"一名是怎么来的呢?《明史·食货志》称:"册凡四:一上户部,其三则布政司、府、县各存一焉。上户部者,册面黄纸,故谓之黄册。"黄册一式四份,其中呈给户部的一册封面用黄纸,其他三册在布政司、府、县各存一份,封面用的是青纸。上到户部的那一册,根据封面被称为"黄册"。想来当今政府的白皮书和黄皮书等,也许就是本自这种称呼方式。故吴晗在《朱元璋传》中明确地说:"因为册面用黄纸,所以叫作黄册。"

但也有人认为"黄册"的意思不是指黄封面,比如明丘濬在《大学衍义补》中说:"所谓版者,即前代之黄籍,今世之黄册也。"丘濬所说的"黄籍"乃是指户籍,因为这里的"黄"乃"黄口"之意。比如《隋书·食

■ 黄册库的院门　　■ 黄册库与湖神庙全景

货志》中称："男女三岁已下为黄,十岁已下为小,十七已下为中,十八已上为丁。"可见"黄口"是指幼童。这种说法起源甚早,例如明隆庆版《仪真县志》中说:"邦本系于民数,版图昉于生齿。周制,黄口始生,遂登其数。后世黄册之名起此。"

按此说法,早在周代,人口出生就要做登记,当时将刚出生的小孩子称为"黄口",故明代的黄册之名乃是本于此,由此说明了黄册就是后来的户口本。

黄册不但可以掌握全国的人口数量,还能了解到每一户每一人的具体情况。在那个时代,国家人口多就意味着国家财税丰盛。丘濬在《大学衍义补》中称:"天下盛衰在庶民。庶民多,则国势盛。庶民寡,则国势衰。盖国之有民,犹仓廪之有粟,府藏之有财也。"

黄册同时也起到了维持地方安定的作用。当时的里长有一定的行政权,《太祖实录》载:"洪武二十七年四月壬午,命有司择民间耆年,公正可任事者,俾听其乡诉讼,若户婚、田宅、斗殴者,则会里胥决之。事涉重者,始白于官。"乡间百姓的纠纷可以由里长来做调解,调解不成功,才可以到县里去上告,如果不经调解直接上诉,就是越诉。

由此可见,黄册制度实际上反映了封建王朝对于基层的管理方式,以及相应的纳税与劳役制度。为此,皇帝对黄册的编制十分看重,《大明会典》卷二十《户部五》载:"洪武三年,令中书省臣,凡行郊祀礼,以天下户口钱粮之籍陈于台下,祭毕,收入内库藏之。其重如此,后著为成式。"皇帝在祭天之时,户部要把黄册摆在祭台上,以此来告天。祭天完毕后,立即将黄册收入内库妥善保存。当时规定黄册不能任意翻看,只有发生纠纷时,经过报批才可查看。

为了保护这些黄册,早在明初,朝廷就专门选定一妥当安全之处来盛放黄册,此地即江苏南京的玄武湖。

玄武湖处在南京钟山脚下,古名桑泊,又名秣陵湖。公元 3 世纪,孙吴在南京建都,因此湖处在宫城之后,故称该湖为后湖。相传南朝宋元嘉二十五年(448)四月,湖中出现了青龙,五月,人们又见湖中有黑龙,于是该湖改名为玄武湖。

明洪武元年(1368),朱元璋定都南京,从洪武十四年(1381)开始,朱元璋诏令全国州府县陆续编制黄册,其中交给户部的那一份由当地官员亲自送到南京。为了妥善保存黄册，朝廷在玄武湖的一个小岛上建造了专门储藏黄册的库房。

将黄册库建在小岛上有两个好处，一是利于防火，二是便于防卫。按照《后湖志》所载："沿墙或五十步或七十步盖立铺舍，责令各该地方、军余、火甲人等编成班次，昼夜巡逻，严于防守。"

明代朝廷把后湖作为禁地，故后湖又被称为禁湖，因为该湖禁止人入内。后湖上黄册库管人员的补给，也只准每旬的逢一、逢六日才可以运送往来，平时将湖船加以重锁，由宫内太监保管钥匙。

但是，档案库建在湖中也有一个弊端，那就是地湿风潮，不利于纸本的长期保存。为了解决这个问题，早在建造黄册库之初，皇帝就征求过有经验人的意见，吏部尚书李默在《孤树衷谈》中写道：

> 洪武初，天下官员三年一朝觐，而凡州、县之老人亦与焉。某年朝觐，太祖问一老人曰："朕将命工部筑室于后湖之中，以为藏天下黄册之所，然当作何向宜乎?"一老人对曰："此堂当东西相向，庶朝夕皆为日色所晒，而黄册无泡烂之虞也。"

按照当时的规定，百官三年一次来朝觐皇帝，各州县的老人也有这个资格。某年觐见之时，朱元璋问一位老人，打算让工部在后湖建造黄册库，这些库房朝向哪个方位最好呢? 老人回答说应当东西向，这样的房屋早晚都能受到阳光照射，利于黄册散湿。

可见黄册库在建造之初，就有多方面考量。当时在建造库房时，有很多具体的要求，其中之一是要把建造工匠的名字都刻在库柱上，如果这些人所建的库房在十年后没有损坏，那么这些工匠才算真正完工。假如十年内有任何损坏，都要让这些工匠无偿重修，如果有严重损坏还要法办。

为了保证黄册不被焚毁，当时规定黄册库内不许点灯。洪武、永乐时期，由于黄册的数量较少，岛上有些空旷之地，故允许管理人员在上面建厨房，但规定厨房要与册库相距一里以上。到正德年间，中洲岛上的黄册越来越多，于是逐渐加盖了新的库房，厨房与册库间的距离也就越来越近。明武宗根据后湖黄册库的奏请，下令把厨房迁出中洲岛，另外在未建库房的荒岛上建厨房，岛与岛之间架有便桥，送饭人可以通过此桥将饭送到岛上。

从明初到崇祯十五年（1642），全国范围内黄册共造 27 次。洪武十四年（1381）到明万历三十年（1602），后湖黄册库已达 667 间，藏有黄册 153 万余册，此后黄册和鱼鳞册的数量仍然在增加，到明末时，仅黄册就达 179 万余册。故黄册库乃是中国古代规模最大的国家档案库。

虽然有着严密的管理制度，但黄册从明中期开始已有一定的损失。《后湖志》中载："惟是见今如永乐年间之册，已不全十之一二，如洪武年间之册，已不全十之四五。"

后湖所存黄册都有了一定数量的损失，那么司、府、县各藏的青册情况就更差。当时有人为了查找原始档案，到后湖去翻阅。朝廷觉得这些人探知虚实后，就无法起到震慑作用，《后湖志》载："仰惟祖宗旧例，藏册后湖，法禁严重，不许诸人窥伺。其深谋远虑，固非一端。至于今日，各处远年之册多无，而军民户籍大势不敢紊乱者，诚惧籍册之独全于后湖也。今者，一旦令其抄誊，使人测知后湖之虚实，则户籍之紊乱，将有不可胜言者矣。"

但是，随着人口的流失及流民的涌现，黄册的用途越来越低。万历年间，张居正实施"一条鞭法"，明政府不再以人丁户口作为征收税赋、征发徭役的依据，黄册库的管理也渐渐松弛了下来，致使有些库房倒塌无人修复，同时岛上也出现了鼠患。

黄册的最终消亡与清军、南明之战有直接关系。弘光政权在南京建立后，清军围攻南京。南明为了抵挡清军的进攻，发现黄册用的棉纸层层粘贴后可以做成甲胄，弓箭难以射穿，于是就把黄册库内的大量黄册拿来制作甲胄，同时还把黄册用作修补城墙漏洞的原料。这些行为导致数量巨大的黄册损毁殆尽，以至于今天看不到黄册原本流传。但好在鱼鳞册还有一些流传了下来。

2015 年 1 月 7 日，我乘顾正坤先生之车前往玄武湖。几年前我为了寻访郭璞墓曾经来过玄武湖，那次也是顾兄带我来的，正赶上十一长假，玄武湖的游人多到比煮饺子还要密集，我记得进入大门时基本上是被人裹挟着进去的，完全看不到四周景色。今天可能是因为到了下班时间，也可能是因为不是节假日，游人数量不到我上次来时的百分之一，我第一次注意到了玄武门的巍峨，但一想到自己要急着赶着上梁洲，便没有了欣赏

■ 黄册库院内全景

满眼风光的心情。

刚进入口处，就看到小广场停着一排电瓶车，我马上过去跟第一辆电瓶车的司机打招呼，请他送我上梁洲。这位司机瞥了我一眼说不去，我以为路线不同，连问了两辆都说不去，只好耐着性子问其中一位司机为什么不去，他说下班了。可是我明明看到一排车里都是整装待发的司机，完全没有下班的迹象。这种态度我知道谈下去也没意义，只好徒步向公园深处走去，一路走一路打听，总算找到了梁洲。

从距离上说，其实梁洲距玄武湖正门不太远，我感觉不到两千米。进门之后一直沿着湖边走，见到花坛就左转，路过一家香味诱人的麦当劳，再向前不足两百米，跨过一座石拱桥，就登上了梁洲岛。我感觉岛的面积不小，因为无法站在高处俯瞰，再加岛上种着很多的绿植，所以无法看清整个岛的四周，只是感觉到至少有几十亩地大小。

下午五点多的时间，岛上已看不到游人，偶尔遇到了两个坐在路边的环卫工人，他们指引了我前进的方向。从查到的资料里，我知道我所寻访的黄册库就在湖神庙的旧址上，所以沿途所问都是湖神庙在哪里，在岛的西侧我终于看到了一排仿古建筑，果真在门楣上看到了"湖神庙"字样。其实我一路走一路担心赶到的时候吃上闭门羹，这次可谓担心成为事实，果真门口上着锁。

一路上的担心使我加快了前行的速度，赶到湖神庙时我已经累得一头汗。既然来到了这里，也只能认定这个事实，但我的性格让自己不甘心，试图寻找能够突围进去的薄弱点。这时我看到一处太湖石，在墙角上踩着这块石头似乎可以翻入，但我突然意识到了自己已是受伤之人，而受伤的原因就是自己绝不放弃的心态，想到这一层我冷静了下来，站在原地，只能观望湖神庙四处的情形。

我探头探脑的行为以及一头的汗引起了旁边环卫大妈的同情，她问我急着赶到这里有什么事，我说自己想进内拍照，没想到关了门。她问我为什么要拍照，我跟她讲了几句伟大意义，这位大妈犹豫了一下说："那这样吧，我给你开门，你进去拍张照片马上出来。"竟然有这等好事，我大喜过望，向大妈连连道谢。

这个院落很小，为三面是房的四合院结构，我问大妈哪间是黄册库，她随手一指告诉我，侧边的二层楼就是。我顺着她的手指望过去，原来黄册库在这个院子的隔壁。我跟大妈说自己想去的是黄册库，大妈反问我说："你不是说你要进湖神庙吗？"原来是我的错。我问她从湖神庙能不能穿进黄册库，她说不能，因为是两个院落。听到了这句话我大感泄气，自言自语地说了一句："您老的好心肠，饱不了我的饿肚皮。"我嘟囔的这句话没想到被大妈听到了，她的声调马上严肃起来："你说什么？饿肚皮这事我可不管，你快出去吧，真是的。"

有时候人真的得信命，看来是我心不诚，只能再找时间故地重游了。回宾馆的路上，我跟顾兄谈了刚才的遭遇，他说没关系，第二天一早他送我再来一趟。在路上我们聊着一些闲话，他向我讲述着自己当年的一些遭遇，从小受到的打击让他变得为人谨慎却有耐性，我从来看他都是不疾不徐的处事姿态，这一点真值得我学习。由此，我更加坚定第二天要二探黄册库。

回到宾馆时，天色已经黑下来，可能是赶上了下班高峰，眼前已经望到了宾馆高大的楼顶，但车停在原地一动不动。于是，我决定下车步行回酒店，请顾兄调头返回。在开门下车的一瞬间，我闻到了烤红薯的香味。我对红薯情有独钟，能够从味道上分辨出红薯是老秧还是插秧，这个独门秘诀我一直不肯传授他人。我在那油桶改造的炉子旁挑了一块品相最好的红薯，用手一掂，大概有六七两重，卖红薯的老汉上秤一称，响亮地报出"一斤"。我觉得他是个有行业道德的商贩，一斤能给七两，这在当今绝对称得上是社会的良心，于是诗兴大发，想起一句：仰天大笑携薯去，我辈岂非良心人。

第二天一大早，我又乘上顾兄的车赶到了玄武门，这里跟昨天下午看到的情形略有差别，因为我看到了里面一群一群的人正在跳晨舞，也可能叫晨练，总之一片升平。那一排电瓶车仍然停在原位，我觉得今天应该能够开行了吧，没想到司机还是不走，我问她为什么，这位司机总算比昨天的那几位有耐性，她告诉我，上班前的半小时和下班前的半小时，电瓶车是专门用来接送园区里的员工的，因为从出口处到每个景点的距离都不近。原来是这样，看来我误会了昨天那几位电瓶车司机，看看时间，离上班还差几分钟，于是我就坐上这辆车等待。

这种等待颇感无聊，我突然想起来每到春晚的十二点，人们都要齐声喊倒计时，以前觉得这种做法很傻，此刻终于开悟了，原来这也是打发时间的一种快乐方式。快乐就行，管他有聊无聊呢。然而，电瓶车已经过了新年钟声鸣响的时间，可还是没有开行的迹象，我再向司机询问原因，她说："这辆车能拉 18 个人，你一个人怎么能开行。"我觉得要等满 18 个人恐怕我已经往返梁洲几圈了，本想一咬牙接着步行，但此刻懒惰战胜了我的意志，于是为了自己的懒惰就开始动歪脑筋，我跟司机说，我掏两个人的钱，但是只要一张票。这句话起了作用，我终于乘上了电瓶车。

再次登上梁洲，跟昨天的心情大不同，这就如同牙好胃口就好，再看梁洲的景色，感觉明丽了很多。从外观看，黄册库是仿古的二层建筑，侧边的二楼之上还建了一座小亭，不知有何寓意。但无论如何，这个小小的院落绝不可能盛下 170 多万册的档案。资料上说，明代所建的黄册库房因为黄册数量的增多一直在陆续添建，到明末的时候，库房已经有了 960 间。这个小岛全部盖满，我觉得也盖不下 960 间房，后来想到，玄武湖内还有其他几个岛，按照当时的规定也是用来盛放黄册的。

2003 年，玄武湖公园进行维修时才发现了梁洲岛上面有明代黄册库的遗址，后来在玄武湖里的环洲、樱洲等岛上都发现了明代的砖瓦与地基断层，并且以梁洲最为密集，于是在这里建起了这么一座有纪念性质的黄册库。小是小了点儿，但总算有迹可循，也能够让我拍到照片。

从外观看，黄册库跟湖神庙是一组建筑，因为围墙是整体连通的，只是从院内打了隔断，入门处有一口古井用铁链子和玻璃罩保护了起来，但仍然能看到盎然的古意。沿墙摆放着一些太湖石，还有一丛绿竹，可能是因为今天我来的时间太早，岛上静静的，没有一丝声响，只看到一只猫无声地欣赏着我拍照的身姿。

黄册库的门是江南常见的圆月拱形门洞，但依我所见，这种门大多用在院落与院落之间的连通处，很少用作对外的正门。两扇对开的木门上，所喷的红油漆已经在风雨的作用下褪色，门洞的上方嵌着一块扇面形的黑石，上面以左读的方式刻着"黄册库"三个字。

进入院门，正前方即是二层的黄册库。入口处的两根抱柱上挂着木匾对联，上面刻着"原是圣朝图籍府，谁云俗客可游观"，这副对联深得我心，至少来到这里让自己不俗起来。进门的影壁墙上立着一块高石牌，做成了线装书的模样，书签上写着"明代黄册库遗址文化展"。

进入展厅，里面用展板的形式介绍了黄册制的来由及其历史，我最感

兴趣的一块展板上用现代手法画着一位布衣形象，底下的题目是"朱元璋与毛老人"，文字说明大意是：朱元璋说自己将把后湖（也就是今天的玄武湖）作为储藏黄册的地方，他问毛老人这么做的利弊，老人告诉他建在这里很好，并且说把房屋建成东西朝向可以防止黄册腐烂，朱元璋采用了毛老人的建议，后来证明这个建议是很正确的。

上面说朱元璋之所以听从这位老人的建议，还有一个没有说出来的原因，那就是老人姓毛，因为毛的谐音是猫，而猫可以防鼠患。我不知道这个说法有没有依据，至少我刚才在黄册库的门口还看到了猫，为了防鼠，在岛上多养几只猫不就结了，还费心思一定要找一个姓毛的？

我看到了从这里挖出的黄册库砖。从砖的外形看，跟普通的青砖没有太大区别，看来在此建房也没有太多的讲究。展览中还摆着两册黄册的复制品，开本近大八开，厚度最多有五六十页。我从资料上得知，黄册的尺寸确实为正方形，长和宽都是一尺二寸，页数没有标识出来，但资料上有说每本黄册的重量有四五斤，以我的经验，这两册复制品每册的重量两斤都不够，如此换算出来，至少要把这本黄册的厚度增加一倍。我也承认自己有些吹毛求疵，但如果能让游客看到历史的真实外貌，也应当是不错的知识普及。

在另一面墙上，我看到"后湖界石"，旁边的介绍牌说，明弘治三年（1490），政府对黄册库的范围做了界定，为此立了36块界石。1991年时，在玄武湖的南京军区油库内发现了一块界石，由此提供了玄武湖的古代边界范围。这块石头高约1.5米，在它的旁边还仿制了几块相同的断碣残碑，背面是玄武湖高空拍摄的岛屿照片，这种背景如果换成苍烟落照，我觉得会更有意境。

黄册库内没有其他游客，这给我的拍照带来了很多便利，里面的灯光很暗，这使得快门速度也慢了下来，而这种速度最适合静物拍照。今天外面的阳光极好，反衬出室内的阴冷，快门声成了这里唯一的声响。如此安静的环境中，猛然间我听到了东西碰落掉地的响动，我以为这里没有人，于是沿着声响蹑手蹑脚地寻找过去，原来在楼梯下面有一个小房间，透过玻璃看到一位妇女正在搬动电暖气，她看到了我，冷漠地瞥了一眼，我本想把她理解为"又投出，太息一般的眼光"，但实在是找不到相符的意境，不过这声响动让我无意发现了还有上楼的楼梯。

沿着楼梯上到二楼,原来主要的展区竟然在这里,而在楼下却不易发现楼上竟然还有展览。这里的展厅布置要比楼下用心得多,展厅的中央位置用大木架一比一的形式仿制出了黄册库当年储书的情形。来此之前我看过资料,知道黄册库的书架是三层,由此可知,这种仿制是忠实于历史的原貌,这一改我刚才在楼下的腹诽。每一函黄册外面还悬着册签,在墙角也摆放着几函黄册,并且做出残破的痕迹,以此来寓意着黄册制度的没落,这种仿制也做得颇为逼真。

在二楼的正厅位置,用玻璃房搭建了一个古代办公室,一位官员坐在书架之前,旁边的介绍牌上写着:这个官员叫"赵官",是杰出的黄册库官员,他是明正德六年(1511)的进士,是给玄武湖写志的第一人。赵官是在正德九年写出的《后湖志》,记述了黄册库各个时期的情况,由此《后湖志》成为研究明代黄册制度的重要史料。看来写书真是重要,几百年过去了,我来到了这里,朝拜了这位当年写《后湖志》的作者,也算得上是"江山留残迹,我辈复登临",再通过我的笔和我的照片,记录下赵官所不知道的今日历史。

其实在当年,看管这些黄册的工作人员生活十分艰苦,《后湖志》中转录有南京国子监监生唐鹏等人的题本,他们提及被派到后湖查黄册,每人五天要查阅黄册两尺,必须查出其中的错讹,否则"轻则责罚,重则送问",各位监生努力在此工作。南京户科给事中易瓒的题本中提到了监生工作环境之恶劣:"窃念过湖监生,春自二月中起,至五月中止;秋自八月中起,至十一月中止,湖居三月,遇闰不计。白昼,严锁各号,不容出入;黄昏,黑聚一室,不见灯火。酷热苦寒,并无休息。加以湖障袭人,湿气侵体,致疾者十常八九,幸免者百无一二。近日,监生邹凤病故湖上,虽暴染之于平日,实出感发于一时。暴露数日,直待开湖,方得装回,罔不伤心。诸生过湖,如蹈汤火。劳苦万状,不能尽述。"

在几个月的时间内,工作人员被封闭在岛上,由于环境太过潮湿,大多数人都生了病,有一位监生甚至病死在岛上,但没有船来将其运走,等到开湖日才将他的尸身运出。可见这份工作是何等之不易。

即使有着这么严格的管理,历史上还是有人想办法篡改黄册。明成化二年(1466),一位名叫张成的人买通了后湖黄册库的管理者,偷改了本户的黄册。正德五年(1510),南昌府的陈质先等人用钱买通了掌管地方

≡ 黄册的残破情景再现　≡ 忠实地还原了当时黄册的库存情景

青册之人,之后又前往南京买通了后湖黄册库的库匠高景清,偷出本户黄册后销毁。后来这两起案件都被侦破了,当事人全部被斩首示众。

由此我想到后湖的管理者会不会借工作之便来修改自家的黄册呢?比如这位赵官,他看上去一脸正气,应该不会做这样的事。但是后湖黄册库存在了260余年,经历了许多管理者,他们会不会做这种事呢?我的胡乱猜测像是有罪推定,其实在历史上确实有这类事情发生,比如正德年间江西巡按御史唐龙在《均田役疏》中写道:

> 江西巨室,置产者,遇造册时,行贿里书,有飞洒现在人户者,名为活洒;有暗藏逃绝户内者,名为死寄;有花分子户,不落户眼者,名为畸零带管;有留在卖户,全不过割者;有过割一二,名为包纳者;有全过割,而不归正户,有推无收,有总无撒,名为悬挂掏回者;有暗袭官员、进士、举人,捏作寄庄者。

可见在黄册建造之初,就有人用各种方式予以造假,更别说黄册造好之后的状况了。难怪有些人敢于冒死篡改黄册,因为这里有巨大的利益在。

二楼展厅让我感兴趣的还有一些门扇,每个门扇的木栅栏都是用"黄册"或者"黄册库"的字样做成,由此可见,这个展览做得十分用心。这让我想起了南浔的嘉业堂,因为嘉业堂楼上的每一扇门扇上也都有"嘉业堂藏书楼"的字样,不知道当年嘉业堂的建造者是否从这里得到借鉴。想了想,又觉得自己错了,因为这里虽然是明代遗址,但毕竟修复了不足十年,而嘉业堂至少有了近百年的历史,很有可能这里的设计者是受到了嘉业堂的启发呢!

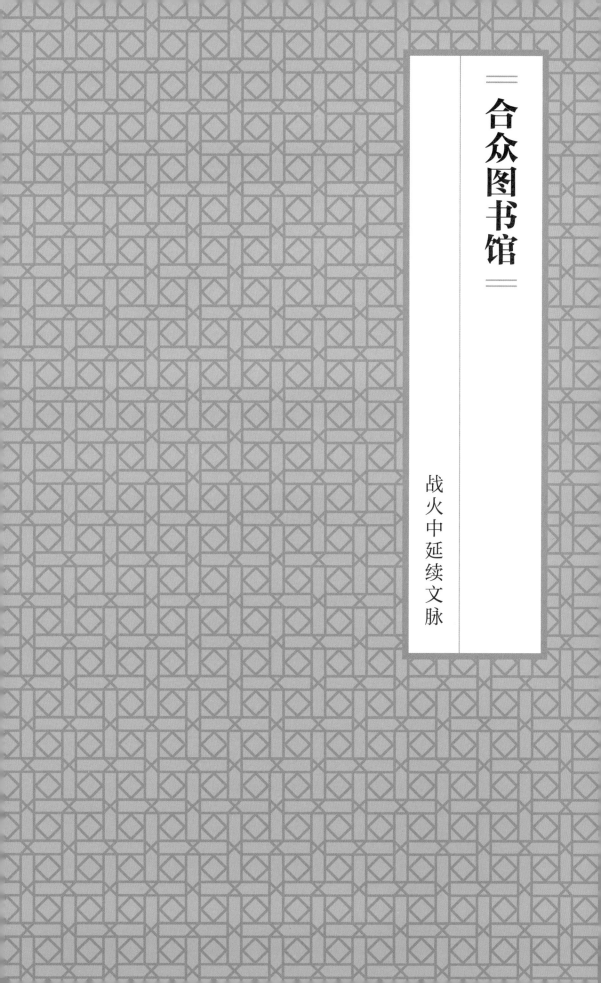

合众图书馆

战火中延续文脉

合众图书馆是由多位藏书家集资建成的私立图书馆，叶景葵是几位创建人中的核心人物。叶景葵字揆初，浙江仁和人，其家族原籍安徽新州，明万历年间迁居浙江杭州。叶景葵的六世祖就有藏书之好，曾建有藏书楼紫藤花馆，该楼后毁于战火。叶景葵的祖父叶尔安曾任商水知县和许州直隶州知州等职，他也有藏书之好，尤其喜欢收藏金石拓片，同时喜藏造像，并恢复了祖上所建的紫藤花馆，著有《石墨证古》。叶景葵的叔父叶浩吾也喜欢收藏造像，其所藏比他的父亲更为精博。

叶景葵幼承家学，父亲叶济重视教育，为他延聘了多位名师。叶景葵学习刻苦，时常得到奖学金。受到家庭影响，他也有藏书之好，将所得大多用来买书："余弱冠前应经古月课，屡蒙拔厕前茅，月得膏奖，即至珠宝巷修本堂购书。生平蓄书自此始。饮水思源，尤应珍重。"（叶景葵《存雅堂遗稿》跋）

那时的叶景葵不懂版本，所买之书均为通行本，后因一机缘，才使他买到了第一批收藏级的善本："伯宛先生任陇海路局秘书时，屡于谳叙中接谈，而未得请益之机会。其时收入尚丰，因喜购故籍及金石精本，整理刊印，不惜重资。性又豪迈，用度仍苦不足。民国六七年间，将嫁女蕊圆，检出所藏明刊及旧抄善本四十种，定价京钞一千元出售，以充嫁资。余请张君庾楼为介，如值购之，是为余搜罗善本之发轫。其时京钞甫停兑，市价八折，实费现币八百元也。"（叶景葵《吴伯宛先生遗墨》跋）

伯宛为著名藏书家、刻书家吴昌绶之字，叶景葵在工作中与之相识。其实吴昌绶收入并不低，但所得大多也用来购买古书和金石拓本。最为难得的是，吴昌绶能够将难得之本予以刊刻出版，以便让更多的人看到流传稀见的典籍。然而吴昌绶由于不善理财，兼性情豪迈，故时常手边拮据，以至于民国六、七年间，女儿将要出嫁时，却拿不出陪嫁，于是挑出四十种善本书出售。叶景葵闻讯后，通过袁世凯的女婿张允亮的介绍，买到了这批书。叶景葵明确地说，这是他收藏善本书之始。

总体而言，与收入相比较，善本书在哪个时代都不便宜。叶景葵能够大量买入善本书，其收入当然远在普通人之上，而这跟其职业有一定的关系。清光绪十九年（1893），叶景葵到济南结婚时，结识了清朝大吏赵尔巽，并得到赵尔巽的赏识，十年后叶景葵考中进士，之后进入了赵尔巽的幕府。此后，叶景葵历任湖南矿务局提调、东三省盛京将军总办文案、财政总局会办等职,清宣统三年（1911）,朝廷赏三品京堂候补,实授大清银行正监督。

辛亥革命爆发后,叶景葵辞职南下,1912 年担任浙江兴业银行汉口分行经理,1915 年任浙江兴业银行董事长。1922 年 3 月,浙江兴业银行官股与商股分家,官股称浙江地方银行,总行设在杭州;商股称浙江实业银行,总管理处在上海。叶景葵从 1915 年起担任浙江兴业银行董事长,直到 1945 年改任常务理事,在此任上达 30 年之久,是民国年间著名的金融家。

叶景葵将个人收入的一大部分都用在了收藏古书上。当时叶景葵在上海开银行,其所得之书主要买自上海书肆。因为常到杭州去工作,故而他在那里也买到许多古书。从《卷盦札记》看,他在杭州得书最多的一家书肆是抱经堂书局,此堂的创建人是朱遂翔。朱遂翔字慎初,是民国旧书业著名人物,他与琉璃厂的孙殿起合称"南朱北孙"。叶景葵喜好收藏名家稿钞校本,在这方面最重要的所得乃是顾祖禹的手稿《读史方舆纪要》,此书就是得自抱经堂。

叶景葵在《卷盦札记》中对朱遂翔多有夸赞:"余往来里门,于上下车站时,必至抱经堂,与慎初晤谈,示以未见书甚多。鼹鼠饮河,所收有限。慎初勤能和易,精力过人;售书者乐与之商,求书者亦踵相接。粤人莫氏收慎初邮寄之书,凡库中所无,概不拒绝。吾乡王氏搜罗方志,名闻海宇,大半经慎初手。其为人信任如此。近来薄有田产,感斯业之不易竞争,其意似已鄙夷鬻书,而倾向藏书,诚为空谷足音,闻之可喜。夫鬻书与藏书,皆有功于书者也。"

朱遂翔为人和善,鉴定古书眼光如炬,因此生意十分兴隆。但也许是爱书太甚,他的意趣渐渐由卖书转为了藏书。叶景葵听说后十分高兴,将其引为知己。

除了到店内买书,叶景葵还从北京琉璃厂的旧书店邮购了不少善本,而他交往较多的北京书商是文禄堂主人王晋卿。对于他们之间的交往细节,北京师范大学图书馆藏有叶景葵致王晋卿手札一批,肖亚男、杜晶双在《合众图书馆创始人叶景葵致文禄堂主人王文进书札小议》一文中有系统梳理。这批手札乃是关于叶、王二人在 1933 年到 1936 年间的往来,在这个阶段,叶景葵重点留意经部书中的"三礼"与《说文解字》,故肖亚男认为这体现了"叶先生的收藏特点具有鲜明的乾嘉学术旨趣"。

从所列书目看，叶景葵始终关注稿钞本和批校本，比如1936年1月30日他给王晋卿的信中写道："寄来书三包并示，均悉。兹留下《求阙斋文钞》二册、《柏堂集余编》一册、《樊榭山房集》四册，共码价七十六元，照七五折算，合洋五十七元，交鄞行寄上。较八折所差无多，因阴历年关，又系马氏遗书，不便过于减折也。余书交邮寄还，分作三包。"

叶景葵将王晋卿的报价直接打七五折，并且说此刻已到阴历年关，正是书店需要钱的时候，同时这批书又是著名藏书家马廉的旧藏。马廉是浙江宁波人，1935年2月19日因脑出血去世于北大讲台，其藏书大部分被北大图书馆购藏。叶景葵所得的这几种也是马氏藏书，但他说不好意思杀价太狠。肖亚男认为这是叶景葵"蕴含了对亡者的尊敬和缅怀"。

叶景葵买书的目的，一是为了保存历史珍籍，二是为了阅读，《卷盦札记》正体现了他的读书细节。比如他得到了乾隆间璜川书屋刻本《全唐诗钞》，该书中选有王之涣的《凉州词》，该词流传甚广，可谓妇孺皆知，人人称诵。叶景葵却认为此词的第一句"黄河远上白云间"应该有讹字，他觉得"黄河"二字与下三句皆不贯串，后来他看到了北平图书馆所藏的明铜活字本中的此词，"黄河"作"黄沙"，他认为："若作'黄沙'，则第二句'万仞山'，便有意义，而第二联亦字字皆有着落。第一联写出凉州荒寒萧索之象，实为第三句'怨'字埋根，于是此诗全体灵活矣。"那为什么人们会习惯说"黄河远上"呢？叶景葵认为："盖本作'沙'，讹作'河'，草书形近之故。"

经过多年的购买，叶景葵拥有的善本越来越多，但他始终觉得典籍乃是公器，应当让更多的人读到。他在为朱遂翔《抱经堂藏书图》所撰的题记中就表达过这种思想：

夫鬻书与藏书，皆有功于书者也。吾以为鬻之功，或高于藏山岩；环壁之珍本，苟无人辗转贩卖，焉能为世人所共赏？故蹻叟箴慎初勿徇藏之虚名，而失鬻之实利。实利云者，自利而兼利人之谓也。余望慎初鬻与藏并进，待羽毛丰满，则为利人之藏书，勿为自利之藏书。古今藏书家，或供怡悦，或勤纂述，或贻孙子，终不免有自利之见存。若为利人之藏书，则整理研究传钞刊印事之；与自利相友，其功更溥，其传更久。此即先哲所云"独乐不如众乐",慎初其有意乎？

叶景葵把藏书分为两大类,一是自利,二是利人。他认为将藏书整理、研究、传抄刊印,才是真正的利人之藏书,这就是古人所说的"独乐不如众乐"。虽然这是他给朱遂翔所写之语,但也可视为叶景葵的夫子自道。

从现有文献看,早在 1935 年,叶景葵就有了与朋友合办私家图书馆的想法,他在《在蒋抑卮先生追悼会上演辞》中说："忆民国二十四年夏,先生与王绥珊先生及景葵均避暑莫干山,论及藏书之归束（宿）问题,景葵以为办法有二：一则捐赠浙江省立图书馆,该馆管理尚善,当可不负委托；或则合办私家图书馆,王先生所藏最多,可即以'绥珊'名馆。抑卮先生谓,二法均可酌用,并提议图书馆应有相当基金,俾垂久远。"

当时叶景葵与蒋抑卮及九峰旧庐主人王体仁一同在莫干山避暑,三人都是大藏书家,聊天时谈到了各自藏书的归宿问题。叶景葵认为有两种办法,一是捐给浙江省图书馆,因为该馆在制度管理上颇为完善,第二种办法就是三人合办一家私人图书馆,将三人的书共同捐入此馆中。因为王体仁藏书量最大,叶景葵提议就以他的字"绥珊"为馆名。蒋抑卮认为这两种办法都可考虑,同时为了能让图书馆长期办下去,蒋抑卮提议应当筹资建一个基金会。

没承想他们商量的办法还未实施,就赶上了战火。1937 年 10 月,淞沪会战时,日军已推进到苏州河北岸。叶景葵的兆丰别墅距此不远,但那时他正在汉口张罗银行业务,无法返回上海保护自己的藏书。在这危急时刻,他的老师兼朋友张元济先生冒着生命危险前往兆丰别墅保护叶景葵的藏书。柳和城在《孤岛烽火中的合众图书馆》一文中转录了 1937 年 11 月下旬叶景葵写给张元济的一封信,该信前半段为：

> 顷接通丈信,知长者于危险之下为葵理故书,感惶无地。葵初购书,皆普通浏览之书。近来稍得先儒稿本及明刻各书,然亦未成片段。以近来物力之艰,得此已觉匪易。今岁室人物故,私计不再购书,并拟将难得之本,一为整比捐入可以共信之图书馆,而于普通各书,则留为随时消遣之用,虽未暇为之,而已有就正有道之意,盖自省鉴别不精,恐以斌珉乱玉也。

叶景葵是从陈叔通的信中了解到张元济冒着生命危险前往兆丰别墅帮其整书，他在此信中除了表达感激之情，还提到打算将个人所藏捐入一家信得过的图书馆。为此，他在信中又告诉张元济家中所藏善本分别放在哪些箱子里："今于危险时期承长者慨然代为检点，私衷何等庆幸。但敝寓正在炮火之下，敝藏无多，尽可将书箱送至尊寓。因稍为罕见之书，皆存入柚木书箱之内（文章千古事。三十箱，法自儒家。有三十箱厥协，六经异传十二箱，其中亦有极寻常者，皆昔存未改装者也。又，三楼有郑振铎押品两橱，书房地下杂厕有新购者，楼下客室橱中皆普通印本），移送不难也。历年虽有草目，但凌乱无伦次，凡无价值而易得者置之可耳。"

因为战争的原因，叶景葵只能将浙江兴业银行汉口分行作为战时全行的指挥中心，该行总经理徐新六奔波于上海、香港间，后来叶景葵接到该行香港办事处电报，方得知徐新六乘桂林号飞机飞往重庆时，被日军飞机轰炸而遇难。这件事对叶景葵心理影响很大，再加上那时王体仁病逝，九峰旧庐旧藏散失了出来，另外，战争使得刘承幹的嘉业堂、葛嗣浵的传朴堂、宗舜年的咫园、张钧衡的适园等藏书都受到了不小的损失，这些都促使叶景葵想尽快将个人藏书捐出。

叶景葵在返回上海后，给顾廷龙的信中说道："嘉业、传朴两堂藏书受劫，即近时勇于购置之九峰旧庐，闻亦多损失，孑遗所存，更可宝贵矣。"

关于创办图书馆之事，叶景葵首先去找张元济商量，当年张元济办通艺学堂时，叶景葵作为学生在这里学英文和算学，故二人有师生之谊。后来张元济主持商务印书馆编译所时，从1913年开始，叶景葵一直作为商务印书馆的董事，两人关系十分密切，同时叶景葵极其推崇张元济将善本书化身千百的做法："海内藏书家，能各就乡先哲之遗著，加意收集，而又能出其私藏归诸公众，则事得统系，可以积小成大，化零为整，于全国文献，实有裨补。愿后来者，皆以菊翁为师也。"（叶景葵《画竹斋评竹》跋）

叶景葵邀请顾廷龙作为发起人之一，同时捐出资金十万元，后来他又捐款五万元，陈莱青捐款五万元，蒋抑卮也捐了五万元。他们打算将这些资金存款取息，以利息作为该馆营运费用。叶景葵捐出个人藏书3万余册，蒋抑卮和张元济也将自己的诸多所藏捐赠与该馆。

但是无论是叶景葵还是张元济、蒋抑卮，他们都各有主业在，无法事必躬亲地张罗图书馆事务，他们想聘请一位既懂书又可靠的年轻人，张元济、叶景葵二人都想到了顾廷龙。

当时顾廷龙在北平燕京大学图书馆（以下简称"燕馆"）任职,此前的几年叶景葵与顾廷龙有通信往来,叶通过顾请钱穆校勘稿本《读史方舆纪要》。因为这个缘故,1939 年 1 月 30 日,叶景葵给顾廷龙写信,询问他的工作情况及收入情况:"燕京图书馆经费尚充足否? 吾兄在校是否兼教员,每年收入为何? 有契约否? 暇乞见示。"

顾廷龙在回信中详细讲到了自己在燕馆的工作及收入,同时谈到了打算回南方。之后叶给顾的信中明确表示:"上海方面,如有图书馆组织（私人事业,性质在公益方面）,需要编纂校勘人才,吾兄愿意图南否? 每月须有若干金,方可敷用? 移家须费用若干? 幸斟酌示我。"

顾廷龙回信表示愿意前往上海的图书馆工作,于是叶景葵在另一封回信中告诉他这座图书馆的构成及基本情况:"奉示知于鄙人所拟图书馆事极荷嘉许,且许以他山之助,感如挟纩矣。鄙意组织愈简愈好,大约即以弟与菊老及陈陶遗（彼在江苏声望极隆）三人为发起人,即为委员。委员中或推菊老为主任,其下设总编纂一人,请吾兄作任之,不再设其他名义。总编纂下须用助手（总编纂或称总务）,招学生为之。会计收支之类,委托敝行信托部为之,扫除一切向来习气,使基础得以巩固,则可久而又可大。大略如此,以后或有更改,亦不致过于歧异也。至何时可以设筹备处,则全视所欲租之屋何时可以起租。（有无其他变局,尚不可知,因上海租屋,难于尘天。）屋能租定,则可以电请吾兄南来,否则来无住处,亦无办事之处,徒唤奈何。故现在请兄保密,俟租屋有成议,当即电闻,彼时再与校中说明,至何时可离校,则全视兄之便利而定。"

同时,张元济也给顾廷龙写信,表达了叶景葵请顾前来的诚意:"敝友叶君揆初雅嗜藏书,堪称美富。以沪上迭遭兵燹,图书馆被毁者多,思补其乏,愿出所藏,供众观览。以弟略知一二,诏令襄助。事正权舆,亟须得人而理。阁下在燕京研究有年,驾轻就熟,无与伦比。揆兄驰书奉约,亟盼惠临。"张元济明确地说叶景葵藏书甚富,因为看到战争对文化的破坏,所以愿意拿出自己的藏书来建一所图书馆。

也许是两人的诚心打动了顾廷龙,1939 年 7 月,顾廷龙全家回到上海,先住在了合众图书馆筹备处,楼下为办公处,楼上是书库和顾家的住宅。顾廷龙回到上海后的第一件事就是给蒋抑卮的书盖章运到馆内,柳和城在文中写道："顾廷龙到沪后，浙江兴业银行创办人之一蒋抑卮，即表示等藏书章盖好陆续送去，顾自告奋勇说'盖章之事，吾能为之'。于是，第二天起顾廷龙到海格路范园蒋的寓所为凡将草堂藏书盖章，盖完一部分即送'合众'，连续数日而工作未完。不料蒋抑卮忽以伤寒逝世，剩下善本十余箱交由其后人保管。后来'文革'中均被造反派作废纸论斤售去。书入废纸铺均被送纸厂做回魂纸，无一幸存！"

1939年8月，由顾廷龙起草了《创办合众图书馆意见书》（以下简称《意见书》），此文首先表达了创建该馆的意义：

> 抗战以来全国图书馆能照常进行者，仅燕京大学图书馆一处，其他或呈停顿，或已分散，或罹劫灰。私家藏书亦多流亡，而日、美等国乘其时会，力事搜罗，致数千年固有之文化，坐视其流散，岂不大可惜哉！本馆创办于此时，即应负起保存固有文化之责任。

战争使得很多图书馆无法营运，私家藏书流入海外，张元济、叶景葵等几位有识之士认为不能坐视，所以他们要建一座图书馆来保护传统文化。对于该馆的特色和宗旨，《意见书》中有如下描绘：

> 为保存固有文化而办之图书馆，当以专门为范围，集中力量，成效易著。且叶先生首捐之书及蒋先生拟捐之书，多属于人文科学，故可即从此基础，而建设一专门国粹之图书馆（宗旨：一专取国粹之书，二不办普通阅览。宗旨既定，一切办法便可依此决定。张），凡新出羽翼国粹之图书附属之（东西文之研究我国文化者，当与我国著述并重。叶）。至近代科学书籍以及西文书籍则均别存，以清眉目。否则各种书籍兼收并蓄，成普通图书馆，卒至汗漫无归。观于目前国内情形，此种图书馆虽甚需要，但在上海区域之中，普通者有东方图书馆，专于近代史料者有鸿英图书馆，专于自然科学者有明复图书馆，专于经济问题者有海关图书馆，至于中学程度所需要参考者有市立图书馆。他地亦各有普通图书馆在焉，本馆自当别树一帜。

起初图书馆是租赁一处民房，后被对方多次催促搬离，故叶景葵等人决定建自己的馆舍。他们在蒲石路与古拔路交口处买下一块空地,请陈植来设计,而后盖起一座二层的L形楼,之后又加盖了一层。关于图书馆起名问题,众人提议以叶景葵的名字来命名,但他坚决不答应:"图书馆当公诸社会,将赖众力以垂久远,不宜视为一家之物,不许。"他认为这是众人合建的图书馆,所以提议用"合众"来做馆名。

同时叶景葵为了与这些书为伴,要求在图书馆旁建一座住宅,房子也算图书馆的财产,由他租赁 25 年,租期满后将住宅还给合众图书馆。他在 1941 年写道:"余捐入合众图书馆十五万元,以其半为馆置地二亩,今年建新馆已告成,余租得馆地九分,营一新宅,订期二十五年,期满以后送馆。余与馆为比邻,可以朝夕往来,为计良得。昔日我为主,而书为客,今书为馆所有,地亦馆所有,我租馆地,而阅馆书,书为主,而我为客,无异寄生于书,故以后别号书寄生。"(《卷盦札记》)

1940 年 4 月上旬,合众图书馆发起集会,选举叶景葵、张元济、陈陶遗、陈叔通、李拔可五人为董事,组成董事会。该会推举陈陶遗为董事长,叶景葵为常务董事。董事会欢迎藏书家给该馆捐书,除了以上之人的捐赠,另外李拔可捐赠给该馆一批诗文集及诗友书札,叶恭绰捐献庙宇等志书近千种,陈叔通捐献出家藏名人手札,胡朴安捐赠的藏书大多是经学、佛学,顾颉刚捐赠了一批近代史料,潘景郑所捐为清人传记资料及大批的金石拓片,周志辅所捐为戏曲文献,胡惠春所捐为明代刻本及名家批校本。

1946 年 1 月 24 日,陈陶遗、叶景葵、张元济、李宣龚、陈叔通五位董事联名呈文上海教育局请求立案,他们首先谈到了建造合众图书馆的意义:"呈为设立私立合众图书馆申请立案事,窃(陶遗、景葵、元济)等当昔国军西移以后,每痛倭寇侵略之深,辄念典籍为文化所系,东南实荟萃之区,因谋国故之保存,用维民族之精神,爰于中华民国二十八年五月发起筹设合众图书馆于上海。"

呈文中谈到了还有一些社会人士为该馆捐书:"赖有清高绩学若秉志、章鸿钊、马叙伦、郑振铎、陈聘丞、徐调孚、王庸、钱锺书等数十人以及社会潜修之士同情匡助,现在积存藏书约十四万册,正事陆续整理,准备供众阅览。"

同年 3 月,上海教育局批准合众图书馆立案,5 月,张元济被选为董事长。这年正值张元济八十大寿,合众图书馆请潘景郑编了一部《海盐张氏

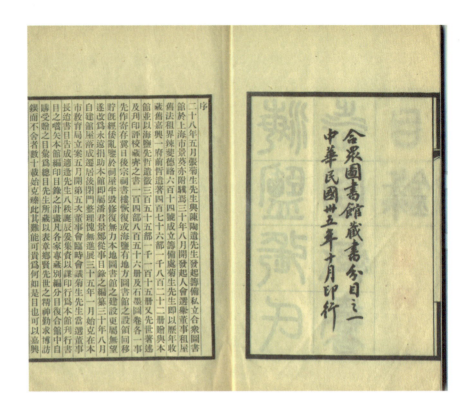

合眾圖書館藏書分目之一
中華民國卅五年十月印行

序

二十八年五月張菊生先生與陳陶遺先生發起籌備私立合眾圖書館於上海市景葵亦附驥焉三十年八月開發起人會選舉董事租屋舊法租界辣斐德路六百十四號成立籌備處菊生先生即以歷年收藏售嘉興一府前哲遺著四百七十六部一千八百二十二冊贈與本館並以海鹽先哲遺箸三百五十五部一千一百十五冊又先世著述及刊印詳校藏弆之書一百四部八百五十六冊及石墨圖卷各一事先作寄存翼目後宗祠書樓恢復或海鹽有地方圖書館之設領回移貯既經倭亂鑒目前整愧無力本地圖書館之建設更屬無望遂改爲永遠捐助本館即屬潘君景鄭從事目錄之編纂三十年八月自建館屋落成遷居後別門整理三十五年一月始克在本市教育局立案五月開第四次董事會臨時會議菊生先生當選董事長迨書目告成適逢先生八秩誕辰爰集會以諶各家專藏別編分目行爲合館刊行書贍受贈之目彙爲總目先世所藏以表章鄉賢先世之精神勤求博訪鍥而不舍者數十載始克臻此其艱能可貴爲何如是目也可以嘉興

潘景郑编《海盐张氏涉园藏书目录》四卷，民国三十五年（1946）上海合众图书馆排印本，牌记、序涉园藏书目录》,以此作为寿礼。叶景葵在为该目所写的序中称:"迨书目告成,适逢先生八秩诞辰。爰集资以谋印行,为本馆刊行书目之嚆矢。"由此可知,这册藏书目录乃是合众图书馆发行的第一部书目。

当年的合众图书馆因为各种原因,没有对公众进行开放,前来看书者都是通过朋友介绍,很多名人都曾来此查阅过史料。王世伟在《合众图书馆的三位主要创办人——写在合众图书馆创办七十周年之际》一文中写道:"在读者服务方面,为各大学及各界之研究文史学者服务,如顾颉刚、郭绍虞、钱锺书、李平心、周谷城、钱南扬、蔡尚思、郑振铎、周予同、黄永年等,也有一些有志于文史研究的青年,虽每天读者仅数人,但'合众'以其便捷专业的优质服务在学术界形成了良好的口碑。"

1947 年 5 月 7 日的合众图书馆董事会第六次临时会议上,讨论了三个事项,其第二项为:"叶常务提拟聘顾颉刚、钱锺书、潘景郑三先生为本馆顾问案。决议:由董事长函聘之。通过。"

当年胡适也曾来这里查阅资料。关于钱锺书是否见过胡适之事,研究者多有讨论,而杨绛在《怀念陈衡哲》一文中明确地写道:"不久后,锺书对我说:'我见过胡适了。'锺书常到合众图书馆查书。胡适有好几箱书信寄存在合众图书馆楼上,他也常到这图书馆去。锺书遇见胡适,大概是图书馆馆长顾廷龙(起潜)为他们介绍的。"

1949 年 4 月 28 日,叶景葵突发心脏病去世,图书馆的营运受到了影响。当年合众馆计划用息不用本,但后来因为物价飞涨货币贬值,不得不开始使用本金,同时因叶景葵是浙江兴业银行董事长,可以从该行透支一些费用给图书馆应付局面。叶景葵去世的前一天,还为图书馆的经费问题与顾廷龙商谈,称"所存无多,只有用完再说"(顾廷龙《张元济与合众图书馆》)。

叶景葵去世后,各位董事联名向叶景葵的旧交劝募,之后的一个月内他们陆续收到了联合银行、浙江兴业银行等十余家单位的捐款,总计 590 万之多,另外还收到了一些友人捐赠,其中最大一笔款项是由张元济拉到的:"叶景葵去世后,图书馆一时失去经费支持。当时,正是人民解放军进攻上海的前夕,兵荒马乱,人心惶惶,合众图书馆馆长顾廷龙彷徨无措。张元济和李拔可安慰顾氏,并答应尽力筹款,张元济从一位江姓纱业巨子那里募到一笔巨款,终于使合众图书馆得以渡过最后的难关。"(张学继

《嗜书、藏书、出书的一生：张元济传》）

人们一直认为，叶景葵是银行家，自然很有钱，所以才能办起合众图书馆，但没想到他突然去世后，叶夫人徐联璧连房租都难以承担，为此张元济感叹道："殁后始恍然悟其无蓄，是可以觇其高尚之志，为不可及矣。"（顾廷龙《张元济年谱序》）

这一年5月7日，张元济作了四首《挽叶揆初》的五言诗，其第四首的前半段为：

> 万卷输将尽，豪情亦罕闻。
>
> 君能城众志，天未丧斯文。

合众图书馆创建于战火中，其经营过程充满艰辛，顾廷龙在《合众图书馆小史》中写道："我馆在解放前的足足十年之中，是非常艰苦的。日寇曾令法租界当局指借我馆的藏书，幸经旁人代为推辞，得免攫取。日寇的邻保会及伪保甲办事处都要来占用房屋，又加以坚决拒绝。敌伪军警时来检查抗日及进步书刊，未被发觉。到了抗战结束，国民党反动派又起搜查进步及敌伪书刊之风，令人皇（惶）皇（惶）不安。解放前夕，伪军屡要占用，结果占了一天开走，其时张元济先生和徐森玉先生都亲自来照料，幸即解放，得免糟蹋。尤困难的，此十年中，币制迭更，币值日跌，物价飞涨，旷古未有，私立文化机关的，维持实在不易。"

1953年，董事会第十四次临时会议决定，将合众图书馆捐献给上海市人民政府，为此，由董事长张元济和常务董事徐森玉共同署名的《上海市私立合众图书馆捐献书》（以下简称《捐献书》）中写道：

> 我馆创设虽已有十余年的历史，也得若干藏书家的热心捐助，但在反动政府时期处处碰到阻碍，以致不易发展。解放后，我政府在英明的毛主席领导之下，逐步走上文化建设的途径，对于民族文化遗产尤搜罗不遗余力。我馆欣逢盛世，思贡献出一分力量，故由董事会议决，捐献上海市人民政府，俾可作有计划的发展。

对于该馆收藏书籍的目的及藏品的特色，《捐献书》中亦有简述，同时说明他们希望能建成一座专门保护历史文献的图书馆：

> 我馆创办的目的，是在搜集各时代、各地方的文献材料，供研究中国及东方历史者的参考。因为历史的范围广大，和它发生关系的学科很多，所以形式不限于图书，凡期刊、报纸、书画、尺牍、拓片、古器、服物、照相、照相底片及书板、纸型等类亦均收存，务使到馆研究者可以触类旁通，左右逢源。希望现在捐献之后，由贤明的市人民政府督导之下，得在原有基础上，踏实脚步，逐渐发展，使得确成为一个有计划的搜集历史文献的专门图书馆。凡住在上海的或到上海来的世界历史学者都能得到满意的收获。

上海市文化局接办了合众图书馆，将其改名为上海市合众图书馆；1954年，该馆又改名为上海市历史文献图书馆；1958年，历史文献图书馆并入上海图书馆。

1953年当董事会决定将合众图书馆捐献给上海市人民政府时，张元济写信给顾廷龙："今日为合众结束之期。若干年来，弟尤得读书之乐。吾兄十余载之辛勤，不敢忘也。苦心孤诣，支持至今，揆翁有知，亦当感铭。"在张元济看来，该馆化私为公，如果叶景葵地下有知的话，他一定会为此高兴的。

2012年10月10日，我前去探看合众图书馆，到那里后先去找叶景葵的住所卷盦。该房位于上海市静安区长乐路752号，然而这个门牌号实际上是合众图书馆的侧门，现在变成了车库，车库的顶子还加了简易的绿塑料瓦。

叶景葵故居的真正入口处在富民路210弄，这个弄堂口挂着一个"优秀历史建筑"介绍牌，上面写着："花园里弄住宅（福新烟草工业公司建造）。华盖建筑师事务所陈植设计，1941年建造。沿街前后两排。单体为双开间，假三层；南立面西侧开间前凸，山墙露木构架，红瓦双坡顶，东侧屋顶设棚式老虎窗。"

这段话简明扼要地把这幢建筑的来由、特点都说得很明确。这条弄堂实际上是合众图书馆和叶景葵住宅的后门，从此门进入，第14号门即是叶宅。我在门口站了两分钟，见无人出来，径自就走了进去。后门口挂

≡ 叶景葵旧居文保牌　≡ 合众图书馆旧址文保牌　≡ 优秀历史建筑铭牌

着信箱,上面用红字写着"魏、钱信箱",看来是当今住户的姓氏。进到后门,墙上挂着七八块电表,如此说来卷盦旧宅到今天至少已分割成了七八户人家。电表的隔壁是厨房,从里面的灶台也可看到今日住户的数量。让我感到好奇的是住户一楼正冲门的一家,门口右侧挂着一尺见方的一块牌匾,黑底红字地写着一个小篆"彧"字,我印象中百家姓中没有彧姓,历史名人我也仅知道一个荀彧,那么眼前的这个"彧"该如何解读呢?到离开此院我也没想出来。

沿着楼道向上走,仍然是木楼梯木扶手,从磨损程度看应当是叶宅当年的原物,保存相对完整,只是上面落满了尘埃,还挂着无数个当今住户的塑料袋杂物。试着敲了两家的门,想看看室内的结构,然均无人应答。

走出后院,转到前方去看合众图书馆,而今该楼的门牌号为长乐路746号,已经成为上海科学技术文献出版社的办公地点。从外观看是一个L形的四层楼,在富民路的一侧,一楼底商是上海科学技术文献出版社书店,我本想进内,推门才发现里面上着锁。时间已是上午九点多,为何不开门,我不太明白。转到长乐路一侧,我进入大门,从收发室里出来一个门卫,我向他解释想拍几张照片,他人较和善,告诉我只能在一楼拍照,那也只好从命。

一楼是正厅,面积约五六十平方米,收发室的墙上挂着指示牌,写明"楼层总索引",详细列出了一楼到四楼每间办公室的用途,一楼几间房的门套都是新装的,应该进行过内部改建,尤其一楼上二楼的转角楼梯,明显有法式风格的圆弧角制式。

不能上楼看个究竟,我只好转身出门。细看楼体的外观,门口的侧墙上挂着上海市静安区文物管理委员会所制的文保牌,文保牌的制式较为特殊,以浮雕形式制成图案不规则的砖木结构状,此牌的文字也挺特殊:大字写着"叶景葵旧居",右下角则注明"合众图书馆",我解读这么做的意思是说合众图书馆原来就是叶景葵的旧居之一部分。而旧居旁的大门就如我上文所说的已改成了停车库。

合众图书馆侧门

国家图书馆出版社资料室

未曾想到的宝藏

我跟国家图书馆出版社（以下简称"国图社"）打交道至少有二十年了，此社最初叫"书目文献出版社"，按照李致忠先生主编的《中国国家图书馆馆史（1909—2009）》一书所言，该社的成立具有特殊意义："书目文献出版社的成立，是'文革'结束后恢复业务的又一个重要标志。"

为什么要在此特殊时期开办书目文献出版社，李致忠先生在书中写道："1978年全国科学大会召开，全国出现科学技术大干快上的高潮，统编卡片的资源共享日益紧迫；全国图书馆事业也需要开辟学术阵地，倡导学术研究。在这种形势下，将原来统编部改制为书目文献出版社，借以开展图书馆学、情报学研究，就成为一种历史的必然。"可见该社的创办，乃是为了编制统一的书目卡片，后来统编部改为了出版社。

此事始于1977年，当时的国家图书馆（以下简称"国图"）名为北京图书馆（以下简称"北图"），该馆在恢复联合目录工作的同时，着手恢复图书统编工作。为了促进图书著录标准化，同时也是为了编制联合目录和国家书目，于是集中一部分人力和设备，统筹办理图书分编和统编卡片的印刷。当时北图向国家文物局申请统编部在不增加机构和人员编制的情况下，对外称书目文献出版社，对内仍称统编部。同年12月，此事得到了国家文物局的批准，于是在转年2月，北图向国家出版事业局申请成立书目文献出版社。1979年2月15日，国家出版事业局通知国家文物局，批准书目文献出版社成立。该社由北图主办，文化部（今文化和旅游部）主管。

因为此社隶属于国图，所以名称也随着国图的改变而做出相应的调整。国图以前叫"北京图书馆"，所以这家出版社在1996年6月更名为"北京图书馆出版社"。北图升格为国图，此社在2008年5月也随之更名为"国家图书馆出版社"。

然而不管叫什么名称，星星还是那颗星星，朋友也自然还是那帮朋友。尤其是王燕来先生，我跟他熟识并不单纯因为他是我几本书的责编，更多的原因是他跟藏书圈内的人交往较多，书圈聚会时我们常常能碰在一起。他跟我性格不同，他那洒脱的人生观，我即使装也装不出来。同时我也很佩服他的敬业，这种做人姿态很好，公与私是两个世界，而我自己根本分不清工作跟娱乐有什么区别，因此，只要见到他，我就愿意听他聊人生，至少在听他聊的时候，我能反思一下自己的偏执。

某次聊天时，他说看到我的微信中谈到了一些出版机构，建议我也去访访他们社。我告诉他，熟悉的环境中没有风景，我跟国图社的诸位老师太过熟悉了，一切的好都变成理所当然，这让我难以捕捉到应有的闪光点。但王兄有着爱社如家的热忱，他吸引我的方式，就是告诉我社里也有好书，我问他好到什么程度？他看了我一眼说："陈寅恪的批校本应当算是好书吧？"我听出了他这句话的揶揄之意，但跟他已经熟到了酒肉朋友的程度，计较也没用，于是说："就凭这一句话，我也要好好去看看你们的书。"然而，此后的几次约定都因彼此间做不完的杂事，让我错过了瞻仰这部批校本的机会。直到 2015 年 3 月 10 日，燕来兄又来电话，说有个外国人要跟我见面，这个人正在他们社里等，我觉得可借这个机会一并拍照，于是应召而去。

在国图社见到一男一女两位外国人，全都不认识，但那位男性外国人说他认识我，他一张口说出的汉语居然带着京腔儿，立即让我知道这是位"中国通"，那一瞬间，我想到了张明敏的那句歌词"洋装虽然穿在身，我心依然是中国心"。这位外国人虽然是金发碧眼，但他对中国文化的了解要比许多黑头发、黄皮肤的人还要深入。他告诉我，《书楼寻踪》已经翻译出了一部分，因为他现在负责行政工作，能够自己搞翻译的时间太少，所以速度慢了下来，为此跟我说"抱歉"。这让我有点摸不着头脑，于是他讲起了跟我的相识，几句话之后，我想起确有这么件事。

大概七八年前，有个澳大利亚人打电话给我，说自己在中国买到了《书楼寻踪》，之后就是夸奖这本书如何如何的好，然后他接着说准备把这部书翻译成英文，问我是否同意，我当然要同意了，因为自己的书还没有一本被译成汉文之外的其他文本。我好奇他怎么找到的我的电话，他说自己在看《书楼寻踪》时，旁边有人说自己认识这部书的作者，他本来就一直在想办法寻找作者而未得，没想到有这样巧合，于是他马上跟这个人要到了我的电话，才有了我们上面的那场联络。回去后不久，我就收到了这位外国人寄出的部分英文译稿，我的英文很烂，说实话我根本看不出来他翻译的是否够得上信、达、雅，再后来就渐渐没有了联系。但那次通信让我知道了他的中文名字叫邓肯。

我今天是第一次见到这位邓肯先生，他告诉我，自己刚刚调到美国的汉廷顿图书馆任职，邓肯的名片上写着"汉廷顿图书馆、艺术馆和植物园"，他的头衔是"东亚园林艺术研究所所长、流芳园园长"。邓肯问我对此了解否，我说"抱歉"，他睁大了眼睛说："你怎么可能不知道汉廷顿？"我翻看他名片的另一面，另一面的英文名称则印着"THE HUNTINGTON"，好在我还认识这几个英文字母，马上告诉他，按照中国的习惯方式，这里叫"亨廷顿"，这位亨廷顿至少在我眼中是美国数一数二的大藏书家。

我的这句话让邓肯很高兴，他说确实如此，自己现在就在这家美国一流的私人图书馆中负责行政业务。邓肯又给我介绍了同来的女士，他说："这是汉廷顿，不，亨廷顿前任院长。"这位女士也能说流利的汉语。邓肯告诉我，他们馆经常举办跟中国有关的讲座，也希望我能去做讲座，他同时又遗憾地告诉我，馆里所藏之书都是西文善本，而中文善本书只有两本，所以我去那里看书可能会不过瘾。为什么只有两本书，这让我很好奇，于是问他是什么书，他说，其中一本是《永乐大典》。

《永乐大典》! 书界中的神物竟然让这位邓肯轻描淡写地说出了口，我马上追问他："是原本吗?"旁边的王燕来兄笑着说："确实是原本。"他们社里刚刚了解到这种情况，正跟邓肯先生商量将此书影印出版。原来是因为这件事，国图社把邓肯请到了这里。《永乐大典》在中国人心目中的崇高地位已经到了无以复加的程度，为什么这里有一部《永乐大典》此前却不为人知呢? 邓肯说，这本书 20 世纪 60 年代就进了亨廷顿图书馆，但因为馆方没有研究汉文的人，所以一直搞不清这部书的价值。聊天中，我突然意识到这位邓肯先生的说话方式，跟燕来兄极其相像，燕来兄不也是用陈寅恪的批校本来勾引我吗? 为了这本《永乐大典》，我跟邓肯说，只要自己有机会一定前去拜见一下这本书。

国图社处在文津街国图古籍馆的院内，这个院里本来还有姜寻所办的雕版博物馆，此馆迁出后，馆舍归了出版社，而今，出版社把它变为了样品陈列室。今天，王兄首先把我带到了这里。这个馆的设计听说也是出自姜寻之手，在此之前，这里是国图的职工食堂，我在这个食堂还吃过几次饭，记得当时这个食堂的设施及装修较为陈旧，经过姜寻的改造，里面变得很有艺术气息。姜寻的才气比我高十倍，这正是我佩服他的地方，他也跟王燕来、邓肯一样，做事能够出人意表，这个食堂的改造正是一个例子。今天，再次进入这个食堂改造的新馆，仍然让我感叹姜寻那种化腐朽为神奇的本领。

国图社把这个馆改名为"弘文堂"，弘文堂里面的格局跟以前变化不大，现在里面陈列着国图社所出的一些精品书。正厅前面的那个高大书架上，摆列着的是国图社所出的《中华再造善本》，但我感觉陈列的数量不及原书的十分之一，王兄称，确实如此。我说，那部大书如果陈列在一起，极有气势。他说，眼前的这个大书架摆不下完整一部，并且社里的地方很紧张，已经找不出能够完整摆出一套《中华再造善本》的地方。以我的私见，这部书应该是国图社的拳头产品，不能展示出来，很有点"锦衣夜行"，看来，这真是国图的出版社，仍然坚守着"酒香不怕巷子深"的传统经营理念。

屋的正中，一个大条案上陈列着国图社所出的一些精品书，最大的一部是《武强年画》，这部书的开本至少有四开，一函书的厚度将近一尺，这么大的一函书把旁边摆的《永乐大典》都比下去了。这部《永乐大典》是国图社的影印本，影印的质量自不必说，确实达到了原汁原味儿，并且这册《永乐大典》的底本还是康有为的旧藏，我立刻感受到了"人人皆有，我独无"，只能羡慕嫉妒恨。

多年前，我跟武强县的县委书记很熟，他曾经赠送给我一些当地的年画。以我的拙眼，我看不出武强年画的精妙之处。王兄说，国图社出的这部书不同，因为里面的年画都是古版刷印，不属于现代印刷物，这让我有了打开本书的欲望。翻阅一过，里面的年画果真是自己熟悉的图案。如此想来，制作这么一大套书，一张张地刷印下来也是不容易的事，尤其在里面还收录了一些套色版。而最奇怪者，是每一页的页码处还垫着衬纸。我问他这是什么讲究？王兄解释称，书上的页码不是印刷的，是后来钤盖上去的。如此说来，这部大书也算是递修本了。我问他，这样一部书卖多少钱？王兄突然压低了音量告诉我："八万元。"直到现在，我也不明白他压低音量的原因和理由。

在这里又看到了一些吕敬人设计的书，吕先生在书籍装帧界的大名实属一流，深圳有位书友就把吕敬人设计的书作为专题收藏，见一部买一部，据说藏量很大，我也曾经给他提供了几本。但国图社在这里展示的这几本他肯定没有，因为王兄告诉我，其中的那部《赵氏孤儿》，是当年专门制作给国家领导人用以送给欧洲某国领导人的国礼。这部书制作得确实精良，尤其封底用木板雕造出了英文字样，这种中西合璧的设计，如果拿去

■ 国图社外景

■ 国图社出版的《沈氏砚林》　　■ 国图社出版的《原国立北平图书馆甲库善本丛书》　　■ 吕敬人先生设计的书

送给深圳的朋友,他肯定大喜。燕来兄特别明白我的小心思,他不等我张口,直接告诉我:"这部书社里只有一个样本了。"那潜台词不言而喻。

之后,我们又来到了接待室。这间接待室我也来过多次,里面同样陈列着国图社所出之书,我在这里再次受到了时任总编贾贵荣的热情接待,按照官方语言来说,宾主进行了友好的交谈,而实际情况是,贾总编给我布置了五件任务,让我年底之前一一去落实。

我还惦记着那部陈寅恪的批校本,燕来兄让一位小伙子带我前去看书。书库并不在国图社所在的楼宇之内,而是从楼内走出,在院落另一边的某个地下室里。在这里看到的仍然是公共图书馆所熟悉的集成书架,这种集成书架确实是省地方,但它将重量集中在一起,如果放在楼房内,承重恐怕有问题,我多年来一直打这种书架的主意,但至今也不敢实施,就是担心会把楼板压塌。国图社把书架布置在地下室内,确实是想得周全,既能省地方,还不用担心承重。

将这些集成架一层层地摇开,带我前来的小伙子告诉我,这里就是社里的资料室。我看到大多是精装的文史书,问他有没有线装书,他告诉我当然有,于是又摇开了一排书架,里面竟然是满满的一大排《四部丛刊》。这些书全部放在插套之内,这是典型的公共图书馆摆放方式,并且书脊上的侧签写得很是规整,可见当年管理者之用心。

我问他还有什么线装书? 他又给我摇开了后两排书架,看到的仍是整排的同样插套,书名却五彩缤纷了许多,插套的大小也不尽相同,这种参差之美是我最喜欢者。我在这里看到了全套的康熙殿版《全唐诗》。我又打开了其他的一些插套,看到一些让我惊艳之本,其中有一部古倪园刻的《四妇人集》。这部书虽然仅是嘉庆刻本,却是清代精刻本中的名品,这么多年来,仅在嘉德上拍卖过一部,拍出了那个时候精刻本的最高价。如今我看到的这部却比嘉德的那一部更精彩,这是一部开化纸印本,绝对的初印,按黄裳的话来形容,这个本子能够称得上"极初印"。不过,陆昕先生当年就不赞同黄裳的这种说法,他说初印就是初印,怎么前面还加个"极",并且举了个极有意思的例子,陆老师说:"贾宝玉初试云雨情,初试就是初试,总不能来个初初试。"从理论上讲,陆昕老师说得较为谨严,但我还是私淑黄裳的说法。"极初印"的感觉,确实是"妙处难与君说",今天看到这部《四妇人集》,顿时就有了这种感觉。

接下来，我在这里还翻看到了明代的白绵纸套印本以及清代的活字本，还看到了一些未曾想到的好书，这里所藏好书之多，品相之佳，均大大出乎我之前的预料。我的的确确在此之前没能想到，这家出版社里竟然有这么多的善本。我问这位带我前来看书的小伙子，社里怎么会有这么多的善本，他说自己来社较晚，不清楚这些缘由，让我向社里的老同志去了解情况。我注意到这里有不少书上面都钤有谢国桢的藏章，应该是整批所来者。如此想来，这里面一定有一个递传的故事，待我得空时，要想办法把这个故事了解清楚，并且能将这个故事讲得圆满。

看过这批书的两天之后，我终于打听到了一些细节。有朋友告诉我，谢国桢去世之后，他的藏书分为了三批，一批由其家人带到了上海，一批给了社科院历史所，而这第三批，就是国图社从谢家所买得。其中当然还有一些细节，只是无法在此详说了。

因为沉浸在看到好书的喜悦之中，或者说沉浸在意外的惊喜之中，看完这些书准备出库时，我才突然想到，还没看到那部王燕来兄所说的陈寅恪批校本。这位小伙子问我书名是什么，这提醒我忽略了重要的问题，本想打电话向王燕来兄请教，可是地下室信号不好，电话无法接通，只能将一些可能的函套打开，观看一番却没能如愿。我不好意思这样在库里长时间翻看下去，这样会耽误带我来看书人的工作，小伙子跟我解释说，他本不是库管，这里的库管在休产假，所以社里安排他暂时代管。他看到了我的遗憾表情，安慰我说，等他了解到情况后，把那部书调出来，今后我再来拍照即可。看来，我也只能等待着二进荣国府了。

书目文献出版社成立后，原有的事业单位管理方式不适应出版社的业务营运，1980 年 1 月，该社改为事业单位企业管理，为此，该出版社陆续进行了机构调整，设立了多个科室。1981 年 12 月，成立了图书服务社，该服务社主要经营图书馆设备用品，一年之后该服务社更名为中国图书馆服务公司。此后的几年，该公司的主要业务就是配备统编卡片，后来因诸多原因，到 1986 年 3 月，国家出版局与文化部图书馆局联合下发了《关于调整"随书配片"供应办法的通知》，自 6 月起，服务公司不再承办随书配片业务，统编卡片委托北京市新华书店向全国新华书店总发行。一年后这个业务又得以恢复。

经过这些年的演变，国图社发挥资源优势，影印出版了一系列大书，在他们的努力下,很多难得一见的孤本陆续走入了研究者的案头。就孤本不孤而言,该社可谓功莫大焉。

无锡博物院

金光其外，蕴宝其中

按照现有的文物分类方式，实物性文物大多放在博物馆，纸质类放在图书馆，单页不成册文书由档案馆保存。但这只是大约分类方式，从实际馆藏看，三者之间互有交叉，故博物馆系统也藏有不少古籍善本。可惜博物馆属于另一个系统，由国家文物局管辖，故进内看书很不容易，因机缘巧合，这些年来我也到博物馆内看过一些书，无锡博物院为其一。

1930 年，无锡创办了县立历史博物馆，馆址设在孔庙。全面抗战时期，该馆所藏文物全部被日寇劫掠而去。1958 年，成立了无锡博物馆，馆址设在惠山淮湘昭忠祠。1977 年，由郭沫若题写了馆名。2007 年 10 月，原无锡博物馆、无锡革命陈列馆和无锡科普馆三馆合并成无锡博物院。

合并而后的博物院藏品很丰富，同时建筑规模巨大，2008 年的《无锡年鉴》中载："10 月 15 日，以无锡革命陈列馆、市博物馆和市科技馆'三馆合一'组建而成的无锡博物院正式成立。无锡博物院位于太湖广场中央，建筑面积 6.9 万平方米，建筑规模为目前全国同类城市之最，是无锡市单体面积、体量最大的城市公共文化服务设施。"

2015 年 8 月 17 日，我前往该院参观，刚走到太湖广场，远远地就看到了一座金光闪闪的建筑，我觉得那应当是某座金融大厦，然而出租车停在了这座大厦的门前，司机说这就是无锡博物院。以我的固陋，很难把这样的一座大厦跟博物院联想在一起，但此院的蔡卫东副院长，确实是站在了这座大厦的门前在等我。

虽然与蔡院长时有联系，但见到真人还是第一次，他那隐在含蓄之下的睿智令我印象深刻。寒暄过后，他带我走入楼内。我的缺点之一就是缺乏隐忍力，还没走出多远，我就向蔡院长请教，这个体量巨大的建筑物为什么要设计成这种模样？蔡院长笑着说，这座建筑的设计者原本专长于火车站等地标性建筑的设计，这座楼的设计理念，是想展现太湖的波浪，因此楼体设计成了水波纹状。这样说来，我把这座建筑物看成是一座"金山"，是把它看小了，应该将其称呼为"金海"，才更为广大。蔡院长是个认真的人，他马上更正我说，这座楼比喻的是太湖。

以前，我从资料上看到该馆所藏珍品有中国最早的纸币。叶德云编写的《新编金融之最》中称："我国现存最早的纸币是元世祖至元二十四年（1287）发行的'至元通行宝钞'，现珍藏在无锡博物馆，该钞是明朝初年，沿袭前朝币制，推行钞法，于太祖洪武八年（1375）发行'大明通行宝钞',这是明朝唯一的纸币。"

对于该馆所藏的书法作品,应该是杨凝式的《韭花帖》最具名气,此作品被誉为"天下第五行书"。《韭花帖》有三个传本,一是清内府藏本,此本现存无锡博物院,该本曾刻入《三希堂法帖》中。二为裴伯谦藏本,此本见于《支那墨迹大成》,原件不知所终。三为罗振玉藏本。按照主流说法,只有罗振玉所藏为真迹。相传真本历来藏于深宫,然乾隆年间,有人以摹本将原本换出,自此之后,宫内所藏之本实为摹本,而真本后来被罗振玉买到。但是罗振玉藏本如今也不知流落到了哪里,而今唯一可睹者就是无锡博物院这一件了。由此可窥得该馆藏品价值之高。

图书本来应当是图书馆应份的藏品,但因为历史原因,博物馆里也有一些古籍善本。前几年就听说,无锡博物院接受了一批捐赠,里面有不少的好版本,这让我有了一睹为快的冲动。跟蔡院长几经联系,今日终于来到了这个馆。

蔡院长是个直率的人,他很务实地把我直接带进了会议室。我到无锡的时候,正赶上周六,我觉得在周六、周日给他打电话,必然会让他多出一些额外的应酬,于是我在周日晚上告诉他,自己到了无锡。蔡院长说还是应当提前告诉他,以便他安排库房能够多调出一些我想看的古籍,但即使如此,我来到会议室时,看到手推车上已经拉出来一些我想看的珍本。

《黄杨集》旧册页装,此书是元代华幼武的著作。华幼武的手迹我是第一次见,故无法断定这是稿本还是抄本,册页前的扉页题字,所用纸张乃是宋版佛经揭裱后所书写者,可见当时的讲究。尤其后面的跋语,名头一个比一个大,有祝允明、文徵明、都穆、唐寅等等,尤其唐寅的那一开,跟寻常所见的字体不同。蔡院长告诉我,这是唐寅早年的笔体。这等满批满挂之物,在市场上很难见到。

《楚辞》,此书名气很大的原因是里面的陈洪绶插图。这部书经过郑振铎的大力举荐,而今成为拍卖场上的热点。我的印象中,完整无缺者,仅两次出现在拍场中,今日看到的这一部,虽然已做成了金镶玉,却留存有书牌,因为该书大多数书牌已失,这正是此本的难得之处。

高攀龙手札,在见到这册旧裱本之前的一天,我刚刚去朝拜了高攀龙的墓。我对他墓旁摆放的那座猪八戒雕像百思不得其解,可又感觉不到那是一种有意的恶作剧,而今看到了他的手札,也看到了他写字的率意与从容，这样想想，那个猪八戒也给他坟前的庄严肃穆，增添了几分喜庆。

《高忠宪公诗稿》册页装两册。此册页里的手迹，跟上一册高攀龙的手札有一定的区别，然而细细翻看这两本册页，确实是手稿，而非过录本。其实，一个人的笔迹在不同的时代，会有不同的写法。我曾收藏一位名家的手稿，从其青年到其晚年，笔迹竟然有四种变化，并且之间很难找出笔意上的关联。但蔡院长不同意我的说法，他认为，一个人的笔迹无论怎样变化，总有固定的痕迹在。很可能他说得有道理，但对于高攀龙的这个诗稿册页，他到现在也没能给出确切的鉴定意见。册页后面有清光绪辛巳年秦臻的跋语，此跋的第一句话就是："此高忠宪公诗，手稿也。"看来秦臻也将此视为高攀龙的手迹。但蔡院长认为，秦臻距高攀龙差着几百年，他的跋语只能作为参考，而不能作为依据。由此可见其在对文物下结论时的审慎。

《顾端文公十书》，巧合的是，我在看到此书的前一天，刚刚去过东林书院，在那里拜见了顾宪成的遗像，转天就看到了他的著作，这也是一种小缘分吧。这几册书应当算是旧抄本，在用纸上较为特别。这部书全是用开化纸抄写而成，而开化纸到了清嘉庆后基本绝迹，虽然此后也有些旧纸留存，但少有人会舍得拿大量的开化纸用作抄书。如此推论起来，这部《顾端文公十书》有可能是清初抄本，只可惜，匆忙看书，无暇细找里面的避讳字。

有可能蔡院长认定我只对藏书家感兴趣，因此，他所调出的藏品大多是跟藏书家有关的，我从中看到了一摞潘祖荫手札，这些手札均裱为单篇。这些手札基本为两种字体，一种正楷较为少见，还有一些是寻常所见的行书。以我的看法，这两种笔迹均为潘祖荫手笔，即使是正楷，也非书胥代笔者。

《玉台新咏》，这部书因为看过太多部，我的第一反应是，此部为徐乃昌翻刻本。蔡先生不同意我的判断，他说经过查证，这应当是明代的小宛堂本。然而，小宛堂本我也看过多部，徐乃昌就是用小宛堂本作为底本来影刻的，两者在字迹上差异很小，对于两者的区别，只有将两部书放在一起，才能很清晰地比勘出来。我所见过的小宛堂本，基本上都是用特殊纸张来刷印，而眼前所见的这一部，却是清代常见的连史纸，因此，我本能地认为，这就是徐乃昌翻刻本。以蔡院长的认真，他当然不喜欢我随意下的

无锡博物院内景

结论。他说，这部书的捐献者原本认定该书为宋刻本。蔡先生当然知道该书无宋本存世，所以他觉得，这是明崇祯的小宛堂本，尤其此书之前还有同治年间的前人题记，故而该书不太可能是徐乃昌翻刻者。经他这么一说，我也含糊起来，只好拍下照片，带回去慢慢研究。

在这里还看到了两册碑帖，其中之一是颜鲁公的《争座位帖》，此帖之后，有福增格的跋语。很惭愧，在此之前我却不知道福增格这个人，回来之后查资料，才知道他是清中期的满人，并且是位诗人，铁保曾经称赞他为清代北方诗派的代表诗人。福增格著有《禊帖考》一卷，显然对兰亭墨迹有研究，是位书法家，而今第一次见到他的墨迹，这也让我开了眼。

所见另一个旧裱本，为《虞恭公碑》。此碑的封面有启功题签，启功先生在这个泥金笺上，小字双行写着"历字不损本，元白审定精品"。启功先生目光如炬，他能认定该本为精品，那么此本的珍罕程度，自不待言。

《皇华集》，高丽铜活字本。此本封皮、订线均为原装，用上好的高丽皮纸刷印，确实难得。印象中北大图书馆也藏有一部，只是无法对比两者之间的区别。《皇华集》的内容乃是反映明中期到明末间中国和朝鲜官员之间的交往，故该书颇具史料价值。

《渔洋山人精华录》，此书大多为翻刻本，而该本为初印，尤为难得者，竟然是毛装。这是我第一次见到此书的毛装本，该书的卷末考据之处却成了补抄页，故难以断定是原刻还是后来的精妙翻刻本。但即使是翻刻本，也同样属难得之物。

《离垢集》，此为华喦手稿，也是一件高大上的藏品。华喦乃扬州画派的代表人物之一，他的诗、书、画被称为"三绝"，他的手稿我是第一次见到。此稿前有浙派诗人厉鹗的题记，厉鹗也是一位重要的诗人，这两者结合在一起，更加突出了这个抄本的价值。

蔡院长还准备了两个手卷让我欣赏，其中之一是邵宝的书法，他的墨迹我也是第一次见到。邵宝同时还是一位藏书家，而此次寻访的前一天我刚去看了邵宝创建的二泉书院。

第二个手卷则是董其昌的书法。董的书法虽然留存很多，然而该卷实属精品。尤为特别者，是上面钤盖着"朝鲜国王之印"。蔡院长问我此印是否为手绘，我看后告诉他，确实是钤盖。此手卷尤为特别之处乃是用纸，这是朝鲜特有的一种公文纸，透过纸背，而今仍然能隐隐地看到字迹。这

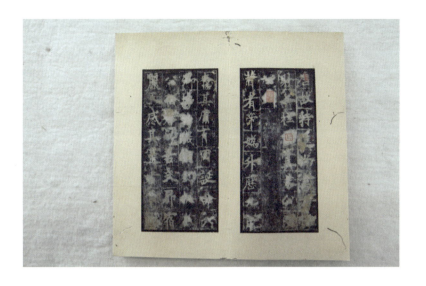

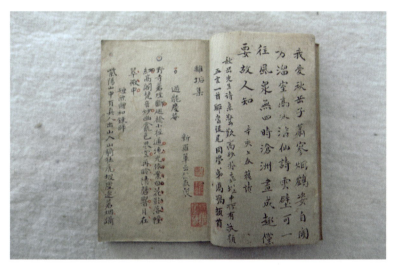

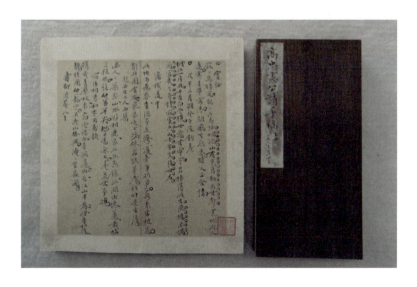

剪条本《虞恭公碑》　　《离垢集》　　《高忠宪公诗稿》

个手卷钤盖有从乾隆到宣统清代帝王的御玺,著录于《石渠宝笈》,这等流传有绪,真令我大开眼界。

此后又看了十余件藏品,这些藏品大多跟无锡的大户——华家有关。蔡先生告诉我,这些藏品正是三四年前华家后人所捐献,而我所看的这些只是其中的一部分,捐献数量总计有200多件。这等高质量的捐献品,真让我叹羡不已。蔡院长告诉我,这批捐献来得也很偶然,因为是华家后人主动找到博物院,说家里留下了一批字画,因为长期放在台湾,可能有些受潮,希望博物院能给予修理。后来几经商谈,华家后人感觉到无锡博物院很是诚恳,所以决定将家中所藏字画中跟家族有关的部分暂存在博物院。又经过一段时间的接触,华家决定将此永久寄存。再后来,就直接改为无偿捐献了。

这等好事真是太过难得。但蔡院长又告诉我,其实捐献的这200多件,只是华家所藏的五分之一,其余的部分仍然在华家后人手中,他们的子女可能都分到了一部分,而有一些则出现在了美国佳士得的拍场中,其中有几场中国书画的重头拍品,就是华家提供的。随后,院长又送了我一册《华绎之旧藏文物捐赠图录》,他说此图录所收,即是华家捐给博物院的部分。

无锡华家对文物如此钟情,同时又有着这等高质量的收藏,而我以前对此一无所知。蔡先生笑着说,因为华家所藏主要是书画,而我对书画不关注。他告诉我,华家在民国年间的势力很大,甚至超过了荣家。当时荣家主要是搞实业、办工厂,但华家认为做实业太费气力,风险也大,并且也难挣到大钱,所以华家的主要精力是做房地产,同时也做典当业。

蔡院长说,因为我来得匆忙,所以看的东西较少,希望我下次再来无锡时,能够多一些时间,来慢慢欣赏他们的馆藏珍品。可能是为了让我对无锡有更加感性的认识,当晚蔡院长介绍我认识了当地的画家兼收藏家许赞先生,同时还见到了一位日本朋友。在聊天时,我听到了蔡院长对各种门类藏品的看法与评价,这让我从另一个侧面了解到他对文物的深刻认识,由这样内行的专家来做博物院的院长,这当然是难得的人选。

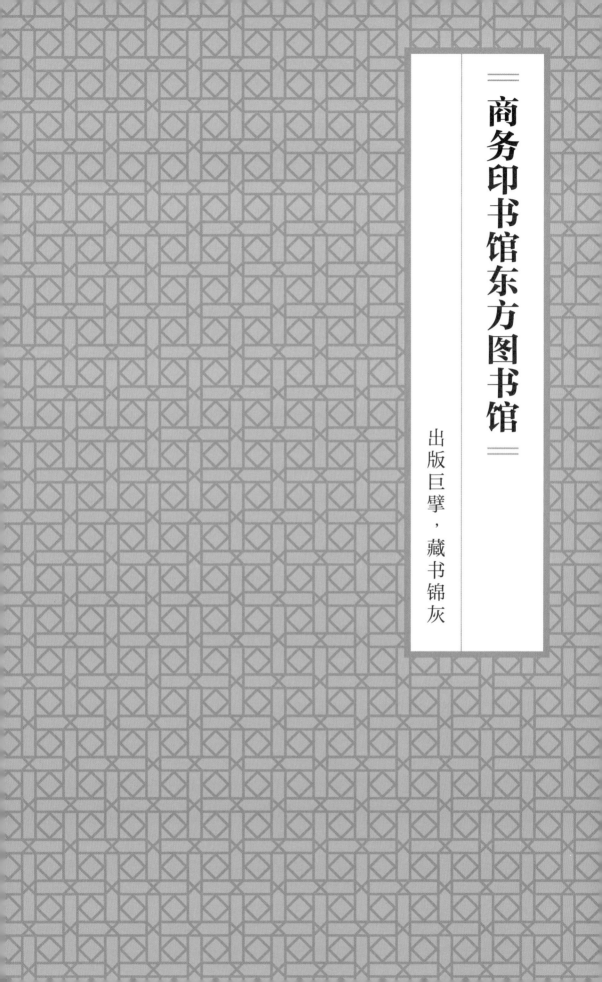

商务印书馆东方图书馆

出版巨擘，藏书锦灰

　　商务印书馆在中国出版史上的崇高地位，无人能够质疑。在我小的时候，曾经流行一种小册子，名叫《世界之最》，里面所收的那些"之最"，令我产生无穷的好奇心，自此之后，也落下了毛病，那就是对有"之最"之称的事情特别敏感。而今马齿徒长，也逐渐开始怀疑那些"之最"的准确性，以至于对每个行业的"之最"都本能地有种戒备性的疑问。然而，对于商务印书馆所创造的那一大堆"之最"，我不曾有过丝毫的怀疑。比如，我从小到大用过不知多少本《新华字典》，而这书正是商务印书馆的长盛不衰产品，到现在的发行量早已超过 6 亿册，很可能是世界上发行量最大的工具书。我在上高中的时候，终于买下了羡慕已久的《辞源》，此书是中国第一部大型古代汉语词典，还有学习现代汉语必备的工具书——《现代汉语词典》，也同样是中国第一部规范性的现代汉语词典。

　　商务印书馆在印刷出版行业创造了许多中国之最，比如它第一个使用纸型印书，第一个使用珂罗版，第一个采用电镀铜版印刷技术，第一个使用铸字机，第一个使用胶版彩色印刷，等等。这样伟大的一家出版机构，那它的底蕴以及这无穷的创造力来源于哪里呢？除了该公司的那些英明领导，我认为还有一个重要因素，那就是他们有着丰富的藏书。商务印书馆藏书规模之大，质量之高，在它所处的时代，绝对是出版行业的巨擘。商务印书馆在印刷行业所创造的辉煌，留待印刷史的专家去论述吧，我在这里只谈谈它的藏书状况。

　　商务印书馆虽然是集体智慧的结晶，但在这个群体之中有一个灵魂人物，那就是张元济。此馆后来藏有大量的古籍善本，应该说跟张元济的偏好有一定的关系。张元济的十世祖是明万历年间的举人张奇龄。张奇龄虽然是举人出身，却曾主持过杭州的虎林书院，在此院培养出很多著名的弟子。张元济的九世祖名叫张惟赤，清初时扩建了张奇龄的读书处"大白居"，而后将这个藏书处命名为"涉园"，成为海盐地区著名的藏书楼。到了民国年间，张元济一直在努力收集已经散失了的涉园旧藏。据此可知，从张元济十世祖开始就有藏书的爱好，这样的基因自然遗传给了他。

　　清光绪二十三年（1897），在朝中为官的张元济与工部主事夏偕复、内阁中书陈懋鼎等给皇帝上奏章，提出设立通艺学堂。在通艺学堂的建制中，就有图书馆这个项目，张元济为此还制定了图书馆的具体章程，其中第一条就是："本馆专藏中外各种有用图书，凡在堂同学及在外同志均可随时入馆观览。"从这句话即可看出,在那个时代,张元济已经有了开办公共图书馆的意识。然而通艺学堂开办一年多之后,因为戊戌政变,学堂被关闭,张元济没能实现自己开办公共图书馆的意愿,而他自己也因为参与维新事务而被革职。

同样是光绪二十三年(1897),上海的夏瑞芳、鲍咸恩、鲍咸昌、高凤池等几位实业家成立了商务印书馆。几年之后,赋闲在家的张元济加入了这个印刷企业,在他的领导下,商务印书馆成为中国最大也是最著名的出版机构。

张元济最初是主持商务印书馆的编译所,他在编译稿件时,因为手边没有相关的工具书和参考书(当然,那个时代也没有网络),遇到疑问之时无从确认,用他自己的话来说,"每削稿,辄思有所检阅,苦无书"。于是,他向董事会提议,要为本馆购买工具书及校勘底本,为此他创办了编译所的资料室,而这个资料室就是后来著名的涵芬楼。

涵芬楼的开办时间是清宣统元年(1909),当时设在编译所的三楼。商务印书馆的总厂当时设在上海的宝山路附近。到了1921年,商务印书馆董事会决定将公司所办的公益基金拿出一部分来建设公共图书馆,董事会同时决定成立公共图书馆委员会。这个委员会由张元济、高梦旦、王云五组成。同时,先从公益基金中提取10万元,在总部马路对面购买一块土地,建起了一栋五层的钢筋混凝土大楼。大楼建成之后,将涵芬楼所收之书移入此楼,同时将此楼命名为东方图书馆。

关于东方图书馆的来由,张元济曾经写过一篇《缘起》,此篇《缘起》的第一段为:"光绪戊戌政变,余被谪南旋,侨寓沪渎,主南洋公学译书院,得识夏君粹方于商务印书馆。继以院费短绌,无可展布,即舍去。夏君招余入馆任编译,余与约,吾辈当以扶助教育为己任。夏君诺之。时归安陆氏皕宋楼藏书谋鬻于人。一日夏君以其钞目示余,且言欲市其书,资编译诸君考证,兼以植公司图书馆之基,余甚韪之。公司是时资金才数十万元,夏君慨然许以八万,事虽未成,亦可见其愿力之雄伟矣。"

张元济在此讲述了他加入商务印书馆的原因,他说自己因为戊戌政变而被革职,于是返回南方,住到了上海。他先是在南洋公学译书院工作,而后结识了商务印书馆的夏瑞芳(字粹方)。那时正赶上译书院经费短缺,张元济的所有设想都难以实现,于是离开了译书院,而夏瑞芳把他请入了商务印书馆的编译所。张元济在进此馆时就跟夏瑞芳约定，要为中国的教育作出贡献。这句话的潜台词就是，他进入商务印书馆并不只是为了经济利益，他更希望来此实现教育救国的理想。而他的这种想法得到了夏瑞芳的首肯。

此后不久，陆心源的后人欲将皕宋楼之书出让，出让的原因我曾在别的文章中详细谈到了，于此就不再赘述。皕宋楼售书目录被夏瑞芳得到后，他拿给张元济看。夏说，想让商务印书馆买下这批书，以此来作为编译所的出版参考书。夏认为，只有广泛地搜集善本，有一天才能建立起公司所属的图书馆。然而那个时候，商务印书馆的自有资金仅有几十万元，夏瑞芳却答应可以将股本拿出 8 万元来购买皕宋楼之书，遗憾的是皕宋楼后人陆树藩开价远高于此数，这批书最终被日本人买去。

虽然这批重要的藏书未曾买成，但张元济为此尽了自己的努力，他得知夏瑞芳有买下这批书的意愿后，专门找到了陆树藩商谈细节。但那时陆树藩负债累累，尽管给张元济开出的价格已经低于给日本人的售价，但商务印书馆还是拿不出那么多钱。面对这种局面，张元济转而劝清朝的管学大臣荣庆拨公款买下这批书，因为那时朝廷正在筹建京师图书馆，若将这批书买下，就可大大提高京师图书馆的收藏质量。然而荣庆对此不予理睬，张元济没办法，只好通过商务印书馆继续筹款，最终筹得了陆树藩所开出的最低售价 10 万元。可是，当张元济准备付款买书之时，陆已经将那批书以 108000 元卖给了日本的静嘉堂文库。

这件事对张元济甚至是商务印书馆的股东们，都有较大的刺激，他们已经尽了最大的努力，拿出了相当比例的股本金，都未能将这批书买下来。事虽未成，但由此也可看出当年商务印书馆的股东们是何等有眼光。虽然没有买成这批重要的专藏，但他们开始广收国内藏家的整份收藏："自是会稽徐氏熔经铸史斋、长洲蒋氏秦汉十印斋、太仓顾氏谀闻斋藏书先后散出，余均收得，辟涵芬楼以藏之。未几，宗室盛氏意园、丰顺丁氏持静斋、江阴缪氏艺风堂藏书亦散，余又各得数十百种，虽未可谓集大成，而图书馆之规模略具矣。十余年来，搜求未辍。每至京师，必捆载而归，贾人持书叩门求售，苟未有者，辄留之。即方志一门，已有二千一百余种，虽多遗阙，要为巨观。"（张元济《东方图书馆概况·缘起》）

这么多重要藏家的专藏都汇入了商务印书馆，于是他们建起了涵芬楼。不久,盛昱、丁日昌、缪荃孙等重要藏家的旧藏陆续出现在了市场上,张元济又从中选出了许多善本,归入了涵芬楼。这些年来,他不停地购买善本,除了在上海收购之外,张元济每到北京,必会买下一大批书运回上海,他会在每天下午五点,专门拿出时间来接待上门送书的旧书店从业人员,从中选购所需之本。因其家学,张元济对目录版本鉴定十分在行,因此他选购之书,不仅价钱合理,还能得到很好的善本,若遇到难得一见的珍本,他也敢于花大价钱将其买下。

1921 年,胡适在商务印书馆考察,他曾参观过涵芬楼所藏的善本,在 7 月 19 日的日记中,对涵芬楼有这样的评价:"善本书颇不少,不能细看,今天见的有一部黄荛圃藏的宋本《前汉书》二十册,价二千元。其实二千元买一部无用的古书,真是奢侈。"这一句话就表明,胡适对书更关注的是实用,而非版本价值。他认为涵芬楼花二千元买下宋刻本的《前汉书》是无用处的古董。这确实是胡适的外行,因为黄丕烈所藏的宋本不仅是在 20 世纪 20 年代值二千元,即使到了今天,将当年涵芬楼所花的二千元增加一万倍,也不可能再买下一部黄丕烈所藏的宋本《前汉书》,由此可知,张元济的眼光放在一百余年后的今天,也完全不过时。

张元济还通过在京的大藏书家傅增湘买到了许多善本。他们两人多年来长期通信,所谈全是买书、印书以及讨论目录版本之学,这些通信被商务印书馆于 1983 年点校出版,书名为《张元济傅增湘论书尺牍》。二十年前,我买到了这部书,读来大呼过瘾,有很多书界的往事我都是通过他们的书信而了解到的。

那个时段,商务印书馆买到的最大一批、同时也是质量最高的一批藏书是密韵楼旧藏。密韵楼又称传书堂,主人蒋汝藻是上海著名的实业家,主要经营轮船、农垦业,所得利润大量用来购书,曾经请王国维编纂了《密韵楼藏书志》。20 世纪 20 年代,蒋汝藻因为经营出了问题,把密韵楼藏书抵押给浙江兴业银行,但抵押期满后却无力赎还。

张元济与蒋汝藻是交往二十年的老朋友,他当然知道密韵楼旧藏的价值,于是在商务印书馆总务处第 696 次会议上提出:"兴业银行抵押蒋孟苹旧书一宗现在可以设法收购。查此项旧书,鄙人曾一一看过,并为之审定版本。蒋君收藏费十余年之心力,诚属不易。在银行用作抵押,虽为呆滞,在本馆则因影印旧书为营业之一种。如《四部丛刊》《续藏》《道藏》

《学津讨原》《学海类编》《百衲本资治通鉴》《二十四史》《续古逸丛书》等，有数种均已售完。虽有数种销数无多，然从未有不销因而亏本者。此项旧书颇多善本，可以影印者甚属不少。共计宋本五百六十三本，元本贰千零九十七本，明本六千七百五拾（十）三本，抄本三千八百零八本，《永乐大典》十本。"

藏书聚难散易，古今中外皆然，张元济不希望密韵楼所藏珍善之本就此星散，于是提议整份收购。他谈到此前蒋汝藻借给商务印书馆许多古书的底本，汇入了商务印书馆影印的多部丛刊之中，但因密韵楼藏书体量巨大，还有很多珍本没有影印，张元济还点出了密韵楼旧藏中的珍本，仅宋本就有五百多册。

张元济为什么要建议商务印书馆收购密韵楼旧藏呢？他接着解释说："鄙意久思再出《四部丛刊》续编，留心访求已有数年，无如好书极不易得，如能将蒋书收入，则《四部丛刊》续编基础已立，再向外补凑若干，便可印行。影印之后，原书尚在，其本来价值并不低减，将来如有机会，仍可售去也。此项贵书，转售诚属不易，然鄙见以为美日两国退还赔款均决定先设图书馆，此种大规模之图书馆不能不收藏好书，则售去亦未必无机会也。该行估计押本为十九万两或尚可商量。曾与之商议买价，先拟以十五万两，嗣经再三磋商，前途减为十七万两。后折中为十六万两。是否可行，谨候公决。"

当年商务印书馆出版了《四部丛刊》初编，销量极好，为此张元济想印续编，他认为密韵楼旧藏中有不少的书都可以作为续编的底本，更何况影印之后并不降低底本的价值，一旦有机会还可以把原本售出。虽然他也知道这等贵重之书不容易找到买家，但张元济有他的眼光，他想到了美国和日本在退还庚子赔款时，首先决定用这些钱来建图书馆，所以他认为影印之后将这些底本卖给新建的图书馆是个好办法。更何况，经过协商，售方也同意把总体售价降为16万两。

最终股东们同意了张元济的购书建议，这批收购使得涵芬楼的藏书质量大为提高。但是每个人的观点不同，在1927年5月1日召开的商务印书馆股东常会上，有一位名叫李恒春的股东对此事提出了质疑："日前见某小报载有公司购古书十六万元事，为数甚钜。未知手续是否完备？"

李恒春认为这笔购书款金额太大了，他并不说值与不值，只是问购买此书的手续是否完备,言外之意是张元济花巨款收购这批书,是否出于个人的偏爱,或者说是否出于他跟蒋汝藻有私情。

既然有这样的质疑,张元济当然要仔细地予以解释,他首先点出李恒春所说的某小报有可能是《晶报》,以此说明他已经注意到了这篇报道,张元济说"此事关系鄙人声誉,不能不略为声明",于是他详细讲述了这批书的价值,以及收购的理由。他讲到密韵楼提供部分底本的《四部丛刊》初编共预售出两千四百余部,收入一百余万元,以此说明《四部丛刊》是何等之畅销,又是何等赚钱,这让他有了继续影印出版续编的想法,但续编也需要大量的底本,这正是他收购密韵楼旧藏的动机所在。

《四部丛刊》续编虽然不如初编那样体量庞大,但张元济想说明的是他收购密韵楼旧藏是很划算的一笔生意。他用数据表明观点的同时,仍然以固有的谦逊说道:"值与不值,可请各股东推举识者审阅。"也就是说他可以让任何专家来估价,花 16 万两收购那批书没有超过当时的市场价。至于李恒春提出的手续是否完备之事,张元济的解释很干脆:"且此事固系鄙人提议,曾经总务处会议议决,经多人签字。"可见无论什么时候,想做一件有价值的事情,都会有人提出异议。好在张元济做事缜密,不仅留有会议记录,还有多人的签名,这才能回应对方的质疑。

张元济的眼光并不仅限于中文古籍,张元济在《缘起》中写道:"日本欧美名家撰述暨岁出新书,积年藏弄,数亦非鲜。同人踵夏君之志,岁输赢金若干。"当中外藏书达到较大的规模时,经董事会决定,商务印书馆另起一楼,专门用来藏书:"购地设馆,今且观成,命名东方图书馆。因检取中外典籍堪供参考者,凡二十余万册,储之馆中,以供众览。"对于东方图书馆的详细情况,1933 年商务印书馆出版了《东方图书馆纪略》(以下简称《纪略》),书中称:

> 商务印书馆鉴于国内文化进步之迟滞,世界潮流之日新,认为有设立公开图书馆之必要;又以旧设涵芬楼经张氏二十年来肆志搜罗,储书达数十万册,规模已具;乃于民国十三年出资十一万余两在总厂对面宝山路西特建五层钢骨水泥大厦一座,移涵芬楼旧藏图书实之,名曰东方图书馆,同时并聘编译所所长王云五氏为馆长总理馆务。此为东方图书馆由涵芬楼蜕化而出之情形也。

对于该图书馆的规模，《纪略》给出的数据是："东方图书馆屋凡五层：最上层为杂志报章保存室及本版图书保存室。四层为普通书库，占地四千六百方尺，置书架五十六排，共三百七十余架，统长一万四千八百余尺，可容书四十余万册。四层一部分及三层为善本室，内藏涵芬楼善本书及全国方志。二层为阅览室，杂志陈列室及事务室等。下层为流通部藏书室及事务室。馆南空场为花圃，其南建西式平房五间为附设儿童图书馆所在地。"

1926年，经张元济提议，商务董事会决定对社会公众开放东方图书馆。但那个时候，其实真正的善本书，也是只有相关的专家可以看到，因为善本特藏部分放在了东方图书馆的三楼，仍然用涵芬楼的名义。

为了能够普及书香文化，从1928年夏天开始，东方图书馆举办图书馆学讲习所，当时招收了200多名学员。经过学习，毕业之后，其中的一部分人被派往商务印书馆在各地建立的办事处，还有一些人没有在商务印书馆工作，而是到了国内各大学图书馆及公共图书馆从事版本鉴定与目录编纂的工作，成为那些馆的业务骨干。1922年到1944年之间，张元济还委派黄警顽和张敏逊两人，将东方图书馆所藏之书运到苏南、浙北以及宁绍地区的小市镇，进行公开展览，以此将书香尽量地传播到民间。张元济在进入商务印书馆之前，就跟夏瑞芳有过约定，他进入商务印书馆的目的，就是通过教育来启迪民智。虽然商务印书馆是一个综合性的图书公司，但张元济在追求利润的同时，没有忘记自己的理想和初衷。

东方图书馆建成之后，其一楼为流通部和商务同仁俱乐部，二楼为阅览室，三楼为善本书室，四楼为书库，五楼专藏各种报纸杂志、地图及照片。当时的藏书量，普通中文书有26.8万册，外文书8万余册，图表5000余种，善本古籍3700多种3.5万多册，照片1万余张。而后继续发展，到了1932年，东方图书馆的藏书总量达到了51.8万余册，其收藏质量之高名扬海外。很多读者利用东方图书馆而让自己获取了大量的知识。目录版本学家胡道静对东方图书馆有这样的描述："从我读中学的高年级到大学毕业的那些年代中，它一向是我亲密的'图书之家'……那长达四十来米的宽敞的大阅览室，是实行开架的。这间阅览室，除了一扇中门以及卡片目录柜和出纳台以外，两壁多层的书架上陈列的工具书、百科全书和常用图书大约有两万多册，那是读者可以自由取阅的，感到十分方便。"

然而,这样一座伟大的图书馆,因为战争,毁于一旦。1932年,日军入侵上海。1月29日到1月30日,日军飞机分三次轰炸商务印书馆,商务总厂被六枚燃烧弹投中,总部大楼被炸毁,火势冲到马路,伤及东方图书馆,然当时损失并不大。到了2月1日,日本浪人潜入现场,纵火将东方图书馆点燃,使得这座著名的图书馆彻底被大火烧毁。当时大火形成的巨大上升气流,让很多还未烧成灰烬的书页飘上空中,这些纸灰飘扬在上海上空,知识的英灵就这样丧于恶人之手。我曾看到过东方图书馆被烧后的照片,那漂亮的外形,加上黑洞洞的残迹,结合在一起,形成了一种不忍直视的惨景。

对于东方图书馆被烧毁的情形,《纪略》转述了多篇当时的新闻报道:"二十一年一月二十九日商务印书馆总厂被日军飞机掷弹焚毁,其时即已有人传言因火焰冲过马路,东方图书馆亦遭殃及(《申报》一月三十日)。故当时上海市长吴铁城谈话中有'古籍孤本尽付一炬'之语(《申报》一月三十日电)。迨二月一日晨八时许东方图书馆及商务印书馆编译所又复起火。顿时火势燎原,纸灰飞扬(《时事新报》二月二日)。烟火冲天,遥望可见(《大美晚报》二月二日)。直至傍晚,此巍峨璀璨之五层大厦方焚毁一空(《新闻报》二月三日)。当时传者莫不谓日本浪人以商务印书馆被毁犹以为未足,特再潜入东方图书馆纵火焚烧云(《大公报》二月二日,《新闻报》二月三日)。东方图书馆三十年来继续搜罗所得之巨量中外图书,极大部分之旧四部各善本书,积累多年之全部中外杂志报章,全套各省府厅州县志,以及编译所所藏各项参考书籍及文稿,至是尽化为劫灰。当时人以为此项损失至少当在百万金以上(《新闻报》二月三日),实非臆测之词。"

东方图书馆被焚毁引起了国内外人士的愤慨,很多有识之士站出来予以谴责,2月8日的《字林西报》刊发了上海大学联合会主席致电国际联合会及世界各国教育部通告:"日本人自一月二十八夜以来,继续用飞机轰炸华界无辜民众;焚毁商务印书馆,东方图书馆,粤商医院,及其他教堂学校;捕禁牧师教士学生。持志学院校役全被杀戮,校舍全被焚毁。特以公平人道名义,请求力制日人暴行。"

然而不幸之中还有一个小的确幸,张元济为了影印出版《百衲本二十四史》,从不少的藏书家手中借到了许多珍善之本,可能是出于安全的考量，这些借来之本，以及东方图书馆所藏的宋元金本，总计 574 种，早在此之前的 1924 年，就已经寄存在了金城银行保险库内，东方图书馆的这场大火未波及存在金城银行的这一部分。而余外的 40 多万册珍藏，以及大量的画册、报纸、照片等，全部化为了灰烬。

我每每读到这段痛史，都会心情沉重。当年张元济选择善本的眼光如炬，商务印书馆所藏之书，有很多都是他馆所未备的孤本，日本浪人的这把火，让那么多的历史著述彻底地消失在这个世界上，无论他们是出于怎样的目的，我都不能原谅这种恶劣到极点的行径，更何况这种做法是有意而为之。当时指挥日军炸毁商务印书馆的人，是日本海军陆战队司令盐泽幸一，他曾说过这样的话："烧毁闸北几条街，一年半年就可恢复。只有把商务印书馆这个中国最重要的文化机关焚毁了，它则永远不能恢复。"这种赤裸裸的叫嚣，让人除了气愤与痛恨，已想不到用其他的词来形容。

商务印书馆及东方图书馆被毁之后，张元济给傅增湘写了封信，信中有这样一段话："琉璃脆。天下事大抵如斯。弟日来恐觉罣碍一空矣。商馆在沪部分决定全停。依此情形，恢复大非易易。俟时局稍定，再开股东会。连日筹议遣散员工，非常艰困，然此难关终须经过也。炮声不绝，敝寓尚安全，可请宽怀。衲史照存版片所余无几，最可惜者。"余生也晚，无缘得见这位出版巨擘，但从照片上，以及他的通信中，都能体会到他是一位自制内敛的智者。

通过信中的这段话，我能够体会到他在这平和的语言之下，压抑着自己巨大的愤恨。他所说的"琉璃脆"，前面有一句"世间好物不坚牢"，也就是说，美好的事物你越是珍视它，它越容易消逝在这个世间。商务印书馆被毁，张元济在痛恨的同时，却又说有着放下一切的轻松，以他那普救众生的心态，我觉得这是他愤恨到极致时说出的反话。那个时候，商务印书馆上海总部已经全部停工，员工被迫遣散，然而他依然惦念着未曾完工的《百衲本二十四史》。这个经历让他更觉得要把珍善之本影印出来，尤其那些传世孤本，更要让它化身千百，流传在世间，才不会像东方图书馆那样毁于一旦。傅增湘接到张元济的来信后，给他回信说："知涵芬楼善本运出甚少。二十余年所聚，竟付之一炬，痛愤殆不可言。"由此可见，虽然有一部分善本存在了金城银行的保险库，但毕竟数量极少，绝大多数的善本仍然存在东方图书馆的三楼涵芬楼内，跟那座大楼里的其他图书一同灰飞烟灭了。张元济为此付出了这么大的心血,好友傅增湘当然能够体会他心中的愤恨之情。

痛定思痛,张元济与商务印书馆同仁并没有被彻底击垮,此事刚过不久,在2月6日这天,商务印书馆就成立了善后办事处,推举张元济为特别委员会委员长,王云五为善后办事处主任,他们向国民政府申明被毁情形,要求国民政府提出严重抗议,同时保留索赔的权利。到了1933年4月29日,又成立了复兴委员会,此会推举张元济为主席,蔡元培和王云五为常务委员。关于此事,张元济在给傅增湘的信中也曾讲到了一些细节:"恢复东方图书馆已成立所谓委员会,公司推王君云五与弟二人,外聘蔡鹤顾、陈光甫、胡适之三人,又英、美、法、德在沪实业界、教育界者各一人。现先从募捐书籍入手。北平、南京、广州、汉口、长沙、杭州、济南等处拟设立分会,伦敦、纽约、巴黎、柏林同。将来尚欲求我兄登高一呼也。公司本届盈余由公益公积中提拨四万余元,作恢复之用。弟亦捐一万元。此均动息不动本,积有成数,再图建筑。"

由此可见,张元济是多么希望能够恢复东方图书馆,《纪略》一书写道:"商务印书馆于上年复业后,深感东方图书馆之被毁影响于社会文化者至巨,恢复东方图书馆实不容缓。该馆董事会爰于本年四月五日议决每年结账如有盈余除提公积金及股息外,其照章划归公益金之部分提拨三分之一作为恢复东方图书馆之用(上年度实拨洋四万五千三百八十七元零六分并由张菊生先生个人捐洋一万元)并于四月廿九日,议决组织东方图书馆复兴委员会,订定章程(附录一),并聘请胡适之、蔡孑民、陈光甫、张菊生、王云五五君为委员。"

恢复东方图书馆需要大笔资金,商务印书馆先拨付了四万五千余元,而张元济个人就捐款一万元,其义举令人钦佩。

当时的复兴委员会还聘请了一些外国人,比如美国人盖乐、德国人欧特曼、英国人张雪楼、法国人李荣,经过这些人的大力宣传,收到了很好的效果。1934年,德国学术团体就给复兴委员会赠书2000余册。而后,法国公益慈善会又赠送了一批法文的珍本,其中名贵之书就有1600余册。可惜的是,到了1937年全面抗战爆发,东方图书馆的复兴没能进行下去,而包括我在内的后人,也就再无可能看到在上海又屹立起这样一座伟大的图书馆。

虽然东方图书馆已经无迹可寻，但商务印书馆还是有些遗迹留存于上海，其中的虹口分部，依然完好地保留在四川北路的街面上，而今成为新华书店的一个门市部。此馆能够保留下来，应该是跟一段革命史有一定的关联，但无论怎样，总算让商务印书馆这个伟大的出版机构留有痕迹在人间。

我在 2015 年 11 月 28 日前往上海探看此馆遗址，借此凭吊已经归入天堂的东方图书馆。四川北路是上海著名的一条商业街，来到新华书店门前，虽然该店的外立面已经涂装了新的涂料，但从建筑风格上来看，依然跟四围的高楼大厦有着明显的区别。这栋四层楼的一半已经变为了居所，一楼则全部成了门面房。穿过大街，走到新华书店门前，看到入口处的墙上嵌着大理石的商务印书馆虹口分店旧址铭牌，与此铭牌相并列的另一侧，也是尺寸相当的一块大理石，上面刻着"陈云同志 1925—1927 在此工作。在此期间，陈云同志加入了中国共产党，并被推选为商务印书馆发行所职工会委员长，参加了'五卅'运动和上海工人第三次武装起义，领导了商务职工的罢工"。

沿门进入，眼前所见仅是一条窄窄的过道，右侧透过玻璃可以看到里面摆满了时装，左侧则是电子产品的体验店，墙上还有一个很大的广告，原来书店上面的第四层成为足浴和按摩房。然电梯旁边贴有复制的老照片，上面显现着当年此店的外观。乘电梯来到二楼，正是新华书店门市部。在书店的墙上，悬挂有陈云及书店的老照片放大复制品，我举起相机正准备拍照，立即被一位女店员制止，她告诉我，这里禁止拍照。我向她解释说，自己是来寻古的，而非游客，并出示行程单以证我所言不虚。然此店员不听我的解释，只是告诉我上级有令，禁止拍照，要想拍照，必须得到上级给她的指示。我问她的上级是哪里，此店员跟我说，我要先找到出版局的相关领导，由出版局打给新华书店总店，由总店通知她们店长，然后再由店长给她指令。

拍一个书店需要这么多道程序，这话听来让我多少有些压抑不住的不快。我告诉她，墙上的这些老照片算不上什么文物，因为都是复制品。没想到，她闻听我的质疑也是一愣，说："原来你是想拍这些旧照片。"然后她顺手一指告诉我，楼梯间的墙上有不少这样的照片，我可以随意去拍。她的这个回答反而让我不知她的所讲为何意。她跟我解释说，拍旧照片可以，拍店堂不行。我完全不能理解其中的逻辑关系，但转念一想，我

= 这座楼原本是商务印书馆虹口分部　　= 书店夹在了商业店铺之间

≡ 书店墙上挂着老照片复制品　≡ 由此上楼

拍店堂有什么用,无非就是一些新书。于是转身走入上楼的楼梯,沿梯将这些照片拍了下来。

拍完这些老照片,走出此店,多少还是让我觉得不过瘾,于是我转到了此楼的后面。后方的一条小路极具上海特色,那精美的砖雕以及独特的建筑风格,处处洋溢着海派风情。在这里我看到了书店的后门,不知道当年陈云在此领导革命时,那些地下党员是不是都走这条路进行秘密的街头联络。

我围着这个楼转了几圈儿,对东方图书馆的思念还是不能释怀,想起商务印书馆的总务部原址在福州路和河南路的交叉口,于是打车前往此地。这一带我曾往返步行过无数回,是我在上海最熟悉的地区。我在多份资料上查到,这里的"数码港"就是商务印书馆总务处的旧址,但我对这个"数码港"没有丝毫的印象。也许是我的走路特点所致,看来目不斜视也有其弊端。打车再次来到这里,围着这个大路口转了一圈儿也没能找到那个所谓的"数码港",在街边向几个老店东询问,几乎无人知道商务印书馆的总务处所在地,看来我对商务印书馆的寻访有待下一次继续了。

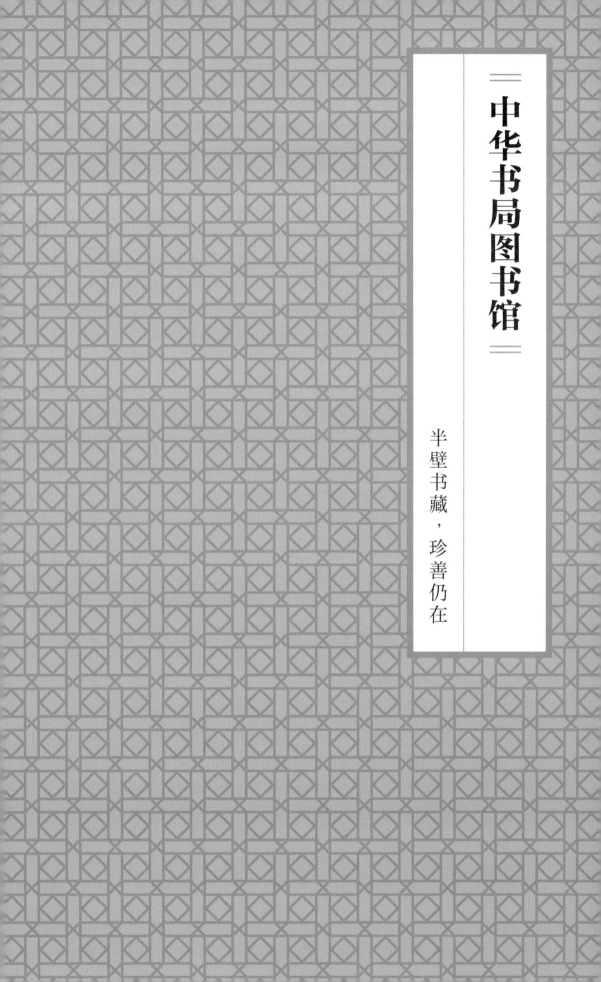

中华书局图书馆

半壁书藏，珍善仍在

中华书局图书馆原名藏书楼,钱炳寰所编《中华书局大事纪要》(以下简称《纪要》)于"1925 年"一节中写道："是年,藏书楼改名'中华书局图书馆',藏书增至六万余册,按照杜氏分类法重新编目,建立新的购置、登记、出纳制度。负责人先为傅绍先,次为陆衣言,后为程本海,自 1926 年后为楼云林。"

可见在 1925 年之前,中华书局已经有了不少的藏书,可惜《纪要》没有谈到藏书楼的创建时间。民国时出版的《全国文化机关一览》中记载了中华书局图书馆,并注明是民国二十二年(1933)十二月调查,当时该图书馆位于上海静安寺路一四八六号。"沿革"一栏写道："本馆原为编辑所需要参考书籍及便利职员阅览而设。初办时书籍仅数千,近则添购书籍,较往年骤增数倍。故各项设施,亦较前完备。"

那时的图书馆仍然是内部性质,以往藏书楼仅有数千册藏书,改为图书馆后有了较大发展："中文书约七万余册,西文书约一万册,东文书约一万册,杂志报章约数千册,总计约十万册。"当时该馆有馆长一人,馆长为舒新城,另有馆员五人,每年购书经费约六千元,工资及设施费用约两千元,而当时的图书馆馆舍为"非独立建筑,系占本局编辑所房屋之一部分,面积约二千数百平方尺"。

另外,民国年间所出的《上海各图书馆概览》在介绍到中华书局图书馆时说："中华书局成立于民国元年元旦,资本二百万元,总店在上海四马路,总厂在静安寺路,占地四十亩。"

中华书局很早就设有藏书楼,这与该局创始人陆费逵(字伯鸿)的观念有关,他在《增辑〈四部备要〉缘起》中自称："先太高祖宗伯公讳墀,通籍入词林。《四库全书》开局,以编修任总校官,后任副总裁,前后二十年,任职之专且久,鲜与匹焉。晚岁构宅于嘉兴府城外角里街,颜其阁曰枝荫,多藏《四库》副本。洪杨之乱毁于火,今者角里街鞠为茂草矣。小子不敏,未能多读古书,然每阅《四库总目》及吾家家乘,辄心向往之。"

伯鸿先生说,他的太高祖乃是陆费墀。清乾隆年间开四库馆,在开馆之初,陆费墀任总教官,后升为副总裁,前后在四库馆任职达二十年之久,虽然四库馆臣众多,但能像他这样与之相始终者没有几位。乾隆四十七年(1782),当第一份《四库全书》抄写完毕储藏在文渊阁时,皇帝为了表彰陆费墀为编纂《四库全书》所作的贡献,把他提拔为内阁学士兼礼部侍郎。

然而在乾隆五十二年（1787），因为皇帝在文津阁看到了应毁未毁之书，又将陆费墀革职留任，命他个人赔偿江南三阁《四库全书》的装潢费用，此后又因底本未移交，陆费墀遭到撤职，未久又查出排架错误，皇帝让他赔各种经费一万元。可以说陆费墀是《四库全书》总裁中最倒霉的一个，他的文集原稿当年藏在北京住处，后因失火被毁，他存在老家的手稿也因战争荡然无存。两百多年过去后，陆费逵却能继承祖上的遗志，继续与书籍为伴，而他的藏书目的更多的是为出版作贡献。

陆费逵终生从事出版业，原因之一就是在少年时体会到了读书之难。他在《我为什么献身书业》一文中讲道："我为什么要献身书业？其中有两个动机：第一次是我十九岁那一年，几个同志因为买书困难（一方是经济困难，一方是购觅不易），大家想开一家贩卖书籍的店，一面营业，一面有书可看。凑了一千五百元股本，在武昌横街开办，招牌叫'新学界'。"

中华书局编纂了很多套大书，这些书大多是以中华书局的藏书作为底本。比如《古今图书集成》，中华书局为什么要影印这部上万卷的大书，陆费逵在影印缘起中讲："儿时闻《图书集成》之名，某处有一部，某老人曾阅过几遍，心向往之，未见其书也。弱冠以后，编书撰文，时时利用是书，获益匪鲜。盖我国图籍浩如烟海，研究一问题，检查多种图书，不惟费时费力，抑且无从下手：例如研究田赋，虽将《周礼》《论》《孟》《管子》《二十四史》《通典》《通考》以及各政论家专集尽行检阅，尚不能免遗漏。此书则每一事项，将关系之书分条列入，一检即得。古人云事半功倍，此真可谓事一功万也。"

陆费逵在幼年时听说有一位老人竟然读过几遍《古今图书集成》，这让他十分神往，可惜没见过这部书，等他开始从事出版业后，时时利用到这部书，从中获益甚多。想来，他当时用的应该是石印本，但即便如此，那部石印本也价格不菲。同时，陆费逵知道类书的便利：随时可以翻检某一类文章。

对于当时能够看到的《古今图书集成》的不同版本，陆费逵做出了如下比较："此书雍正初年，刷印铜活字版仅六十四部，以后并未重印（见故宫博物院文献馆《史料旬刊》第十四期）。光绪十年，上海图书集成局印扁字本，讹误甚多。光绪十六年，总理各国事务衙门（后改外务部）委托同文书局照原书大小影印一百部，每部工料三千五百余两，约合五千元。以若干部运京，若干部留沪。留沪之书，不久即遭火厄，故流传甚少。今惟扁字本旧书肆尚偶有之。铜活字本大内所藏四部，皆五千零二十册，今均存故宫博物院。日本内阁图书馆有两部：一订五千零二十册，一订一万零四十册。同文影印本，故宫博物院有一部，其描裱原底，则由外交部移赠清华学校，今尚存在。"

这部大书当然是以雍正、乾隆间的铜活字本为最佳，可惜原版流传极稀。之后的光绪十年（1884），上海图书集成公司出过扁字排印本，可惜此本讹误太多。光绪十六年，同文书局大石印本价值颇高，但这部书影印一百本后就遭到了火灾，故市面仍然难得一见。为此，中华书局想要找到好的底本再次将其出版。关于选择哪一种底本，舒新城力主用原版铜活字本，但可惜难以得到底本，即便同文书局的大石印本也难得全本。也许是念念不忘必有回响，底本问题后来有了转机，陆费逵在《〈古今图书集成〉影印缘起》中写道："客冬，陈炳谦先生以铜活字本原书见贻。是书旧藏孔氏（岳雪楼）、叶氏（华溪），继藏康氏（有为），全书五千零二十册，仅有六十二册抄配。每册首均有孔氏、叶氏、康氏藏书之印。武进陶氏谓：'同文影印本缺十余叶，以与故宫所藏四部对勘，所缺相符。岂六十四部一律如斯耶？甚可惜也！'乃一经核对，则《草木典》所缺之一页，此本居然存在，且确系铜活字本，并非配补，诚人间瑰宝已。"

民国十五年（1926）的冬天，广东旅沪巨商陈炳谦愿意拿出他所藏的铜活字本《古今图书集成》，给中华书局做底本来影印，这部书还曾是康有为的旧藏。得到这个底本，令陆费逵大为惊喜。

陈炳谦何以会有这部《古今图书集成》呢？1938 年陈炳谦去世后，陆费逵所撰《纪念陈炳谦先生》一文中写道："康先生此书于民国初年以一万元让与简照南。简氏逝世，有外人欲买，炳谦先生闻之，亟劝止之，简氏遂让与炳谦先生。后先生想建图书馆公之于世，适与路锡三谈及。路告我，我遂请于炳谦先生拟影印行世，承先生慨允。询其代价，先生说：'我如为利，则早已售于他人了。贵局肯印行，可无条件取去，将来送我两部书足矣。'其慷慨，其爱国，其热心文化，其笃于友谊，都非他人所能及。后来再三商量，总算奉还原价一万元，赠书数部——先生转赠广肇公学等。"

民国初年，康有为以一万元的价格将此书出售给简照南，简去世后，有外国人想买走此书,陈炳谦闻讯后,将此书买下。中华书局得到消息后,跟陈炳谦商议影印行事,陈慨然答应,当书局问到底本费时,陈炳谦说不需要,因为如果买此书是为了获利,他早就将此书出售了,而今中华书局想将其化身千百,只需送他两套样书就可以了。陈炳谦的爱国之心以及对文化普及的热心,令陆费逵很感动,经过多次商议,他们以原价一万元买下了底本,同时赠给陈炳谦几部样书,而陈先生则将样书送给了学校。

中华书局得到这部铜活字本后曾经公开展览,前来参观之人络绎不绝。想来陆费逵此举一是为了影印本的宣传,二者也是因有祖上的情结在。因为当年的四库七阁中,每一部《四库全书》都会配上一套铜活字本的《古今图书集成》。

对于这套铜活字本《古今图书集成》的递传情况,孙莘人在《〈古今图书集成〉影印经过》一文中说:"图书馆原来设在厂部大楼编辑所上面的四楼,在十年动乱时期,把所有藏书,全部装箱,移存陕西北路辞海编辑所。该所改组成辞书出版社后,自建图书馆大楼,这批图书才陆续开箱上架;《古今图书集成》的底稿至今还存在。"

原书藏在了中华书局图书馆,后来又划分给辞海编辑所,该所后来改为了上海辞书出版社(以下简称"辞书社"),这部大书就成了辞书社图书馆的镇馆之宝。我到辞书社参观时,有幸目睹了这部大书。

中华书局图书馆就性质而言,原本是私办企业图书馆,但拥有一部完整的铜活字本《古今图书集成》,这在同类图书馆中属于唯一之殊荣,以此足见该馆不但藏书数量多,而质量也是同类图书馆中的翘楚。

有一段时间,舒新城任中华书局图书馆馆长,他原本就有藏书之好,当他在中华书局任职时,更意识到了底本的重要性,为此,他广泛地扩充库存,致使该图书馆的藏书量能与商务印书馆的东方图书馆相媲美。后来东方图书馆被日寇炸毁,中华书局图书馆就成了上海数一数二的大馆。到1935年时,该馆的藏书已达到了50万册。

对于该馆的藏书特色,郑逸梅在《中华书局的图书馆》一文中简述说:"此后根据图书馆整个藏书体系,搜购范围再行扩大,但着重收集方志、丛书、金石书、医书、类书、禁书,同时也注意版本,如明清精刻本、殿本、套印本、巾箱本、老石印本,以及批校本、稿本等。据当时统计,约有二千五百多种,二万册以上,各省重要县份的地方志,大都齐备。丛书类书，如佛藏、道藏，以及原版铜活字本《图书集成》等，约有一千二百多种，五万册以上。金石书，包括甲骨在内，约共六百多种，三千多册，有关甲骨的书，也差不多齐备了。至于罗致明清精刻本，无非为刊印《四部备要》准备条件。"

可见该馆大量收藏古籍，其目的之一乃是为了给出版《四部备要》做准备。陆费逵在《四部备要》的校印缘起中写道："吾国学术，统于四部。然四库著录之书，浩如烟海；坊肆流传之籍，棼若乱丝。承学之士，别择维艰；善本价昂，购置匪易。本局同人有鉴于此，爰于前年择吾人应读之书，求通行善本，汇而集之，颜曰《四部备要》。提纲絜领，取便研求；廉价发行，以广传布。"

从此文中，能够了解到陆费逵出版《四部备要》乃是因为《四库全书》体量太大，所以他请人从中择取要籍汇印而成本书，而他出书的目的是希望让读书人买得起书。

关于中华书局后来的变迁情况，《纪要》中载有1949年2月25日书局举行董事会议，书局总经理李叔明来函称，其因病要赴港诊治，一时不能返沪，他想聘请舒新城先生为协理。但舒新城推辞，董事会决议尊重舒先生意见，不以协理之名相强，但在李叔明离沪期间，请舒先生全权处理，并代为主持局务会议。3月11日："工会举行茶话会欢迎舒新城代总经理，勉以为解放上海、保护工厂和文化遗产多做些工作。舒态度明朗，表示一定要保护好编辑所图书馆珍藏的五十万册图书资料，并经常主动向中共党组织汇报局内情况。"

舒新城在代理期间努力保护工厂和文化遗产，尤其珍视图书馆的五十万册藏书。1949年5月，中国人民解放军进入上海市区，上海解放。关于中华书局后来的归并情况，谢方在《改造 定位 创业——记1950—1965年的中华书局》中叙述得颇为详细："1949年解放后，共产党和人民政府对全国私营书刊出版发行业进行了调整和改造。1950年第一届全国出版会议决定出版与发行分离，中华书局将全部发行业务交给新成立的中国图书发行公司。1952年，又根据出版总署关于出版社专业分工、加强领导的指示，中华书局编辑所从上海迁北京，新农出版社合并入中华书局，中华书局以出版农业、文史、俄语读物为重点。到1954年，全国进入私营工商业社会主义改造高潮，作为私营出版企业的中华书局董事会派出以编辑所所长舒新城、董事潘达人等 5 人，与公方代表出版总署的黄洛峰、金灿然进行公私合营会谈。会谈结果，中华书局总公司迁北京，与在西总布胡同 7 号的国营出版社财政经济出版社合并，人员不变，但对外出书仍可用中华书局名义。"

按照相关部署，中华书局由上海迁往北京，与财政经济出版社合并，对外仍称中华书局。《纪要》在"1954 年 4 月 30 日"中写道："完成全面公私合营的筹备工作，依照总署指示改组为财政经济出版社，设在北京。上海澳门路 477 号总公司原址改为财政经济出版社上海办事处。中华书局名义仍为保留，用以出版不属于财经范围的书刊，总公司亦在北京，上海称中华书局上海办事处，内部则与财政经济出版社为同一机构。原有中华书局上海印刷厂的名称照旧使用。"

但是中华书局的辞书部没有一同迁京，谢方在文中写道："在上海的中华书局办事处改称财政经济出版社上海办事处，有着 50 万册图书的上海中华书局图书馆和《辞海》编辑人员则维持旧名归上海出版局领导。"

1957 年初，出版局决定将古籍出版社并入中华书局。古籍出版社成立于 1954 年，是出版总署直属的专门整理出版古籍的出版社。该社也有图书馆，此馆藏书后来归入出版总署图书馆，再后来这批书并入了中华书局。对此，谢方在文中简述说："中华书局编辑部自搬到东总布胡同 10 号大院后，不仅办公条件大为改善，拥有一座相当规模的书库，而且编辑人员无论数量上和实力都大大加强了。现在先说书库的情况，古籍出版社书库的前身是解放前南京国立编译馆的图书馆。1949 年上半年，出版总署委派金灿然到南京清点接收了这个图书馆，并将书装箱由火车运到北京，归入出版总署图书馆。到 1954 年，这批图书又分别拨给人民教育出版社和新成立的古籍出版社。其中古籍社分得线装书 15000 册，平装书 6000 册，期刊 800 册，都是关于文史方面的书。到 1956 年古籍社合并于中华后，这批图书便全部归入中华书局图书馆。再加上财经出版社将原中华的有关文史图书 4000 余册交还中华书局，这时中华书局图书馆藏书已达 32000 册，而且很有价值的线装古书占了一半。这对文史专业的出版社来说真是一笔极为难得的文化资源。"

某天，上海的陆灏先生来到北京，他说前往中华书局参加嘤鸣雅集，邀我一同前往，我非雅人，但也想去凑热闹。我在那场雅集上见到了多位文史大家，雅集的其中一个活动乃是互赠书法，我实在拙于此道，只好请陆公子代笔，自己则忙着给扬之水老师裁纸。在此期间，时任中华书局总经理的徐俊先生拿出一批名人手札供大家欣赏，这批手札均为大名头，我好奇于哪里得来，徐总说这是中华书局图书馆的藏品，而后讲述了该馆藏书的整体状况。通过他的讲述，我方了解原来中华书局藏有那么多的古籍，为此斗胆向徐总提出，希望得机会时能够参观该馆，徐总爽快地答应了我的所请。

2015 年 2 月 10 日，我来到中华书局，先到徐俊先生的办公室一坐。他的办公场所布置得紧凑而雅致，尤其引起我注意的是那一组沙发。这组沙发颇为奇特，是木框布艺的结构，里面的绒布跟边框的木色形成了较大的反差，徐俊先生注意到了我留心这组沙发，于是用手指着沙发侧脊上的一块金属牌说："你看，这是老中华书局的财产，是 20 世纪 50 年代从上海运来的。"

我惊异于中华书局人的节约精神，但并不是说这种旧物新用，我指的是这种沙发用了六七十年，上面的布艺竟然新若未触手。徐总笑着说，沙发的木框是旧的，里面的布艺是新近刚换的。因为聊起了老中华书局，徐总顺势就给我介绍起中华书局的历史来，他是从 1954 年说起。他说，那年中华书局迁到了北京，但在上海还留了一部分，留下的那一部分，后来就变成了辞书社，而中华书局用几十年时间攒下的那批藏书，就全部归了辞书社，有近十万册之多。

当时，办公室里还有李世文兄，他听到徐总的这句话，马上接口说："可不可以把那些书要回来？"徐总一笑说："那怎么可能?!"我也笑着打趣说，自己已经跟辞书社联系好了，过一段时间将去拍照，至少在我的眼里，能将中华书局的书合璧。

徐总说，中华书局迁京之后，重新开始大量购买线装书，买的书一是作为资料参考，二是作为出版校勘的底本，后来南京的国立编译馆合并进了中华书局，那些书同样归了中华。当时，故宫也划拨来了一批书，还有出版署的书也归了中华。这些就是中华书局藏书的主体来源。

1982 年，国务院古籍整理出版规划小组恢复工作，李一氓任组长，他很重视传统文化，故每年给中华书局拨来 50 万的经费，而那时的钱还很值钱，书价也便宜，50 万元能买来大量的线装书。这让中华书局的藏书更丰富了起来。那个时候，得到的经费不只是买线装书，包括一些台湾所出的大部头书也都买了进来。在三十年前，这都是大手笔的事情。

徐总说，那个时候买书，并没有今天的文物视角，看重的都是文献资料性，因此，也并无善本意识，买回来的书，编辑们都可以随便用，因为还没有复印机，所以他们就在线装书上直接画圈和做标记，不只清代版本，当时的明刻本也可以在上面随便做标记。如果要点校一部古书，就会请某位名家来做这件事，当时的做法就是直接把某部书拿给点校者，请他直接在上面做标注，待拿回来后再进行整理。徐总有印象者之一，是点校《元诗选》，用的就是康熙顾氏秀野草堂版，所请的点校人就是吴小如的父亲吴玉如先生。他问我，是否了解吴玉如。我说当然，因为吴玉如的书法在天津太有名了，更何况，吴玉如还是周恩来去法国留学时的资助人。

徐总说，确实如此，吴玉如先生的批校本对于今天来说也是难得的文物，但可惜的是，几十年前还没有这个意识，按照当时的出版规定，所有出版底稿只保留五年，过期之后定期销毁，销毁的方式就是把这些原书的底稿直接卖给造纸厂去化纸浆。我跟徐总讲，顾嗣立刻的这部书，不只文献价值高，刊刻的水平也同样高，是今日市场上的热门品种，虽然存量并不小，但因为刊刻精美，所以受到藏家的喜爱，没想到这么好的书，竟然变成了纸浆。

徐总说，他也很惋惜这件事，但那时没有这种意识，所谓的版本价值，当时只看重宋元本，其他的书，因为大部分很便宜，所以并不很在意。他说自己当年点校过一部《金文最》，这部书是大藏书家张金吾的作品，并且是一部白纸本。社里安排他来点校此书，他就以这部原刻本直接在书上勾勾画画做标点，这部书出版之后，他点校的原本，后来也变成了纸浆。这句话让我听起来比他还惋惜，因为张金吾的《金文最》白纸本二十年来从未出现在市面上，而我藏的一部也只是毛边纸本。徐总笑着说，那时的出版风气即是如此，完全没有建立起来清刻本会有什么文物价值的概念。

其实，这种出版社点校过的古书，市面上偶尔也能见到，并非全部都化成了纸浆，很有可能是有人从造纸厂的化浆池旁捡出来的。十几年前，我曾买到过几部，当时并不明白为什么有些线装书里面批满了符号，还有的书被拆成了散页，做完标记后又捆在了一起，我隐隐地觉得，这也是一种时代痕迹，也应当有其价值，于是只要见到合适的，也尽量地将其收下。

　　我记得有一年，刚买到了这样一部拆成散页的点校本，恰巧陆昕老师给我来电话，谈完正事后他又问我，近期买到了什么书，我顺口就说到自己刚刚得到了这样一捆书，还不明白这是怎么回事。陆老师说，可拿到他家一看。我于是拎上书前往其府上，陆老师看到这部书后，我看他脸上希冀的表情瞬间转变为了失望，他忍了一下，还是没忍住地说："我以为是什么好东西，没想到，这样的破烂你也收。"这是我跟他交往初期的几年时，他见到我所得的第一部书，由此就开始怀疑我收书的品位。多年之后，他到我的书室来看书时，说了一堆表扬和鼓励的话，我记得最后一句就是："我以为你专收那些破烂书呢。"

　　我不知道陆老师为什么如此看不上出版社的校勘底本，也许是因为他见过太多的好书，久居兰室不闻其香，但我还是觉得，古书无论什么形式，自然有其特殊的历史痕迹在，也同样有着收藏价值。徐总赞同我的这个说法，他说，如果那些点校的底本留下来，对于今天研究古籍出版史，也同样有着很重要的史料价值。

　　徐总同时告诉我，因为社里所存的线装书有一些是大部头丛书，当年点校的时候，只会选择其中一部分作为出版底本，这使得今天的这些大丛书变得不完整。还有一些原因，是当时这些书可以随便借看，因为诸多原因，一些老先生借走了书，后来也就没再归还，也使得这些书如今变成了残本。徐总同时说，这种事情现在已经不会再发生了，因为这些年的变化，社里已经很看重自己的藏书，不要说线装书，就是"文革"前的平装书也不再外借。

　　徐总给我上了社史普及课之后，就把我带到了图书馆。走进图书馆的那一刹那，确实有些惊艳，因为跟我想象的很不一样，里面的装修风格虽然并不繁复，但能看出来有着刻意的用心。在偌大的厅堂内，摆着一些精致的桌椅，靠墙的一侧还有着咖啡吧台，这种格局，完全是对外营业的书吧形式。书吧是近几年的新生事物，我也去过几家，听这些吧主聊天，都是说，单卖书难以维持，将书结合上洋酒或者咖啡，就能实现精神与物质的有机结合。但中华书局的图书馆应当算是出版社的内设机构，为什么也能赶新潮地建成了这个模样？

　　这个疑问还未等我提出，徐总先给我介绍了图书馆的负责人梁静波老师。梁老师看上去热情而干练，她瞬间洞察了我的小心思，主动跟我介绍说,图书馆的这个阅览厅不只是看书的功能,很多作者来谈稿件,也会跟编辑来到这里,因此,这里经常会很热闹。她边说边带我参观这间书吧。

书吧入口的地方悬挂着一块素底的木匾,上书"中华书局图书馆",落款就是徐俊先生。刚才在他的办公室,徐总赠送给我一幅墨宝,我很喜欢他这幅有功力的正楷。现在再看见这个匾额,不用看题款,就知道出自他的手笔。梁老师介绍说,很多人来图书馆参观时都会在这个匾额下拍照。

匾额左侧是图书馆特有的资料卡片柜,右侧则摆着几排书架,架上的书都是统一的规格,看上去颇为整齐,在这里应当是做装饰物用的。楼梯的下方摆着两组深色的书橱,是民国时中华书局影印的《四部备要》和《古今图书集成》,这两部影印大书,虽然今天很容易看到,但带有原橱者很难得,因为经历了各种运动,这些书橱大多变成了劈柴。徐总也感慨这件事,他说以前没有在意这些旧橱,比如馆里有一部《百衲本二十四史》就不带原橱,而原橱有好几套都留在了辞书社,原来他打算用其他书换回原橱,但因为各种变动,让这种希望变得不可能。

书吧的另一侧有张很大的会议桌,桌的旁边摆放着一些拍摄工具,看来,这里也经常被作为拍摄场地在使用。会议桌上摆放着几摞线装书,徐总说,这些书是挑出来的一些,想让你欣赏欣赏。我估计应该是馆里所藏的好书,但还是提出先去拍书库,因为我担心时间晚了后,光线变得不足。

于是,梁老师马上安排人陪我一同去库内参观拍照,她自己却坐在会议桌上的那批书旁看守着,由此,我知道她对线装书是如此关注与上心。

这里的藏书跟其他的公共图书馆确实略有不同,中华书局图书馆的书库分为三层,每层有楼梯相连通。一同进库看书者有中华书局的徐俊、李世文、俞国林,以及图书馆的现任主管张巍。他们进入书库中,也同样兴奋起来,由此可知,这些都是真正的爱书之人,尤其是俞先生,他对书库极为熟悉,详细给我讲解着各层的分类。

中华书局的书库分别藏着线装书、旧期刊、平装书等等,这三类书分别放在三层书库,每层书库再分别做出类别上的分架。我在书库内一层一层地拍照,当然最感兴趣的还是那些线装书。线装书的书架是金属材质,不带橱门,书籍摆放得很是整齐。在每个书架的侧脊上,都列有编号。这里的期刊全部做了合订本,以便能让杂志立起来,这跟在谢其章家看到的不同,老谢摆放期刊的方式跟线装书一样,是平躺在书架上。尤其有意思的是这里的期刊排架方式，是以刊名的首字笔画为序，同时列明时代，我觉得如果今天老谢在这里看到如此巨大量的期刊，肯定心里备受打击，后来转念一想，自己看过那么多一流图书馆的书库，无论是质还是量，哪一家都比自己藏的线装书强许多，但自己不还是照样越挫越勇吗？以老谢的那个拧劲儿，也许他看完之后，更加发奋也未可知。

我在书库内，还无意中发现了一些精致的小方盒，这个盒子没有在其他的图书馆书库看到过，于是拿起来端详。不知何时梁老师也来到了书库里，她看我端详这个小盒，马上告诉我说，这里面放的是樟脑丸，每过一段时间，这些樟脑丸就会挥发完毕，她就会把这些盒收起来另换一批。我怎么没见过这么精致的小盒！我自己在书橱内也放樟脑丸，是买来几十公斤的一大袋，然后用报纸将其一一分成小包，再放入书橱的空隙处。樟脑丸虽然能够防虫，但如果跟书距离太近地贴在一起，也会伤书，用报纸多包几层隔起来，就会减轻这种伤害。今天在这里看到的这个小盒，比起我的那个土办法精巧许多，确实是既实用又美观，这应当是我今天来此看书的收获之一。

看书完毕后，又回到书吧，当然需要在这里解释一下，是我认为这里叫书吧，因为我不知道他们怎么称呼这个地方，也不知这个称呼会不会让徐总和梁老师觉得是亵渎，但不管怎么样，我在这里确实有一种宾至如归的感觉。因为有书的地方，就有我的欢娱，真应了那句话"来生恐在蠹鱼中"。

在大会议桌上，我看到的第一件宝贝就是宋元递修本《通鉴纪事本末》，这部书盛放在旧木匣内。梁老师介绍，此书有 80 册之多，现在只是拿出来了其中的一函。徐总说，这部书已经列入了第一批珍贵古籍名录。启函视之，此书乃是旧做金镶玉，从刷印的清晰度以及用纸上看，该书的递修期较长。这部书的零本在市面上偶尔还能见到，因此并不稀罕，但最难得的是该书的完整，这样完整的一部递修本，今天在市面上能够见到的概率已经极低。我翻看了该书的内页，里面很是整洁，没有勾勾画画的痕迹。徐总看我的动作，就明白了我的小心思，他笑着说，这样的好书，以前也是善本，不可能让人随便在上面勾画。该书的函套内册，还贴着图书馆里最常见的阅读卡片，这个卡片插在一个小纸袋内，纸袋的封面上印着"中央人民政府出版总署图书馆"，里面插的卡片上，却是空白，看来，该书的确从来没有让人借阅过。我注意到里面那个空白卡片上还盖着"善本书刊"

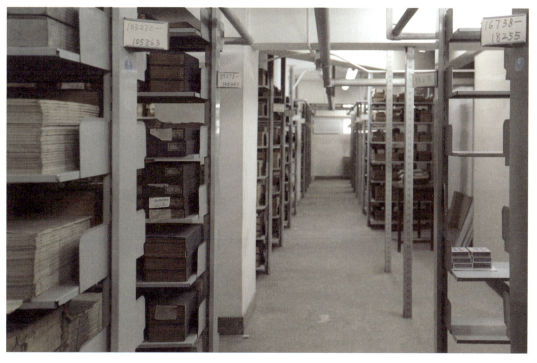

字样,看来,带此戳记的书就不对外借阅。徐总说,这就是总署划拨来的书。

看到的第二部书是一部元刻本《范文正公集》,该书品相颇佳,从用纸看,应该是元刻元印本,这样的书更为难得,而在序言后的空白页上,还有着黄裳先生的一篇题记。俞国林兄对这部书很熟悉,他给我讲解着该书的价值所在。徐总以为我不认识俞兄,介绍说俞国林现在在社里做两个部门的主任,因为他对古书特别喜爱,所以其中一个部门就是负责古籍的影印出版。

在这里,还看到一部旧抄本的《梅花字字香》。这个抄本很有意思,前面贴的浮签说后面的跋语是出自黄丕烈之手,但这则跋语的旁边也贴着一个浮签,这个浮签的字体跟前面的不同,内容说这篇跋语是伪造的,不是出自荛翁之手。这种相反的结论,让众人难定真伪。该书的底本乃是一部宋刻本,原本是黄丕烈的旧藏,后来归了海源阁,再后来,到了周叔弢的自庄严堪,周先生又把这部书捐给了北京图书馆。我在国图的几次展览中,都看到了这个原本,但可惜,自己的记忆中,没有搜索出来后面的跋语是否跟今天看到的这个抄本上的跋语相同。单从字迹上看,这篇跋语的字体很像黄丕烈惯常的书写风格,可惜,这部书不能带回去研究研究,这应当是有趣的一部书。

《尚友堂年谱》,梁老师说这是一部稿本,因为研究的人多,所以不断地有各种人通过各种关系来借阅这本书,搞得她应接不暇。我建议她将这部书影印出版,给别人影印本即可。梁老师说,自己对这种想法很矛盾,因为中华书局的图书馆并不是公共图书馆,并不承担公众来此查阅书籍的义务。

随后,我又看了20余部书,几乎部部都有说法,由此可见,梁老师和张巍先生对古书确实有自己的认识。聊天之间,我才知道,梁老师就是毕业于北大图书馆学系,那是真正的科班出身。当她听到我对其馆所藏书的赞叹时,也同样很高兴,她说也有其他馆想请她去帮着整理书,但她知道那家馆没有多少真正的好书,因此待遇再优厚,她也不愿意离开自己看护的这些宝贝。

中华书局图书馆的书库整体给人的感觉是十分整洁且排列有序,由此可看出管理者的用心。从这里珍藏的善本来看,说明当年他们请行家把关,是刻意要收存有价值的版本。我从《衡水市志》中读到过这样一段话:"李振声(1905—1988),字纯如,大庙村人。在琉璃厂开设纯华阁,经营清代以来史料及零本小册。与湖南衡山符定一、河北省高阳县著名学者王重民、新河县傅振伦诸先生,以及中央民族学院吴丰培先生,送书交往颇多。1956 年公私合营后,李振声调入中华书局图书馆采访古籍,贡献很大。1988 年逝世。"

李振声是民国年间有名的书商,他调入该馆负责采访古籍,想来有不少善本是通过他搜罗来的,所以我也就不奇怪该馆库内为什么有那么多的好书。

徐总听闻到我们的聊天后也很高兴,他说馆里既然有这么多的善本,就应当编一部《馆藏珍本图录》,同时也出版一部《馆藏线装书目录》。我大力称赞他的这个想法,认为这对目录版本界是一个贡献,于是,我马上顺竿爬地讲起了自己的做法,并且夸赞这么做的伟大意义,同时说,到中华书局百周年庆典的时候拿出来,那将是一份厚礼。徐总听我这么一说,瞥了我一眼,告诉我,百年馆庆已经过了。这马屁拍得太差,好在我立即调整方向,又跟他讲,即使过了百年,那依然也是很有价值的一份目录版本学著作,因为很少有一家出版社,能够拿出如此高质量的古籍目录。这番说辞,看来深得其心,徐总听完后,频频点头说是,并且当场许诺,如果要编这个目录,请我来做顾问。瞬间,我对自己的拍马战果小得意了一下。

梁老师又给我看了一部《御定星历考原》,她说此书难得之处在于仍然是宫里的原装,因为还带着黄绫的签条。我告诉她,您的眼光太高了,这种书在市场上已经极为难得了,这可真是"赤也为之小,孰能为之大"。这部书的难得之处在于它是康熙内府的铜活字本,一般一些书上都会说宫里那套铜活字就印了一部《古今图书集成》,其实,在此之前还印过三部书,而这部《御定星历考原》就是其中之一。因为这部铜活字本流传太少了,宫里后来又进行了翻刻,翻刻就是用这部铜活字本做底本,并且翻刻本的水平很高,看上去很像活字本,这就引起了当代许多版本目录学家和藏书家的争论。周华健在歌里唱道"你如今也是一个有故事的人",而这部书也正是一部有故事的书,但是几十年来,这还是我第一次看到《御定星历考原》的铜活字本,真是大饱眼福。

从铜活字,我们又聊到了中华书局的仿宋活字本。八千卷楼主人之一

▤ 清康熙铜活字本《御定星历考原》　　▤ 乾隆御览、纪昀所书的《钦定四库全书简明目录》

的丁申有两个孙儿,一个叫丁辅之,一个叫丁善之,他们藏书、卖书的故事,古籍界早已耳熟能详,这里就不用我再唠叨了。我要讲的是,这兄弟两人创造聚珍仿宋体铅活字的事,这种字体奠定了今天标准字印刷体的基础,因此,对中国近代印刷业影响极大,然而,这件事的起因很简单。丁辅之和丁善之的父亲名叫丁立诚,有一天,辅之和善之想影印父亲的一部《小槐簃吟稿》,那个时候已经进入了民国,排印本数量大大盖过了木雕版,但辅之和善之觉得当时的通行铅字做得很呆板,印出来的书颇不耐观,于是,他们决定自己创造一种漂亮的活字体,就找到各种宋版书,将字体描润下来,以此来制作活字。刚开始,他们是用黄杨木来刻字,后来感觉费用太大,才改用了金属铅。他们在上海请到了当时有名的两位刻工,并且制出铜模,经过多年的努力,终于形成了一套字形精美的铅活字,兄弟二人给这套字起名为"聚珍仿宋体",直到今天这种字体仍然被称为仿宋体。

这套字体做出来之后,他们在上海成立了聚珍仿宋印书局,因为字体秀丽古雅,大受印刷界的欢迎,并且受到了客户的喜爱。1917 年时,商务印书馆曾跟聚珍仿宋印书局合作,印过一些书,但印书的时候,商务印书馆要求不出现"聚珍印书局"的字样,丁辅之很具现代知识产权意识,坚决不同意这样做,后来这种合作也就终止了。

两年之后,中华书局看中了聚珍仿宋体的市场潜力,几经商谈,最终于 1920 年 6 月花了 26000 元,把聚珍仿宋印书局买了下来。那时,丁善之已经去世,丁辅之跟他们共同创造出的铅字一起来到了中华书局,并且担任了新设立的聚珍仿宋部主任。但即使如此,丁氏仍然坚持自己的权益,他享有聚珍仿宋体字体专利 30 年。中华书局得到了这批字模后,以此排印了大部头的《四部备要》,当时的中华书局总经理陆费逵先生在《校印〈四部备要〉缘起》中,提到了这种字模的来由:"……适杭州丁氏创制聚珍仿宋版,归诸本局,方形欧体,古雅动人,以之刊行古书,当可与宋椠元刊媲美。"

这部排印本的《四部备要》出版之后,因为字体漂亮,大受市场欢迎,可能是这个原因,让商务印书馆很后悔当年没有将这些活字字模拿下,但木已成舟,商务印书馆只能另想他法。商务印书馆想出的办法也很奇特,但这种奇特的方式我无法求证真伪。曾经在商务印书馆工作过的谢菊曾先生,曾写过一篇文章,名字是《涵芬楼往事》,这里面有一个章节,题目就

■ 等待整理的线装书　　■ 我喜欢这样的书根

是《宋版〈玉篇〉和仿宋活体字》,这篇文章写得很传神,我把它原文抄录如下:

> 民初钱唐丁氏首创聚珍版仿宋体,形式古雅,获得各界欣赏,随被中华书局出重价收买,即用聚珍版刊印古籍,并代印名片和各项文件,备受欢迎。商务印书馆相形见绌,急欲弥补这一缺憾,便设法购得宋版《玉篇》一部。我于一九一六年一月进编译所为练习生,派我坐在副所长高梦旦的座位右旁,第二天高即将这部《玉篇》取出交我,嘱我逐字与该馆当时新出版的《辞源》核对。凡《玉篇》中任何一字可以从《辞源》中查到的,即在这个字上端用朱笔点一下,作为记号;查不到的,也即是说这字不为《辞源》收入的,就让它空白。大约查了几个星期,总算把全部《玉篇》上的字逐一查毕。接着高又嘱我把书上标有朱点的字,用小刀一个一个地挖下来,每百字包一小包,不久一部古色古香的宋版佳椠,变成蜂窝一般。我当时觉得非常可惜,不懂为什么要这样去摧残一部珍贵古书? 可是隔不多久,该馆的仿宋体活字版问世了,在报纸上大登广告,极力渲染,原来就是用我从那部《玉篇》上挖下的字逐个铸成铜模,然后浇铸铅字,按各号大小放大或缩小的。从此以后,中华书局在聚珍版仿宋字上所占的优势,被商务印书馆迫成春色平分了!

我把它费力地抄录在这里有三个用意:第一是想说明当年中华书局将聚珍仿宋印书局盘下是何等正确的举措;第二是想说明,这件事情在当时的出版界引起了怎样的关注,以及其他出版机构的应对方式;第三则是,我对商务印书馆毁掉一部宋版书来做字模,还是略表怀疑,无论怎样,那个时候,商务懂版本的人还很多,不太可能把一部宋版书都不当回事。虽然说,中华书局后来因为编译校改也毁掉了一些线装书,但那毕竟都是明清刻本,徐总也说了不可能把一部善本书就这样毁掉。而我还发现,今天在中华书局看到的这些书,凡是宋元版,或者珍贵的版本,里面的借阅卡都是空白的,也就是说,中华书局即使是用线装书做底本,也不会动用到这些珍贵的宋元本。虽然按照谢菊曾先生所说,裁掉一部宋版《玉篇》是1916年的事情,但即使在那个时代,这么一部宋版书,价格也极其不菲,我觉得高梦旦是一位懂书的人,真的能把一部宋版书如此毁掉,我还是难以相信。但不管怎样,这件事足以说明,在那个时代,有过这样的一种行为,我把它记在这里,也算留此鸿爪。

上海辞书出版社图书馆

建在藏书家院落里的书楼

上海辞书出版社（以下简称"辞书社"）图书馆的藏书不同于一般的出版社资料室，不但有专门的藏书楼，并且所藏中还有大量的古籍善本，何以能有如此丰富的馆藏，这与该社的历史有直接关系。按照中国图书馆学会主编的《中国图书馆大全》（以下简称《大全》）所言："上海辞书出版社图书馆是一所历史悠久、馆藏丰富的大型学术图书馆。其前身为始创于1912年的中华书局藏书室，1925年改称中华书局图书馆。经过数十年的不懈努力，至1950年，馆藏图书已发展至52.7万册，位居沪上公私图书馆之首。"

可见，辞书社藏书乃是中华书局的旧藏，中华书局的旧藏何以来到了辞书社呢？《大全》一书简述说："1957年，图书馆划归为修订编纂《辞海》而专门成立的中华书局辞海编辑所使用。1978年又随中华书局辞海编辑所更名而改称上海辞书出版社图书馆，并入迁建筑面积达2767平方米的新馆。至2000年，拥有图书75万册，因复本率低，馆藏品种更显丰富。"赵国璋、潘树广主编的《文献学辞典》亦称："上海辞书出版社图书馆前身是1912年创办的中华书局藏书楼。1958年称中华书局辞海编辑所图书馆，1978年改称现名。主要为编纂《辞海》及其他辞典、参考工具书提供工作用书。"

辞书社原名中华书局辞海编辑所，到1978年方改为今名，汪耀华在其所著的《1843年开始的上海出版故事》中写道："中华书局终于'北上'，1954年4月被改组为财政经济出版社。留在上海的先称中华书局上海办事处，总算循序渐进、一脉相承留了点'名头'在上海：中华书局上海编辑所、中华书局辞海编辑所、中华印刷厂（福州路总店已在1951年成为中国图书发行公司上海分公司）。大浪淘沙，又是近五十年。中华书局上海编辑所成就了上海古籍出版社，中华书局辞海编辑所诞生了上海辞书出版社，同属上海世纪出版集团。"

《辞海》一书跟舒新城有着重要关系，当年中华书局有如此丰富的藏书，也跟他有关系，张喜梅在《馆里馆外：文化名人与中国近代图书馆的创建和理论探索》一书中写道：

1928年，应中华书局总经理陆费逵之聘，舒新城任《辞海》主编。1930年起，舒新城任中华书局编辑所所长兼图书馆馆长。舒新城认为图书馆要有丰富的藏书。为加强中华书局图书馆的藏书建设，规定凡各大中书局出版物均采购，工具书必须采购两部，古籍要求多采购，图书馆本着"收集方志、丛书、金石书、医书、类书、禁书"的原则，还特别重视版本，如明清精刻本、殿本、套印本、巾箱本、老石印本以及批校本、稿本等。当东方图书馆毁于日本的炮火后，陆费逵更觉得保存文化遗产的责任重大，中华书局图书馆尤注意搜购地方志、丛书以及一些精刻本、精校本。经陆费逵、舒新城努力，中华书局图书馆数年里即收购到 2500 多种 2 万册以上图书资料，各省主要府县方志，大致齐备；金石书有 600 多种 3000 余册，其中甲骨文的书几多完备；明刻本有243 种 2980 册；还搜集了近代名人梁启超等人的手稿多种。中华书局图书馆成为东方图书馆之后民间出版机构附设图书馆中藏书最多的一家，藏书达 50 余万册。

《辞海》一书的构思本自中华书局创始人陆费逵，因为那时没有便捷的检索系统，编这样一部体量巨大的工具书，很需要一位既懂专业，又有行业影响力的人物，于是陆费逵就请到了舒新城。陶菊隐在《忆舒新城先生》中写道："早在 1915 年，伯鸿即有志于编订一部综合性的大辞书，定名《辞海》，以适应各界人士的需要，曾聘学者主办其事。因主办人先后易手多次，编订工作时作时辍，未能计日观成。1925 年新城由成都回南京后，伯鸿重申前请，希望新城摆脱教学生活，由南京迁居上海，专心致志地完成《辞海》的修订工作。新城也因连年在各大城市任教，经过不少风浪，心身均感憔悴，因此接受了邀请。"

陆费逵是如何认识舒新城的呢？吴永贵在《民国出版史》中讲道："1922 年秋，舒新城在吴淞中国公学任教时，陆费逵来校演讲，两人一见如故，从那时候起，陆费逵便有意约他入中华书局任职，请他主持中华书局的教科书编纂工作。翌年 1 月，两人再次见面时，陆费逵重申前请，舒新城以他不愿管理事务为由婉辞。1925 年 6 月，舒新城因学潮由川被驱返宁，这在他人看来，对舒的清誉有损，而陆费逵却对他更加钦佩。该月，舒新城来访，陆费逵再次邀请舒入局任职。舒新城坦诚相告自己私人办立学院的理想，以及打算编纂词典售稿筹款的计划，陆费逵不便相强，仍尽全力相助；陆费逵以他在出版界 20 年的经验，建议舒新城首先编辑百科性质

的辞典，至于出版，答应代刊，于必要时可购稿或预支版税，在资料查找上，中华书局图书馆也将尽可能给予便利。在时局不靖、售稿不易的情况下，舒新城若没有陆费逵的承诺，是不敢贸然组织班子编写数百万言的百科辞典的。1927年4月，舒新城编辞典经济不支，向陆费逵求援，陆费逵当即答应从6月份起，每月垫付300元。这部辞典因之得以顺利完稿，并于1930年由中华书局以《中华百科辞典》的名字出版。"

按照这段叙述，陆费逵和舒新城是偶然在一个场合相识，伯鸿先生很看重舒新城的才学，于是邀请舒新城加入自己的中华书局，请他来此编纂教科书。中华书局创业之初，就是从教科书起家，故陆费逵对此很重视，他把最重要的业务交给舒新城，足以说明他对舒能力的肯定。可惜那时的舒新城并不想从事出版业，他的理想是创立自己的学院，但办学校需要一笔不小的资金，舒新城希望中华书局预支版税，伯鸿先生答应了他的请求，而后出版了《中华百科辞典》。

对于二人的相识过程，舒新城在《三十五年教育生活史（1893—1928）——舒新城自述》中写道："1922年的9月29日下午，吴淞中国公学商科请他讲演，其时我在中学做主任，虽然知道商科常常请上海'商业巨子'讲演，但以事不干己，平时也不注意他们请些什么人。他那天到校讲演，我当然也是一样地不关心，而且他讲演时，我们中学正在开会，自无暇去听他的讲演。他讲完了，已近天黑，学校在校请他晚餐，我以地位关系，被邀作陪。席上一见，真所谓'神交已久'（他对于我的神交，是看过我在《中华教育界》及《教育杂志》的文章与我在商务出版的《实用教育学》《教育心理学纲要》两书），而我们又都健谈，遂致全桌的人的口，都只得闭着，而专用各人的两耳静听我俩的高谈阔论。"

可见舒新城与陆费逵早就互相听闻过大名，按舒的说法叫"神交已久"，那天晚上的聚会两人谈得十分投机，但即便如此，舒新城还是没有到中华书局任职的打算，然而伯鸿先生锲而不舍。《民国出版史》中写道："1928年3月，陆费逵得知舒新城不打算去河南任教，立即给他写封长信，约请他主持中华书局启动多年而搁置已久的大型辞书——《辞海》的编纂工作。舒新城虽不愿放弃理想，亦不愿受到约束，但终究情谊难却，应承了下来。4月23日，舒新城赴沪与中华书局签定主编《辞海》契约。事后，陆费逵再一次旧话重提，邀请舒新城担任中华书局编辑所长职务，舒新城仍不肯爽快答应,推以将来再说。舒新城接手《辞海》以后,先设编辑室于南京,后迁至杭州。1928 年 10 月,陆费逵为了解《辞海》编纂情况和筹备西湖博览会,去杭州数次,每次必老调重弹,可谓锲而不舍。"

从以上转述之文可以看出,陆费逵极具眼光,他十分看重舒新城的能力,虽然舒新城有自己的打算,但当他认可了陆费逵的经营理念后,遂全副身心地投入了各种辞书的编纂工作中。他认为编纂辞书必须用到海量的工具书,于是努力扩大中华书局图书馆的馆藏,而这个馆藏也确实给编纂《辞海》带来了很大的便利。

陆费逵去世后,舒新城写了篇《陆费伯鸿先生生平略述》(以下简称《略述》)来纪念这位既是老板又是朋友的人,他在文中形容伯鸿先生说:"先生赋性刚爽,形貌魁梧。头特大,声特洪。其帽须特制,故与友好通讯,每自称'大头'。中华书局同人亦均知'大头先生'即先生。记忆力特强,所遇之人,所处之事,每每数十年不忘。平常书信不录稿,但若干年后道及,犹能记其梗概。与人谈话常娓娓数小时,演说则听众千人不假传音机而能字字听清。"

搞文史没有超强的记忆力是不行的,而陆费逵恰好具备这个特点,这也正是中华书局能够立于出版行业第一列阵的原因所在。舒新城在《略述》中评价说:"三十年间中华书局出版新旧书籍近二万种,皆先生主持之力。其一生事业固全在书业,对于书业各部门之知识,如编辑、印刷、发行各方面,均能窥其堂奥,在书业界可称全能。而其对于文化之贡献,亦非一般人所能跂及。"但陆费逵也懂得众人拾柴火焰高的道理,为此,他请了多位出版奇才加入中华书局,而舒新城乃是其中最重要者之一。对于编纂辞书之事,舒新城在此文中说:"以中国字典多陈旧不适用,与欧阳仲涛、范静生先生等发奋编《中华大字典》,费四年数十人之力始完成,字数四万余,较《康熙字典》之字数尤多。数年前,《全国图书馆协会月报》犹评为'现在唯一之字书'。《大字典》完成之后,即继续编辑《辞海》。经百余人前后二十年之时间,而于民国二十六年完成之。"

可惜因为各种原因,舒新城没有能最终完成《辞海》一书的编纂,陶菊隐在《忆舒新城先生》中说:"1930 年,新城转任中华书局编辑所长,无暇兼顾《辞海》的工作,改由沈颐先生接任主编。据友人许彦飞先生谈,1934 年,新城曾偕一批修订《辞海》的同事到杭州,经过复查校正,才完成了《辞海》旧版的定稿工作,于 1936 年出版,新城对于此书,堪称煞费苦心。"

舒新城十分关心《辞海》的后续工作,《民国出版史》称："1944 年,留守上海的舒新城在极其困难的条件下,又主持了《辞海》缩印合订本的出版工作。该合订本以剪贴代替排字,既便于读者检索,又可节省纸张,降低定价,适合当时普通读者收入微薄的购买力。1947 年合订本出版后,极受读者欢迎,一再重版,起了《辞海》普及版的作用。中华人民共和国建立以后,又是舒新城的大力主张,修订《辞海》的建议,得到毛泽东的赞同。1958 年中华书局辞海编辑所成立,从中华书局退休后的舒新城被任命为主任,继续为《辞海》的编辑工作努力。"

2015 年 3 月 26 日,我第一次来到辞书社。走入院内,迎面看到了一座二层的西式洋楼,刘毅强先生向我介绍说,这座楼以及这座院落都曾经是何东的旧居。何东? 我马上追问,是否就是晚清民间澳门的那位富翁? 刘总说,确实如此。这可是令我意外的一个大收获。几年前我在澳门开会时,组织方安排大家去参观何东图书馆,说是图书馆,其实就是何东的私人藏书楼,只是后来他捐给了当地的政府。何东图书馆的藏书质量奠定了澳门的藏书地位,里面藏有太多的善本。那次一同看书者有沈津先生,我印象中,沈先生翻看时间最长的一部,是查继佐的《罪惟录》稿本,我跟他还探讨了《罪惟录》究竟是稿本还是抄本的问题。何东图书馆的藏书仍然保存在当年的原楼之内,那座楼建造得十分精致和典雅,跟我眼前见到的这座楼有着形制上的区别。

刘毅强先生是辞书社的副社长,他原本是上海图书公司的副总,博古斋是上图公司的下属单位,也是中国南方最大的旧书店,博古斋在爱书人心目中的地位,不亚于北京的中国书店。近几十年来,我每到上海,几乎必去博古斋,为此跟刘毅强先生混了个脸熟,因此也习惯了管他叫"刘总"。他看我对何东旧居很感兴趣,于是站在门口向我简要地介绍了这处旧居的历史,说这个院落以前比现在还要大许多,以及当年是何等的"谈笑有鸿儒"。我提出想进此楼内拍照,刘总告诉我,楼内因为有别的公司在里面办公,他需要找相关的管理者帮我安排。于是,我还是先去参观辞书社的藏书楼。

辞书社的书楼之大超乎我的想象,竟然是五层高的现代化大楼。刘总先给我介绍了辞书社的现任图书馆馆长王慧敏老师,但王老师递过的名片上却写着"总编助理、《辞书研究》编辑室主任",看来此处不是以馆长相称。刘总同时介绍了王有朋老师,我跟有朋老师也算熟人,我在北京住院时,他曾经前来探望,几年前在广州中山大学开会时,我们也曾见过面。

辞书社的藏书原来就是由有朋老师管理的,因为我在《大全》中看到该馆当时的馆长是王有朋。见面的还有文献编辑室主任朱荣所老师和陈韵先生,他们一同陪我进楼内看书。

一路上,王有朋老师向我介绍着书楼的来由,他告诉我说,原本此楼全部用来藏书,但现在有两个楼面里面的藏书拉到了北郊仓库,现在腾出来作为编辑室在使用。我马上想起寻访前一天自己去参观上海图书公司的线装书库时,就看到了辞书社的匾额,难道他们的善本书也藏在了那里?有朋老师说,确实如此。听到他这么说,我后悔不迭,如果提前一天知道是这种情况,就顺便一起拍照了,不就省去了许多的往返周折。

我们看书的过程是先乘电梯来到顶楼,然后一层层地往下看。每个楼层的书库面积都很巨大,尤其里面的书架给我印象很深,这种书架看上去至少有 4 米高,一排排地陈列在那里,确实很有阵势。有朋老师介绍说,这些书架是当年建设书楼时专门定做的。

我们首先看到的是期刊书库,这些期刊大多数订成了合订本,都有牛皮纸的封面。在书架的架头还列有"首字检索表",以便于查找取放。我在某个架头还看到了一种古老的湿度计,有朋老师说这个湿度计看上去简单,却很灵敏,准确度比现代制品还要高。

在这里,有朋老师给我介绍说,辞书社所藏的民国大报,在数量上讲为全国第一,民国期刊的藏量也很巨大,有 4000 多个品种。我向他请教中华书局为什么要创建一所图书馆,有朋老师说话很严谨,他说自己没有查到这方面的史料,但他知道本馆当年的藏书思想是在学习商务印书馆所设的东方图书馆。谈到这些,有朋老师又向我讲述了中华书局的几度变迁。

下到另一层书库,一进库就感觉到这里跟期刊库不同,因为这个库里面的书架全部是木制,带有玻璃门或木门。进门我就看到了《二十四史》的书架,这个书架的体量比寻常所见的百衲本要大许多,于是我拉开一个橱门观看,果真是清乾隆四年(1739)武英殿的原版。这部书到现在整部者已经成了稀罕之物，至少二十年来在市面上没有见过成套者，而辞书社的这一部品相极佳，完全可以称得上触手如新。我在观看这个书架的过程中，还看到了旁边有一个典雅的硬木桌，这种桌子是中西合璧式的设计，有朋老师告诉我，这个桌子是何东房内的原有家具。

我打开了一些柜门，看到有些书被整齐地包在牛皮纸内，牛皮纸上面写着书名。有朋老师介绍说，这是为了防潮，因为南方的潮湿问题对书的伤害还是很大。在另一排木架的架头上，我看到了用粉笔标着的一些数字和地名。他告诉我，这些地名标示的是所藏方志，因为地方志的收藏也是辞书社的一个重点，现在藏有 2800 多部。这个数量也真够巨大。

我请有朋老师拿出几部珍本来让我开开眼，他给我看的第一部书是《入注附音司马温公资治通鉴纲目》，这是一部元刻本，上面钤有徐乾学的藏章，传是楼的藏书而今流传很是稀见，在这里竟然能看到他藏的元刻本。该书的后面还有陆沅的跋语，陆沅说他是在道光四年（1824）十月从黄丕烈手中得到的该书，这是段有意思的掌故。

看到的第二部书，是宋宝祐年间大字本的《通鉴纪事本末》，此书虽是残本，然而书后有杨守敬、叶德辉和缪荃孙的长跋，仅这三跋就为该书增色不少。在这里还看到了一卷唐人写经，此经从纸张和字体来看，应当是中唐之物。另外，还看到一部梁启超的手稿《财政原论》，梁启超关于财政方面的手稿我也藏有一部分。如此想来，自己真跟辞书社有缘。

有朋老师又拿出一函张闻天的手稿让我欣赏，他向我介绍说，这就是张闻天翻译的房龙的名著《人类的故事》，张闻天把书名改为了《西洋史谈话》。他说，张闻天原在中华书局做编辑，后来想到美国去留学，因为没有钱，就向中华书局借钱。张闻天从美国回来之后，就翻译了房龙的这部书，可能是想用这部翻译稿来抵他当年的借款。但后来，这部书稿没有出版，原因可能是商务印书馆已经出了该书的翻译本。

我在这里还看到了舒新城的日记，这些日记有很多本，用大小不一的纸书写而成，有意思的是，还有几本日记是写在空白的日历上，这确实是难得的史料。

在另一层书库内，我看到了大量的教科书。有朋老师介绍说，教科书是辞书社的一大特色收藏，这部分收藏也同样是全国第一，现在有 2 万多册，从舒新城那时起，就已经开始专收此类出版物，因为当年中华书局成立

之时就是以教科书起家，而这些收藏的基础，是源于舒新城在南京从一位"红眼老头"手中买到了一大批。有朋老师说，其实商务印书馆收藏教科书也很多，但是后来商务印书馆的图书馆被日本人炸了，所以中华书局的这份收藏就成了国内的最大一份。他说，现在来辞书社查看资料的很多学者都是从教科书入手，以此研究当年社会的政治、经济。教科书在当年被视为"兔园册子"，很不受人重视，没想到现在成了极有价值的史料，看来收藏观念的超前极为重要。

为了编纂教育类书籍，舒新城本人也藏有大量相关的书籍，1934年初，陆费逵希望舒新城将其所藏的7000多册教育类之书出售给中华书局图书馆，但是舒新城很不舍得，连续三天给陆费逵写长信解释自己的纠结。

聂震宁在其所著《舍不得读完的书》中转引了这三封信的部分内容，舒新城先说他对这些旧书的看重，以及难以割舍之情："一月以来，几于无时不为此事踌躇。我依恋它们，有两种重大的心情在背后支配着：第一，这七千余册破旧东西，是我民国八年后十余年来一手一足搜集购置而来，我重视它们甚至于比我的生命还要紧。"而后他讲到了自己为了保护这些书，在战乱时代想尽办法东藏西躲，甚至在某个夜晚，他把这些书藏在寓所旁边一家祠堂的房梁上。

舒新城为什么这么看重他的所藏，信中做了如下解释："此后迁杭州迁上海，无不特别将这些古董慎重安置。我所以如此之宝重它们，并非仅因为我费钱费时而已，实由于这些东西素不为人所重视。我国之所以谓教育家者，大概多只知道引用现成书籍，尤其只知道引用美国的书籍。以教育学府自命之堂堂南北两大学，其图书馆似亦不曾有一部完全的《教育杂志》或《教育世界》，更看不见几部变法时期的教科书。我费了若干年的精神，搜集得一点东西，倘再不珍重，若干年后，纵有识者知道搜求此类东西，亦无处可得矣。"

然而那时舒新城正在中华书局工作，其实如果他把这些书售给中华书局图书馆，过后他仍然可以查阅，和以前一样地使用，那为何出售这些书时他会有如此多的纠结呢? 舒新城在信中写出了自己的真实想法："我常想，我一旦离开中华书局而专力从事于著作，有此破旧东西作基础，尚可有为；若将这些东西移售于公司，则我离开公司，便一无著作之工具，学问上之研究固谈不到，即生活亦将因无工作而无办法，所以我不愿舍弃它们……"

从这段话可以看出舒新城为人之坦诚，他担心某天不在中华书局工作后，无法再使用这批藏书了，这会导致他不能继续研究中国教育史。但最终，他还是把书卖给了中华书局。陶菊隐在《忆舒新城先生》中写道："1935 年，中华书局新厂在澳门路落成，编辑所、图书馆、印刷厂并在一起。新城以编辑所长兼任图书馆长。图书馆设在编辑所的楼上，新城首先捐献了自己的藏书。据该馆同人反映，如有人提议添置新书，只要言之成理，新城无不立即批准。因此，中华书局图书馆的规模不断扩大，所藏书刊反较公立图书馆为多。"

我很想在这里看到他的旧藏，但王有朋告诉我说，此馆内的图书分布更多的是为了便利查找和使用，没有把舒新城旧藏作为一个专题单独放在一起。

关于该馆早期的分类方式，郑逸梅的《书报话旧》中有《中华书局的图书馆》一文，该文简述说："中华书局成立后六年，在静安寺路（今南京西路）的编辑所中附设藏书楼，当时规模很小，只不过是为编辑人员参考翻检之用。至一九二五年，才扩充为中华书局图书馆。一九三〇年，舒新城应聘为编辑所长，大量收购图书，藏书达二十余万册。按照图书馆学专家杜定友的'杜氏图书分类法'分类编目，成十大门类：普通门、哲理门、教育门、社会门、艺术门、自然门、应用门、语言门、文学门、史地门，每门分十中类，再分成十小类，比较科学化。一九三五年，澳门路新厂落成，图书馆便迁入新址，把书库设在新厂四楼，藏书达五十万册。"

郑逸梅在文中提到此馆藏有不少名人手稿，其中之一是："郑振铎的《纫秋山馆书目》四种，共六册，书目中的古书，均让售于该馆，该书目即振铎让售时所手缮。"

可见该馆内也藏有不少郑振铎的旧藏，为此，《文献学辞典》称："藏书中较珍贵的还有密韵楼藏书 54336 册，郑振铎藏书 5500 册。还藏有私人捐赠的现代教育史料和诗词曲书刊、小学、地理风水等方面古籍。"

密韵楼乃是蒋汝藻的堂号，蒋汝藻则是民国时期第一流的藏书大家，后因经商失败，密韵楼所藏散出来，被多家所购得，未曾想这里也得到了如此之多。这些都说明了该馆藏书质量是何等之高。

我在这里还看到了《辞海》的底稿，这当然是极其珍贵的文献，因为

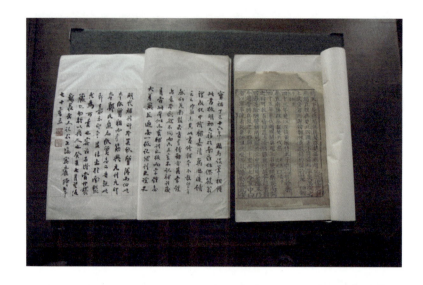

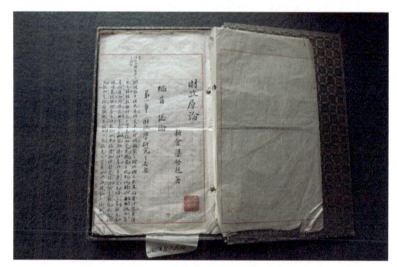

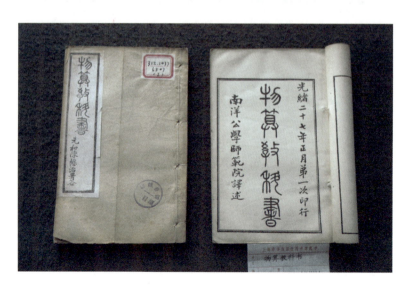

■ 宋刻本《通鉴纪事本末》杨守敬跋　■ 梁启超稿本《财政原论》　■ 光绪二十七年（1901）的教科书

《辞海》太有名了。三十多年前，我为了能够买一部《辞海》的缩印本，也是攒了几个月的钱才将其拿下。后来，该社又出了一套三本的大字本，价格也贵了几倍，可惜囊中羞涩，未能将其买下。而今看到了这部书的原稿，突然间有着莫名的亲切。巧合的是，我在来此之前的几天，还在某个拍卖会上看到了当年不同的名人给《辞海》题写的书名，如果能将这些物品归了辞书社，那也算得上是延津之合。

盛放这些教科书的书架跟那两个楼层又不同，这是一种高大的铁木结合书架，有朋老师介绍说，这也是民国年间定制的，他还指给我看当年制作厂的标牌。这些书架为了便于取放，在长长一排的中间会留出一个可以过人的空当，这是一个巧妙的设计。我自己的书架虽然没有这么长，但是从每一排之间绕来绕去，也确实费力，如果我的书架中能够设计这么一个过门，这在取放过程中当然就会便利许多。而这种书架不止这一项便利，因为我注意到这些书架的上方安装着一个铁管，铁管的一头搭放着同样用铁管做的楼梯。陈韵兄过去把那个楼梯拉动让我看，原来书架上的铁管是作为楼梯的导轨之用，这样在取放上层书时就便利了许多。这个设计确实很巧妙，因为把铁管放在上层既不占地方，也容易移动楼梯，同时还不会伤书，可见当年设计这种书架的人极其用心。

参观完书库之后，几位老师请我到会议室一坐，回味着刚才看到的那么多难得之本，真让我有目不暇接之感，一家出版社能够藏有这么多的善本，在国内能与之媲美者，我觉得只有中华书局。虽然辞书社的藏书本来就是中华书局的旧藏，但是因为历史原因，现在将其分了两家，而两家的收藏又都是如此有质量，这让我再一次感慨过去分分合合的故事。

其实，当年郑振铎反对过分书，他写过一篇名为《谈分书》的文章，主要讲述各个公共图书馆复本交换之事，他认为很多单位应当服从国家的安排，不能只顾本单位利益："应该有一个通盘的计划，先把各地集中的初步整理好的书籍，根据中央及各地的需要，分别先后缓急，一批批地调拨出去。绝对地不应该有地方观念或'肥小公而忘记大公'的思想。各个大图书馆的复本书或待分配的书，也应该先行编个草目，以待统一分配，不宜自作主张，先行分配出去。那是会造成混乱现象的。全国有多少个图书馆需要朱批谕旨或御制文集的呢？"

但是郑振铎并不认为所有的资源调配都是合理的，他认为有些馆的

高大的罗马柱

书绝对不能分："有的古代的藏书楼或图书馆,原是十分完整地,自有其历史的意义与作用的,保存在一起,那么,就会发挥其应有的很大的作用。一旦分散开了,就会碎割零切,不成片段,起不了什么作用,除了毁灭了一个古老的好的图书馆之外别无其他的好处。且举几个实际的例子。像宁波天一阁、上海徐家汇图书馆、上海中华书局图书馆、上海亚洲文会图书馆等等,都有相当悠久的历史(天一阁的历史是四百五十年,徐家汇图书馆的历史是四百年)。其藏书的性质也是各树一帜的。把他们完整地保存了下来,是有其必要的,也有其需要的。"

郑振铎在此处列举的几个例子中,就有中华书局图书馆。那么为什么该馆的书不能分散呢? 郑振铎的解释是："又像中华书局图书馆,搜罗清末以来的各级各种的教科书最多,是研究近百年的教育史的和从事教育工作的同志们所最需要的一个大的丰富的宝库。如果'分'散了,有何意义呢?"

遗憾的是,该馆的书还是被分了出去,虽然这给使用者造成了一定的不便,但是我分别参观了这两处所藏后,还是看到了每家都十分精心地在保护这些典籍,这个结果很令人欣慰。

聊天期间,刘毅强先生派人来告诉我,已经安排好,可以去参观何东旧居了。这处旧居从外观看,设计有些特别,向南的部分是高大的罗马柱,进门处却在侧边,我觉得这是后来使用者的改造。管理人员带我走进了楼内,首先看到了里面楼梯的设计,这种设计颇有韵味,跟里面的走廊分隔,很是和谐。

来到二楼之上,无意间看到了一个兵马俑摆在门口,不知道这有何寓意,但它构成了中与西、古与今矛盾的统一体。有朋老师推开了一个大房间,让我注意顶棚的设计,我端起相机就拍照,没想到从里面追出了一位女士质问我为什么随意拍照,我马上向她解释,自己所拍的只是屋顶,并且拿出相机请她查看。这位女士的怒气引来了管理人员,我马上向其表达了自己的歉意。虽然有这个小插曲,却丝毫没有影响我的心情,我只是在想,当年何东先生在上海时是否也藏书,如果他藏书的话,那么在这个楼里哪一间才是他的藏书室呢?

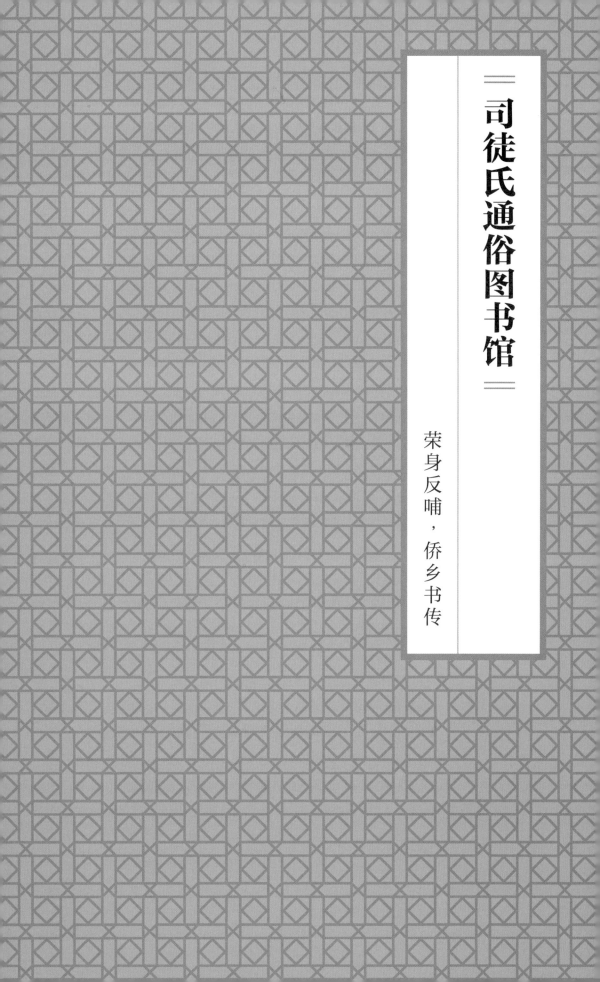

司徒氏通俗图书馆

荣身反哺，侨乡书传

在我寻访过的古代藏书楼中，在类别上大概可以分为两种，一类是私家藏书楼，另一类可称之为非私家书楼。之所以称为非私家，是因为类型上较为多样，难以用一个定语来概括，这一部分包括了皇家的藏书楼，而皇帝家天下，所以皇帝建起的藏书楼究竟属于私藏还是属于非私藏，不好给予界定。寺庙藏书也是难以界定，因为它既不属于私藏，也不属于官藏。而官藏中又分为官府藏书及书院藏书，书院藏书又分为公办书院与私人书院。

然而，广东开平赤坎镇上的两家藏书楼应该怎么归类，让我很是犯愁，因为这两家图书馆均为域外华侨所捐建，并且以家族来命名，它们应该属于家族图书馆，近似于私藏，可是这两家图书馆却全部对公众开放，读者并不限于家族成员。但不管怎么样，这两家独特的图书馆将是我必访之地，因为正是它们，给中国的图书馆类型添加了新的品种。

司徒氏通俗图书馆当然就是司徒家族建造的。司徒家族是赤坎镇上的两大姓氏之一，这个家族的族训中有"教以人伦"的观念，很重视子弟的教育问题。广东是最早的沿海开放地区，很多人都到国外去谋生，这使得在许多国家都有司徒氏家族的后裔，这些人在国外努力拼搏，渐渐地站稳了脚跟，也有了自己殷实的家业。但中国人的乡土观念使他们一直不能忘记仍然留在家乡的家族成员们。这些在海外的司徒氏华侨亲眼看到了由知识而产生的社会富裕，因此，他们觉得留在家乡的族人们要想致富，就必须提高文化素养，通过读书来开阔眼界，跟上社会发展的形势。这正如司徒濂在《司徒氏通俗图书馆简史》（以下简称《简史》）中所言的："我族旅外昆仲，鉴于祖国长期封建统治，国弱民穷，政治专制，科技落后，生民愚昧，若要国强民富，根本之旨，在于发展文化教育，广开民智，以期振兴中华，并为此作出贡献，因此有倡办通俗图书馆之举。"

鉴于这种理念，赤坎镇当地的司徒氏办起了一个阅览室，当时并没有自己的固定场所，而是租用赤坎镇联兴街上的福音堂，阅览室的图书则是由海外的华侨捐款采购而来。这个阅览室在当地很受欢迎，消息传到了海外，当时在美国和加拿大的几位司徒氏受到了鼓舞，他们决定建一个专门的图书馆，以此能够让乡亲们有一个永久的读书场所。这些美、加华侨中的司徒懿慈、司徒懿衍、司徒章谋、司徒继敏、司徒宣业以及在菲律宾的司徒有桥等几位先生组成了专门的筹款小组，他们带头捐款，同时发动各种关系,找到了香港、澳门等有实力的家族人士共同来筹集资金,两年多的时间就筹集到了4万多银元。到了民国十一年(1922),海外华侨共同推举司徒懿森作为负责人,专程从美国回到赤坎镇来负责选址和建设。

为了能够把这个图书馆建得结实而壮观,司徒懿森从广州请来了专业的建筑公司,用了两年的时间,在民国十四年(1925)建成了这座司徒氏通俗图书馆。这座图书馆的外形完全是西洋风格,我从资料上查得,这种建筑风格属于葡萄牙式。为什么用葡萄牙式的建筑风格来建家族图书馆,我始终没有查到相关的原因。

关于该楼在建筑风格上的特殊性,彭长歆在《现代性·地方性——岭南城市与建筑的近代转型》中称:"总体来看,古典主义在岭南的发展是不完全和不彻底的。"该书分析出不彻底的四个原因,其中第二条是说岭南虽然最早接触西方建筑文化,但岭南民间拒洋心态十分浓厚,比如在1847年,广州和佛山两地的工匠就定下条规:"红毛如敢在省兴工,建筑楼房,我两镇工役头人,不许承接包办。"如果违背条规,就会将所建之屋立即烧毁,并且对建筑工匠"按名搜杀"。这是何等严苛的制度。

但是这一带华侨实在太多了,东西方文化的交融是阻挡不住的,西方建筑对当地的影响仍然随处可见,由此形成了建筑风格的地方性。彭长歆在书中予以总结并举例说:"这种地方性糅合了岭南文化传统和地方建筑的影响,糅合了华侨在东南亚或美洲殖民地所形成的对古典主义的理解,糅合了地方营造技术和工匠手艺,当然还有设计者的形式审美等,使古典主义在岭南以'变异'形式存在并发展,正如前文所述,用'广东—古典主义'或'岭南—古典主义'的称谓或许更能反映其实质所在。只有这样,才能理解台山县中、开平赤坎司徒氏图书馆、关族图书馆、汕头南生公司这类似是而非的古典主义建筑的广泛存在。"该书提到了司徒氏图书馆及关族图书馆,说两馆都是中西糅合的产物,这正表明了当时的建筑风格。

总之,这个漂亮的图书馆建成了,在当地也是极轰动的一件事。民国十四年(1925)十二月的《开平明报》刊登了一篇社论,题目就是《司徒氏图书馆开幕之先声》。这篇文章颇有史料价值,谈到了司徒氏图书馆的来由及主要的藏书,所以我把这个报道引用如下:

> 司徒氏图书馆,由该族外洋华侨捐款建筑,别邑别姓梓里,亦间有

仿佛回到了民国时期

捐款者,共筹得四万余元,在下埠觳行河边处建筑,落成已久。碧楼高耸,规模宏伟,楼内陈设装修,均极趣时,共需工程费近三万元。余款万余元尽购书籍,各社团具送书籍及各种美术者,络绎于道。本报亦奉送孙先生真像一幅,装以镜屏,另《百科全书》正续篇一套。该馆定期新历正月一号开幕,经先期柬请各界人士观礼,预备奉行学绩展览会及游艺会,其种类有国技、国乐、跳舞、白话剧、幻术、化学游戏、各种运动,该馆长抱一君与该族侨学两界人士,积极筹备,另主演梨园大荣华班十一套,在下埠牌坊脚戏场。

到了民国十五年（1926）的元旦,司徒氏通俗图书馆正式开放,正如以上的报道所说,该图书馆的首任馆长就是司徒抱一。我从资料上查得,开馆之时,馆中藏书就有1万多册,其中有《四库全书》和《万有文库》等大部头书。然而我没有查到这部《四库全书》的版本信息,但民国年间似乎没有整套的《四库全书》影印本,而收藏原本的可能性更低,因此这部书究竟是怎样的版本,看来还需要继续探究下去。《万有文库》则肯定是王云五先生所出的那一大套。开馆之时,里面还有很多世界名著的翻译本,这些书都可以免费借阅,并且借阅对象并不限于司徒家族的成员。图书馆的一楼为阅览室,读者可以在此自由看书,二楼则是书库和借书处。当时馆里还办有刊物,名称叫《教伦月报》,此刊物的编辑部也设在二楼,三楼则是归国华侨俱乐部以及图书馆的会议室。

到了民国十六年（1927）,在加拿大的司徒氏华侨再次捐款,他们在图书馆的楼顶添加了一座钟楼。这座大钟是从美国进口的,很多资料都强调此钟产自美国的波士顿。我也没明白波士顿产的钟为什么要做特别强调,我不知道这里产的钟有多大的名气,然而当地的人不这么看,因为这座钟经久耐用,从安装到我寻访之时已经使用了80多年,依然精准与完好。再想想国内,三十年前也有很多的建筑都有钟楼,而那些钟楼上的指针走走停停几乎是家常便饭。这样比较起来,赤坎镇人民以波士顿所产钟为傲,也有其道理。

到了民国二十三年（1934）,美国的司徒氏华侨再次捐款,此次捐款的目的是在图书馆的楼前修建庭院以及中国建筑中固有的牌楼,到这时,司徒氏通俗图书馆才定下了现有的格局。司徒濂在《简史》中写道："到一九三四年,旅美昆仲献资加建大楼外院,院子正中加建牌楼,两边各建一套间,红墙绿瓦,四檐滴水,蔚为壮观。院子中央,建一座石山金鱼池,为司徒育三君所捐赠。两侧空地种上名贵竹、树。"

当年的司徒家族出过不少名人,名气最大的应属华侨领袖司徒美堂,他 14 岁前往美国,先是在茶楼打工,后来经商,在当地华侨中颇有影响力。1885 年,他参加了美洲华侨洪门致公堂,后改称洪门致公党,他在此堂内多次担任领导职务,积极参加反清活动,曾与孙中山有密切交往。20 世纪 40 年代初,他上书美国总统罗斯福,促使美国废除了长达 60 年的排华法案,维护了华侨合法权益。1949 年 8 月应邀回到北京出席全国政协会议,当选为全国政协委员。

司徒璧如也是开平市赤坎镇人,1902 年前往美国旧金山谋生,1907 年认识了冯如,他拜冯如为师,学习航空技能,两人一起研究飞机制造。转年 5 月,他和冯如等人募资成立了广东机器制造厂。1909 年,他们制造出可载人的飞机,在奥克兰市多次进行飞行表演。孙中山到场观看后,鼓励他们回国为革命服务,于是两人在 1911 年携带两架飞机的设备和材料回到广州。冯如被任命为广东革命军飞机机长,司徒璧如为飞行员,他们在三个月内制造出了第一架飞机,后来他们在进行飞机表演时机器发生故障,冯如不幸逝世,司徒璧如则再赴美国,并于 1927 年 10 月返回中国,在赤坎镇成立了开平灵通电话股份有限公司,为开平市的现代化作出了贡献。

开平市是全国著名的侨乡,全市人口不足百万,然旅居海外的华侨华人却超过了 75 万,他们分布在全世界 67 个国家和地区。当地的人在海外有一定经济实力后,大多会努力为家乡作贡献。比如在民国三年(1914),开平塘口镇就办起了潭边院阅书报社。1919 年,礼义阅报书社得到了侨胞资助,新建了一座两层的楼房,该楼专人管理,对外开放,已经是小型图书馆的模式。然而,当地开办的许多阅书报社和图书馆都因日寇入侵而停办。

司徒氏通俗图书馆在全面抗战时期跟一件英雄事迹挂起了钩。司徒尚纪所著的《侨乡三楼:华侨华人之路的丰碑》一书中有一篇《不屈的南楼》,文中称南楼始建于 1913 年,由司徒族华侨出资兴建,为钢筋混凝土建筑,在全面抗战时期,南楼成为赤坎司徒氏抗日四乡团队的队部。1945 年夏,日寇为了打通大陆交通线,原驻扎海南岛的数万日军沿雷州半

■ 司徒氏通俗图书馆大门

岛进入开平,顺潭江向广州方向撤退,然要通过潭江就必须占领南楼。

当时楼内有司徒煦、司徒昌、司徒旋、司徒遇、司徒耀、司徒浓、司徒丙七名自卫队员,其中队长司徒煦是东南亚归侨,他们凭借南楼的坚固在此坚守八天,恼羞成怒的日寇向南楼发射毒气弹,致使七名队员中毒昏厥。后来日寇把七名壮士押到赤坎镇司徒氏通俗图书馆院内,把他们捆绑到树上进行肢解,而后将遗体抛入潭江。七位壮士牺牲后的第二十天,日本宣告无条件投降。同年 8 月 25 日,由司徒氏四乡事业促进会发起,当地为七名壮士举行了隆重的追悼大会,前来参会之人达三万多。

后来图书馆停办了,馆舍挪作他用,司徒濂在《简史》中称:"图书馆停办后,曾用为'司徒氏回乡族务促进会',一九四九年十月解放后,先后用作'中共开平县委会''赤坎镇人民政府''赤坎公社管委会''广东省地质勘探队宿舍兼办公处''潭江桥建桥办公室''开平六中女生宿舍'等等。"

1979 年以后,国家进一步落实侨务政策,开平市恢复司徒氏通俗图书馆。江门市暨属下各县档案馆合编《江门风光：江门名胜古迹选编》一书中的《司徒氏通俗图书馆》一文中称:"图书馆停办后,曾用为'司徒氏回乡旅务促进会',解放后亦曾一度借作他用。一九八一年下半年,县人民政府决定恢复这所图书馆。消息传出后,旅港司徒氏乡亲立即捐款赠物作为该馆修缮之用。经过三个月的努力,图书馆修葺一新,并添置了报刊、书籍和设备,还配了三名专职管理人员,于一九八二年一月二十日重新开放。"

此事得到了在港司徒氏宗亲会的大力支持。该会成立于 1959 年,在香港九龙弥敦道置有固定会所物业,此会了解到恢复司徒氏通俗图书馆需要资金,于是予以大力支持。司徒成标编著的《司徒氏宗族研究》一书中写道:"32 年来,该会在司徒英辉、司徒惠、司徒英、司徒伟、司徒国銮等领导人的带引下,精诚团结,通力合作,共谋族人福祉,联络海外族侨,支持家乡建设,会务蒸蒸日上,取得累累硕果。特别是深受舜帝始祖圣职大司徒遗风薰(熏)陶,致力于在港在乡的兴学育才事业。除于 1973 年以来坚持办好香港司徒氏宗亲会学校的同时,先后支持家乡组织发动全世界乡亲捐资兴建现代化教伦中学、建设开平一中科学大楼、修建扩充司徒氏通俗图书馆、重修建设联塘小学和教伦小学等一批学校,响应筹建五邑大学、推行青年奖助学金计划等,均深受世界及港澳宗亲热烈响应。"

至于具体的捐款人，该书中称："1981 年由司徒英辉、司徒英、司徒伟（象伟）等倡议复馆，并带头捐款，终于在 1982 年 1 月重新开放这座图书馆。"司徒濂在《简史》中谈到了付款的具体人名："一九八一年十月旅港宗亲司徒英君汇来复馆修建设备费，在乡成立复馆工作机构，由司徒培炎、司徒濂、司徒仲杞、司徒阜、司徒祯、司徒宏、司徒庄等七位昆仲组成，主持复馆筹备工作。"

此馆恢复后在当地颇具影响力，司徒濂在《简史》中称："复馆一年来，读者借阅图书达二千六百多册次，来馆阅读者达三万八千四百多人次。旅外侨胞、港澳同胞及国内机关单位来馆参观访问者甚众，其中有省、地、县文化教育宣传部门领导干部数十人。"

对于该馆后来的发展情况，王曙星主编的《江门好》中有严红梅所撰《司徒氏通俗图书馆》一文，文中提及了复馆初期藏书的数量及来源："今藏书 28000 多册，内有旅港宗亲司徒荣茂捐赠精装书籍 98 册，印度尼西亚归侨、全国政协五届委员司徒赞君之夫人刘金端女士及其公子司徒戎生捐赠其父生前藏书 1300 多册，在家乡热心人士捐赠图书数千册。"该文还提到了当地一些名人的支持："近年来，司徒氏通俗图书馆得到海内外人士的热心支持，已设立图书馆基金 40 多万元，图书馆的经费开支有了坚实的基础。该馆还得到不少书画名家的支持，他们纷纷惠赠作品给图书馆收藏，其中有司徒奇、黄笃维、关晓峰、司徒杰、罗工柳、李普、薛剑虹、司徒绵、司徒立、司徒伟梧、司徒伟林、潘启兴等书画名家的作品。还有全国政协副主席、原广东省省长叶选平来馆参观时的亲笔题词，以及书法家司徒青云录司徒照考中进士的殿试卷全文等。"

2012 年 12 月我在广东地区寻访，从关族图书馆出来，搭乘摩的前往司徒氏通俗图书馆，二者相距并不远，如果步行可能只需二三十分钟，搭乘摩的则只需三五分钟。司徒氏通俗图书馆与关族图书馆格局相似，也是三层骑楼，楼顶上有钟塔，塔下与二楼骑楼前皆有匾额，两个匾额略有区别，楼上的那一个写着"司徒氏图书馆"，出自民国书法家谭延闿之手，楼下的匾额则多了"通俗"二字，全称是"司徒氏通俗图书馆"，乃是民国年间当地书法家冯百砺所书。

小院的铁栅门关着，这里的开放时间为周二至周日上午 10 点半到下午 3 点半。拍完几张外景后，我看见小院左侧有一貌似办公室的房间，小门半开,于是推门询问此是否为司徒氏通俗图书馆的办公室。里面也是一位 60 余岁的老先生,戴着眼镜,像极了电影中的老书生。我向其说明来因后,询问他是否可以进去看一看,并问是否有介绍资料,老先生说有介绍资料。原来这间办公室还有一扇小门通向院内。

我走进楼内参观一番,在里面四处拍照,总体来看,该馆分为三部分:一楼是阅览室,里面摆放着一些报纸和杂志,也有几架书,这里设有一百多个座位,实行开架阅读。二楼为藏书楼,不让入内参观,但这里设有借书处和接待室。三楼是放映厅兼学术讲座室,里面配备着一些现代化设备。

参观完后又回到了办公室。老先生极欲交谈,让我坐下,拿出两张准备好的资料,也是二十年前的印刷品,但我还要赶着回开平市内取寄存的包裹,而那个寄存处下午 6 点钟就要下班,于是我向老先生禀告了自己的状况,并且感谢他对我的耐心,这个耐心让我感受到了赤坎小镇的极大温暖。

离开赤坎镇时,我有一种奇怪的感觉,似乎此前曾经来过这里,与当地人说话时,也有一种水融入海的感觉,仿佛我曾经在这里生活过,楼下的照相馆也是那么的熟悉,我简直开始怀疑自己真的来过这里,只是时间久了,就忘记了。这是怎么回事呢? 我一个北方人,或者半北方人,总之不是南方人,在这样一种截然不同的文化氛围里居然那么自如、舒展、毫无隔阂,我渐渐体会到了,文化对于当地风俗的浸润能够改变一些固有的传统,它给一个陌生人带来的是暖风拂面般的舒适。

关族图书馆

良性的竞争

王家卫的电影《一代宗师》是一部名片，获得了许多的奖项。这部电影的开头是叶问在雨中打斗，画面颇有震撼力，拍摄地点就是在广东的开平赤坎镇。据说，王家卫第一次来到赤坎镇选景时，赶上了这里正在下雨，赤坎镇上中西合璧式的建筑，在蒙蒙的雨中显露出别样的忧愁与情感，这让王家卫一瞬间就喜欢上了赤坎，于是就有了电影中那精彩的一幕。可惜我来到赤坎时，没能赶上下雨，也就无法跟雨中的王家卫产生心灵上的共鸣。然而，这样的好天气大大方便了我的拍摄，当然，无论是在阳光下还是雨中，关族图书馆的美丽都无可遮挡。

关族图书馆的建立跟司徒氏通俗图书馆有很大的关系。赤坎镇分为上埠和下埠，关姓家族住在上埠，司徒氏家族主要集中在下埠，关氏和司徒氏这两大家族几乎成为了赤坎镇的主体。多年以来，两大家族相互竞争的同时也得以相互促进发展。最有意思的是，这两个家族为了能够更加繁荣，一直在私下里进行着竞争。司徒氏通俗图书馆建起来之后，在社会上反响很好，这个影响无形中给了关氏家族以很大的压力，族里的长老们坐在一起商议，认为不能在建图书馆这件事情上输给司徒氏，他们决定也要建立一座图书馆，以此来跟司徒氏竞争。

在司徒氏通俗图书馆还未开业之前，关氏家族就成立了关族图书馆筹建委员会，他们也开始向海外华侨去筹集款项。当时在加拿大的华侨关国暖、关崇藻等人到处筹款，经过商议，决定由关纪云、关鹤琴、关若熔作为筹委会的负责人。周学东、范方生、黄凤琼所撰《开平侨办图书馆今昔》中称："该馆源于1929年关族旅居加拿大热心公益的乡亲关国暖、关崇藻等倡议，获该族旅外侨胞、港澳同胞的响应，并在族中父老关鹤琴、关若熔等共同策划下促成的。"

为了能够扩大影响，在加拿大的关国暖创办了族刊《光裕月报》，以便争取到更多的捐款。到了民国十六年（1927），在加拿大的关氏族人筹集到了银元1.8万元，关国暖受到加拿大华侨的委托，回到家乡负责建图书馆的具体事务。

最初关族图书馆设计规模并不大，关国暖回来之后感觉图书馆太小，难以凝聚家族的向心力，同时也无法与司徒氏通俗图书馆相竞争，他认为这座图书馆在规模上必须能跟司徒氏通俗图书馆相当才行。也许是他知道了司徒氏通俗图书馆最初的费用有4万多元，于是他开始追加筹款规模,也把预算定为 4 万元。这个消息传回加拿大之后,因为沟通不畅还引起了一些小误会。当地华侨依然踊跃捐款,用了半年时间,捐款就达到了 3.6 万元,因此该馆的建设得以顺利施工。在施工过程中,关国暖也下了很大的气力,从设计到施工、选材所有细节都严格地把关。

经过了两年的建设期,到了民国十八年(1929),关族图书馆建立起来了。从外形看,这个图书馆跟司徒氏通俗图书馆有些不同,庭院内没有建牌楼,但从外观看,仍然是西洋风格。这座图书馆也像司徒氏通俗图书馆一样,在楼顶上建起了钟楼,而这座大钟产自德国。这样就很有趣了,一个镇内有两座钟楼,而这两座钟会同时响起。为了竞争,这两座钟响起的频率完全相同,如果哪座钟出了小毛病,镇里的人马上就能够听出来。通过钟声的准确性来竞争,这在全世界恐怕也只有赤坎镇了。

然而,关族图书馆建立起来之后一直没有正式开放,大约延续了三年时间,外面的人都认为关族图书馆建成而不能开放的原因是营运经费没有落实,同时举办开幕式也需要一笔费用,据说这笔费用要有 7000 元之多,而每年的维持费用也要在 1000 元以上。但也有人说图书馆没有开放的真实原因不单是费用问题,更深层的原因是关族内有着房派意识,各房之间很多问题没有达成统一意见。这种情况使得关族内的有识之士很是着急,为此关国裕写了篇文章登在 1931 年的《光裕月报》上,这篇文章中有这样两句话:"族侨以血汗经营之图书馆,巍坚赤坎,经已数年,日日闭门,腾笑邻族。若不速图开幕,实为全族之羞。"

这篇报道引起了关族内部的震动,他们几经商量,协调了各房的关系,终于决定在第二年正式开幕。1931 年 8 月,关族图书馆终于开幕了。这个开幕式极其宏大,关族专门从广州和上海聘请来了演出队进行文艺表演,一连进行了五天。一个图书馆的开幕式举行五天,确实闻所未闻,据说前来看热闹的人将道路拥挤得完全无法行走。

关族图书馆正式建成之后,馆长由关族内的元六祖和元九祖两房分别担任。图书馆的一楼被开辟为阅览室,同时《光裕月报》的编辑室也设在一楼,二楼是书库以及文物库,三楼则为归国华侨活动室。开馆的时候,馆内已经有了近万册图书,也同样有《万有文库》和《四库全书》,还比司徒氏通俗图书馆多了一部《二十四史》,余外还有哪些书,今已难知其详。

在中国的历史上,家族制一直是社会的基础,这种结构在中国的历史

上演绎出了许多恩恩怨怨的故事,但能像司徒氏和关氏这样的两大家族同处一镇,且能产生有价值的良性竞争,这种情况少之又少,尤其让我感觉到欣喜的是,他们的竞争方式竟然是竞相修建宏大的图书馆。这种情况在中国的家族史上,恐怕是个孤证。其中的原因,我觉得跟海外华侨睁开眼睛看世界有很大关系,他们明白,只有知识才能创造财富。可惜的是,有这种意识的华侨可能并不少,但能够像关族和司徒氏这样付诸行动的,却太少太少。

全面抗战时期,关族图书馆被迫关闭,《开平侨办图书馆今昔》一文中称:"1937 年,日本帝国主义发动侵华战争。1941 年,太平洋战争爆发,未几香港沦陷,侨汇中断。侨办图书馆由于经费无着,生存受到威胁。更为不幸的是,自 1941 年 3 月至 1944 年 6 月三年间,日寇三次进犯开平。战乱中,各侨办图书馆或直接毁于战火,或为汉奸流氓洗劫而关闭,或因管理乏人无疾而终,致使海外侨胞花费偌大心血促成的侨办图书馆事业荡然无存,令人痛惜。"

1943 年,关族图书馆停办,五年之后,该馆变成了小学,江门市暨属下各县档案馆合编的《江门风光:江门名胜古迹选编》中称:"一九四八年,关氏知识界利用图书馆原址及残存设备,因陋就简,创办光裕中学,亦旨在提高乡民教育水准,造福后代。解放后,一九五一年,光裕中学并入开平一中,设备亦随之移交。及后三十年间,图书馆相继被赤坎镇小学、县侨联中学、赤坎公社借用。图书馆虚有其名,潜然长睡三十九载。"

党的十一届三中全会后,侨务政策得到进一步落实,很多关姓名人提出恢复图书馆,《开平侨办图书馆今昔》一文中写了具体捐款人:"1981年冬,关和璇、关昂等组成复馆筹委会,主持复馆事宜,得到港澳同胞关汪洲、关恒申、关溢、关祈、关如等积极响应,发动海内外侨胞捐款支持。捐款捐书的侨胞共达 260 余人,共捐得港币 15 万元,书籍 700 余册。特别值得赞扬的是区如好女士,除了捐献港币 5 万元外,还亲往书店挑选价值5000 余港币的 547 册图书捐给图书馆,受到人们交口称赞;新加坡侨胞关振明将珍藏多年的 1559 册图书和 200 余册杂志献给图书馆。"

2012 年 12 月,我前往开平地区寻访,其中一站就是关族图书馆。赤坎是一座极美丽的岭南小镇,两旁的骑楼古今并存,既有古意又有生机,来往的人们都有着一种适意,令人想起一句话"诗意的栖居",他们有着另一

种风貌的满足与闲适。因为乘坐的是从市里开往镇上的公共巴士，故下车处为一小站台，两三个人在此等车，我向其中一位询问司徒氏通俗图书馆如何前行。有个小伙子告诉我，沿着下面的小街一直向前走，只是路程有些远，他建议我最好找摩托车。

我谢过了他的指教，但并没有看到摩的路过。以我的感觉，赤坎镇的面积并不大，如此想来，司徒氏通俗图书馆离这挺远，有可能是我下车的位置不对。我从资料上查得，关族图书馆跟司徒氏通俗图书馆处在镇的两个相反方向，如果这里离司徒氏通俗图书馆较远，那应该就离关族图书馆很近，于是我再次转身向那位小伙子提出了这个问题。他用手往前方一指跟我说："关族图书馆就在下面，你下去穿过小巷就到了。"

行到下面一条路，所谓"小巷"只是两栋民宅的夹缝。穿过夹缝，眼前豁然开朗，原来这是一条很有年代的骑楼街。骑楼的对面是一条河，关族图书馆就在面临河的右手边。远远望去，关族图书馆就矗立在那里，不言也不语。我看到了图书馆顶上有钟楼，大钟下有"关族图书馆"五个大字，二楼栅栏外亦有此五字。回来后查资料得知，钟楼下面的那个匾额出自广东新会的前清举人梁鸾翔之手，二楼栏杆外的匾额则是广东近代书法家吴道熔所书。

从外观看，关族图书馆中西风格并存，骑楼正面涂成黄色，入眼明亮清新，楼前有一小院，院门的铁栅栏门关着，称开放时间至下午3点，而我赶到此处之时已经过了这个时间，只好在外面拍了几张。但走近一看，门是虚掩的，于是推开门进去了。院内图书馆大门是开着的，听见最里面有人在打电话，大厅内为社区图书馆形式，陈列多为杂志、小人书等适合街坊的读物，但整个环境极为温馨，看得出是一个一直在运作、的确有街坊来看书的图书馆。感觉到这种图书馆极接地气，也是社区图书馆应该有的面目。

关于此馆的建筑特色，冯活源在《开平华侨兴办图书馆的历史与发展思路》一文中有综合性叙述，称该楼是以葡式设计为主体，并且用到了当时最流行的七彩玻璃窗，该文重点介绍了此馆的地面："地面虽然只是磨砖，但却是精华所在，当时每一块磨砖都是用人手磨成，价值一块银大洋，铺设的工艺更是妙不可言，砖与砖之间几乎是没有裂缝，在大厅中间倒下一盆水，眨眼间就消失得无影无踪，只因地面水平设计令

水迅速向四周的去水道流去,所以地面永不积水,可使图书保管得更加完好。"可惜我参观关族图书馆时还未读到此文,没有留意到地面上那些精美的磨砖。

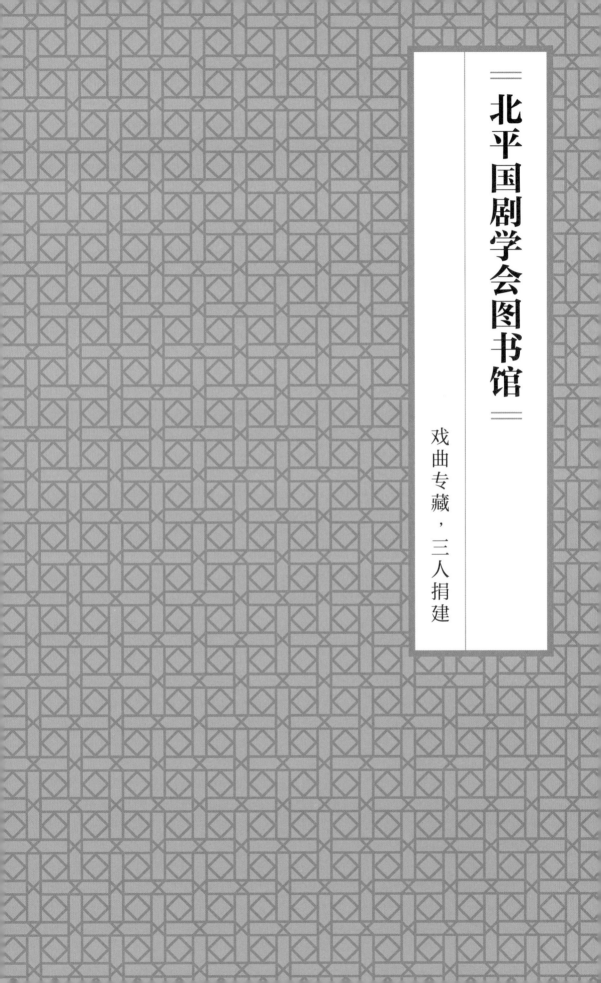

北平国剧学会图书馆

戏曲专藏，三人捐建

关于国剧学会之来由，何健之在《"北京国剧学会"始末》一文中称："京剧一度称为国剧。一九三一年，梅兰芳、余叔岩邀请齐如山、清逸居士、张伯驹、傅惜华等社会名流组织北京国剧学会，设在西珠市路北现在的晋阳饭庄内。学会基金是由各方面的捐款，包括当时银行家张伯驹等人的资助。学会成立理事会，下设总务、编辑、审查、教务等组，并附设一个国剧传习所。"

这段话点出了与该学会有关的几个重要人物，张伯驹先生的《春游琐谈》中有《北平国剧学会缘起》一文，此文首先谈到了此学会创建之背景："各国退回庚子赔款，国民党政府指定用于教育文化方面。李石曾乃以创办教育文化事业而分取庚款。当时，李有'文化膏药'之称。其在北平所经办文化事业之卓著者，在中华戏曲音乐院内设北平戏曲音乐分院、南京戏曲音乐分院。"

可见，北平国剧学会的创立与庚子赔款有重要关联。当时李煜瀛力主将庚款的一部分用于发展文教事业，在戏剧方面用庚款创建了南、北两个戏剧分院，其中："北平分院，梅兰芳任院长，齐如山任副院长。南京分院，程砚秋任院长，金仲荪任副院长。而南京分院实设北平中华戏曲音乐院内，并附设戏曲音乐学校，以焦菊隐任校长。更拨庚款十万元助程砚秋赴法国演剧，邀集各界名流百余人于中南海福禄居会餐，为程砚秋饯行，余亦主人之一也。而北平戏曲音乐分院虽在北平，实徒具空名，仅成立一院务委员会而已（冯耿光幼伟任主任委员，梅兰芳、余叔岩、李石曾、齐如山、张伯驹、王绍贤任委员）。"（《北平国剧学会缘起》）

按照张伯驹的说法，程砚秋虽然是梅兰芳的弟子，然那时程势头正盛，社会影响力有超过其师的架势，梅兰芳的好友们多为此打抱不平，他们找到张伯驹，由张伯驹撮合，余叔岩与梅兰芳合作，成立北平国剧学会。办学会首先需要资金，他们通过捐款的方式筹得五万元，之后在虎坊桥正式创立该会，同时选举李煜瀛、张伯驹等一些名流为该会理事："梅程本为师生，是时程有凌驾其师而上之势。梅氏之友好多为不平，遂挽余为间，约余叔岩与梅畹华合作，发起组织北平国剧学会，募得各方捐款五万元作基金，于辛未岁十一月在虎坊桥会址成立，选举李石曾、冯幼伟、周作民、王绍贤、梅兰芳、余叔岩、齐如山、张伯驹、陈亦侯、王孟钟、陈鹤孙、白寿之、吴震修、吴延清、段子均、陈半丁、黄秋岳为理事，王绍贤为主任理事，陈亦侯、

陈鹤孙任总务组主任,畹华、叔岩任指导组主任,齐如山、黄秋岳任编辑组主任,余及王孟钟任审查组主任。"(同上)

李煜瀛既然支持梅兰芳创会,为什么同时又支持程砚秋呢?张伯驹的解释是:"当时曾有人问李石曾,何以如是大力支持砚秋。李答曰:'非我之故,乃张公权(公权,张嘉璈字)之所托耳。'盖张嘉璈与冯耿光在中国银行为两派系,互相水火,冯捧梅,张乃捧程以抵制之。李石曾以有庚款之存款,又开工农商业银行,而张嘉璈正为中国银行总裁,互为利用,受其托,适为得计(外传李张并有盗卖古物于美国、法国事,虽不能定其有无,而故宫博物院出售存物,张继之妻与李石曾大闹,以及易培基盗宝案,其中情形亦甚复杂)。由于官僚、政客、大商之争权夺利,而造成艺人之不和,盖非幕外人之所能知也。"(同上)

当时李煜瀛掌管着庚子文化基金,他首先确定要创建清华大学,同时又考虑到庚款的长期使用问题,想用其中一笔钱创办一所农工银行,用银行赚得的钱逐步运作,以便创办更多的文化事业。据说齐如山闻讯后从北京赶往南京,找李煜瀛商量,希望他拿出一部分钱来支持创办国剧学会。

李煜瀛自称很关心中国戏剧的发展,问齐如山谁能担任这个项目的领头人,齐如山推举了梅兰芳,但李煜瀛却提出了其他想法。后来齐如山打听到从中作梗之人是张公权。当时张公权正协助李煜瀛创办农工银行,闻听李煜瀛要资助梅兰芳,于是提出程砚秋才是更合适的人选。李煜瀛经过折中,最终决定将中华戏曲音乐学院一分为二,在南京和北京各建一分院。

但是程砚秋得到这笔费用后,并没有到南京办分院,而是抢先在北京办起了分院。这种做法令梅兰芳的一些朋友感觉不平,于是他们捐资在北京另外创办了北平国剧学会。

在此之前的一个时段,有很多学者都留意到了戏曲的重要性,比如傅斯年写过《戏剧改良各面观》、胡适有《文学进化观念与戏剧改良》、欧阳予倩有《予之戏剧改良观》、周作人有《论中国旧戏之应废》等文。这些文章从不同角度指出传统戏剧问题所在,主张引进西方戏剧理论与舞台艺术来改良中国戏剧。此后余上沅、张嘉铸、熊佛西、闻一多、赵太侔等人在美国提出了国剧运动。

对于何为国剧,余上沅在《国剧运动》中给出的定义是"中国人用中国材料去演给中国人看的中国戏"。俞宗杰在《旧剧之图画的鉴赏》一文中认为旧剧就是国剧："现在我们谈到旧剧，这中国民族性的产物，不能不当它作我国民族性的表现，和我国文化的结晶。"熊佛西认为国剧和旧剧不能画等号，在他看来，无论何种艺术，必须具有世界性和国家性，而旧剧只有国家性没有世界性，他认为："凡中国的史剧及一切能代表中国人民生活的剧，都可称为中国的国剧。总之，国剧与非国剧是一个内容问题，不是形式问题。只要我们决定了什么是剧，什么是'中国剧'，我想，不管我们用的工具是话剧的'话'亦好，歌剧的'歌'亦好，非歌非话亦好，都能称为国剧。"（熊佛西《佛西论剧》）

但是齐如山不这么认为，他在《国剧艺术汇考》中说："有许多人认为皮簧是国剧，其余如四川戏、云南戏、河南戏等等，都算地方戏，这就完全错了，要说是地方戏则都是地方戏，要说是国剧，则都是国剧。"也许正是因为有这些争论，才使得酷爱戏剧研究的齐如山认为，有必要系统研究中国戏剧。这是他参与创建和主持北平国剧学会的主要原因。

1925 年，余上沅等人得到徐志摩的支持，在北平国立艺术专门学校开办戏剧系。但这些活动在社会上并没有引起太大的反响，直到 1931 年，余叔岩、梅兰芳创办了北平国剧学会，方在社会上有了较大影响。

北平国剧学会成立的当天，仪式搞得红火热闹，仪式完毕后，众人还以唱戏来做庆贺，其中一出是众人合演《八蜡庙》。也许是为了答谢众人的捧场，他们当场约定由戏界名家来做反串，其中梅兰芳饰褚彪、朱桂芳饰费德功、票友张伯驹饰黄天霸、陈鹤孙饰王梁等。据说这是梅兰芳第一次戴髯口唱戏，并且也是唯一的一次。

梅兰芳、余叔岩共同撰写了《国剧学会宣言》一文，该文先谈到了中国戏曲近百年来的兴衰："世界上一切学术，所繇存在，皆赖于学者本身为不断之研究，精密之改良。以中国固有戏剧言，百年以来，风靡一世者，及至晚近，日渐衰微，矩镬散乱，浸失旧观。"

接下来梅兰芳谈到他到美洲演出戏曲时，了解到西方有些学者对中国戏剧有缜密的研究，这促使他要创办学会来系统梳理中国旧剧："兰芳前岁薄游美洲，亲见彼邦宿学通人，对吾国旧制之艺术，有缜密之追求，深切之赞叹。愈信国剧本体，固有美善之质；而谨严整理之责任，愈在我戏界同人。一年之间，各校对于国剧研求，既已异乎旧时之观念。"（《国剧学

会宣言》）

余叔岩则谈到这些年来他将主要精力用于研究中国戏剧，认为如果不再加振奋，就会有衰落之虞："叔岩年来闭门勤加研讨，以为剧艺之精微博大，苟非亲传广益，终必至于袭貌遗神，渐趋沦落。发扬光大之举，尤以为不可或缓。集议既同，愿及斯时，有所自效。"（同上）

正是出于共同的考量，梅、余二人决定合作，一起研究传承戏剧文化，但二人谦称学识短浅，所以要请方家来鼎力合作。为此，创办了这所学会："唯以二人学识短浅，志而未逮，故谨邀集数君子，助以机缘，许以通力合作，礼延海内贤豪，剧坛耆宿，为国剧学会之组织，并创设国剧传习所，为有志学国剧，而未知门径者之讲肆机关。"（同上）

由此可知，梅兰芳对创建此会极其用心。按照梅绍武的回忆，梅兰芳在创建国剧学会前，曾分几批宴请各界人士征求意见。他当时问张伯驹应该请哪些人来主持会务活动，张伯驹说他和余叔岩都不善于经营，应当请老成持重之人来做负责人。于是梅兰芳又与齐如山、傅芸子仔细商议，最终确定该会下设四个组：教导组由梅兰芳和余叔岩负责，主要是主持教学工作；编辑组由齐如山、傅芸子负责，主要是整理文献和印刷出版；审查组由张伯驹和王孟钟负责，主要协调各种关系；总务组由陈鹤孙、陈亦侯负责，主持联络工作，亦有文称是白寿之而非陈亦侯。

北平国剧学会创办的主要目的不是为了唱戏，而是为了研究戏剧、推广戏剧，为此，他们还创办了专业刊物《戏剧丛刊》。该刊以齐如山、傅芸子为编辑部主任，主要由齐如山负责。关于《戏剧丛刊》的办刊宗旨，傅芸子在发刊词中说："今人治戏剧者，虽已较前有显著之进步，然其目光仍注意于腔调之变化，场子之改良，所研究论列者，不过术的方面而已。即有收获，亦于根本上无甚关系。至于戏剧组织之研究，角色名称之考证，旧籍曲谱之勘校，戏曲图谱之搜集，国内学者之能致力此种工作者，实至罕觏。"

傅芸子批评了那时戏剧研究的方向，认为他们主要研究的是舞台艺术和声调变化，没有对戏剧文本进行梳理，此后一些重要的专业学者开始搜集相关史料，其中有梅兰芳搜集的明清脸谱，以及朱希祖搜集的升平署文献资料："比年国内外关于戏剧资料，已岁有重要之发见。如前此梅氏缀玉轩之购藏明清脸谱、清代升平署扮像谱、朱遏先（希祖）氏之搜得升平署之文献与史料。"他们创办《戏剧丛刊》正是要介绍戏剧方面的专藏："均于戏剧学术上有重要之资料予吾人之研究。此外国内外之发见戏曲图籍,亦不乏可珍资料。然则吾人所负研究与整理之责任,固未有已也。"

其实那时一些学者已经注意到搜集戏剧文献的重要性,只是大家觉得戏剧资料很难外传,所以搜集很难,研究也就更不容易了。余上沅在《国剧运动》中说："旧剧何尝不可以保存,何尝不应该整理,凡是古物都该保存,都该整理,都该和钟鼎籍册一律看待。可是在方法上面便不是三言两语可以概括的了,这要有人竭平生之力去下死工夫的。"

正是基于这种认识,使得国剧学会在成立之初就创办了《戏剧丛刊》,以此来研究戏剧文献。《戏剧丛刊》原定为季刊,打算每年出四期,但是因为该刊讲求来稿质量,故稿源奇缺。《齐如山回忆录》(以下简称《回忆录》)中称:"(《戏剧丛刊》)可是永远没有按期出过,这有两种原因。一是写这种文章的人太少,很难得写成一篇。二是定的办法太讲究,必须用连史纸,且用线装,因此用钱较多,经费更难筹划,所以只出了四期,以后就没有再出。"

为了在大众中推广和普及戏剧文化,国剧学会又创办了《国剧画报》。此报为周刊,每周五发行,从 1932 年 1 月 15 日创刊,到 1933 年 8 月 10 日终刊,共发行了两卷七十期。其中连载了梅兰芳收藏的戏曲脸谱,何以要收藏脸谱,梅兰芳解释说:"我藏有明代、清初一直到最近的脸谱,从这些资料里,可以看出脸谱的发展情况是由简而繁,由粗而细。在勾画方面,据净角老演员说:最初不过画眉,后来加勾眼窝、鼻窝、嘴角,又添勾脸纹,逐渐力求工致,演变到图案化。"(《梅兰芳自述》)

另外《国剧画报》从创刊号开始,连载梅兰芳收藏的《升平署扮像谱》,总计连载了 65 期。对于梅兰芳藏品之来源,傅芸子的弟弟傅惜华在《缀玉轩藏曲志》的序言中介绍说:

> 清季故都梨园世家,以藏钞本戏曲称者,厥为金匮陈氏、怀宁曹氏;两家所藏,约计四千余册。乙丑岁陈嘉樑氏逝于旧京,未几,遗书让归泰县梅浣华、北平程玉霜二氏。其余散出,亦皆为公私藏家所收,得以保存,亦云幸矣。浣华剧艺湛深,家学渊源。其先祖慧仙,昔主四喜部时,家中所藏戏曲,即已著称于时,而浣华又得陈氏遗书,邺架复增,蔚然大

观。尝谓余云:"庚子拳乱之际,家中书物,毁于兵燹者甚多……"

缀玉轩是梅兰芳藏书室的堂号,从傅惜华的介绍可知,缀玉轩的最初藏品来源于梅兰芳的爷爷梅巧玲,然因战乱,这些收藏大多失散了。梅兰芳后来从陈金雀后人处购买到一批曲本。陈金雀是嘉道间著名的昆曲演员,以演《金雀记》成名,嘉庆帝给其赐名金雀。陈金雀喜欢收藏古戏剧本,其去世后所藏传到了孙子陈嘉梁手中,陈嘉梁去世后,家境败落,后人遂将家藏出售。梅兰芳的祖母是陈金雀的女儿,1914年梅兰芳曾师从陈嘉梁学习昆曲,当陈家生活困难时,梅兰芳施以援手,买下了这批曲本。后来梅兰芳又购入了怀宁曹氏的藏书,由此而使得缀玉轩所藏戏曲之书蔚为大观。1931年,梅兰芳邀请傅惜华整理自己的藏书,原因是傅惜华也喜欢收藏戏曲类典籍。

傅惜华经过两年的仔细整理,编成了《缀玉轩所藏戏曲草目》,1935年又完成了《记缀玉轩藏内府抄本》,同时完成了《缀玉轩藏曲志》。傅惜华在《缀玉轩藏曲志》的序中称:"余既嘉其志,更惜此丛残久而散佚,乃为稽考各本剧名、撰人姓氏、传钞年代,详为著录,成草目二卷。继又取其所藏罕睹镌刻流传,或未见诸家著录,旧钞珍本杂剧传奇二十四种,考其作者,详记行款,撮述梗概,并稽本事出处,辨证是非,附志梨园有无搬衍,藉觇其剧存佚,或亦可备治明清剧曲者之一参考焉。"

齐如山也喜欢收藏曲本。他是河北高阳人,从小聪明过人,三岁就能识字学诗,年轻时曾入同文馆学习外语及西方知识,后经商多年。1900年后,齐如山前往欧洲做事,在旅欧期间,他颇为喜爱西方戏剧,于是有了改良国剧的想法。回国后,他看过梅兰芳的演出,于是两人以写信的方式来探讨京剧表演艺术。后来两人终于见面,自此之后,齐如山开始为梅兰芳排戏,前后为梅兰芳编剧达26部之多。此外,他还与李释戡等陆续为梅兰芳编写剧本达40余种。

1929年,梅兰芳赴美演出,齐如山系统地为梅兰芳写剧情说明书、演出剧本等,并且把戏剧服装、脸谱等全部译成英文,这些原件留存至今。2022年年初,我曾到中国艺术研究院图书馆仔细观摩了这些文献,齐如山原稿写得一丝不苟,其做事之认真,令人感叹。

齐家世代藏书,后来捻军起义时,其家藏书大部分被损毁了,此后齐如山的父亲齐令辰努力恢复家藏规模，当年他的藏书存在了李鸿藻的宅院内。1900年庚子事变，齐氏藏书再次被损毁，后来齐如山又开始了聚书活动。

在当时，因为战乱，很多故家藏书散失了出来，售价极其便宜。齐如山在《百舍斋存戏曲书目》序中写道："庚子年，北平商号全数被抢，只书铺有幸免者，被抢之物，即在大街摆摊售卖，价极便宜，旧书一项更是毫无买主，只若肯买，则等于白拾。但因系抢得之物，故多残缺，大部头之书，完整者尤少，所以特别便宜。例如我买过一部王先谦的《续经解》，才合现大洋三元，余可类推，因此又收购了若干，小说戏曲尤多，至此舍下藏书的宗旨，总算又恢复了一部分。"

此后日本侵华阶段，古书市场萧条，齐如山再次出手，又买到了一批质优价廉之书："迨至七七事变，日寇占据北平之后，人民无事可作，无法生活，便有许多人家，把旧藏的物器出售。这个时候，出现的旧书很多，旧书铺收买到手，因生意萧条，也无力久存，也只好贱价出售，于是我又收得了一大部分，且有许多不易见到之书，这次算是舍下收书最多的一次。"

齐如山的堂号是百舍斋，百舍斋藏书的另一个重要来源是升平署散出的剧本，《回忆录》中写道："自民国六七年间，就不断地找在升平署当过差的太监，陆陆续续，得到的剧本也不少；但没有大宗的，因为彼时他们还不敢公然出卖，后来渐有一包一包地卖出来的了。大批的归国立北平图书馆买去，不过他们买的是档案公事册子多，剧本则较少；我买的剧本多，而档案较少。我前后共买到了八百多本，又替南京国立编译馆买了一百多种。"

就目录版本学而言，齐如山是行家，他对古籍十分爱惜。传统藏书家不重视戏曲类的坊刻本，因为这些书大多刊刻得很潦草，流传后世者也大多破烂不堪，齐如山得到后会请人将其装池一新，做成金镶玉，还会在一些书后写上跋语，比如他在《吕祖全传》一书的跋语中称：

　　此系原刊初印本，实不多见，惜已残缺。余收此则，专为书前几页图画。这种技术自以明朝为最精，到清朝已大见退化。而此画工、刻工尚均能工细如此，殊属难得。因付镶衬而保存之。民国三十三年冬，齐如山识于表背胡同之百舍斋，时年六十有八，正避难家居，七年余未出门矣。

北平国剧学会成立后,齐如山拿出百舍斋中所藏的剧本放到了国剧学会图书馆,在此期间,齐如山编写了《北平国剧学会陈列馆目录》。该目著录1500 余件藏品,其中大多数是齐如山的收藏。目录中有"梨园文献"一类,该类包括"戏班规章契约与呈文"和"堂会及营业戏单"两小类,这些原件大多是齐如山收集来的。

对于陈列馆展示的文献,齐如山在《目录》凡例中称:"本目以典藏及陈列关系,暂分为四大部:(一)内务府档案;(二)升平署剧本文物;(三)普通戏班文物;(四)图表、像片、乐器、唱片等类。"

傅惜华也是藏曲名家,他的堂号是碧蕖馆。关于他的藏书质量,许姬传的《七十年见闻录》上说:"傅君搜罗的传奇小说非常丰富,单讲《西厢记》就有两三种罕见的孤本,文化戏剧圈里的人士像阿英、欧阳予倩等,都常到他那里欣赏他的藏品,发掘编剧的材料。"(转自傅耕野《傅惜华与碧蕖馆藏书》)

为了丰富学会的藏品,该会成立后,梅兰芳将缀玉轩所藏戏曲之书拿出一些来提供给该会,同时齐如山和傅惜华也分别拿出家藏,三人的收藏撑起了学会图书馆。按照傅惜华编纂的《北平国剧学会图书馆书目》的著录,齐如山贡献所藏 600 多种,梅兰芳提供了 400 多种,傅惜华提供了200 余种。

学会成立后,还拿出一些钱来想办法征购戏曲类文献,《回忆录》中载:"这种剧本,在本国人之中知道的人很少,可以说到不了百分之一。但在世界上却有相当的价值,在光绪二十年前,每出戏短者不过有眼的大个钱两枚,戏长者照加;光绪庚子后,涨到了五枚,后来合铜元二枚,又涨到铜元五枚,银元一角。日本人曾花每本银元二元收之,价遂腾起,中国无买者矣。最后美国人每本出银元十元买之。东西各国如此注意,而本国人则漠然视之。幸而国立北平图书馆、孔德学校、燕京大学及几个私人都有存者,我国剧学会也存有二百多本,否则此种剧本,在中国将绝迹了。"

对于学会图书馆所藏戏曲类书籍的版本问题,齐如山在《回忆录》中接着写道:"以上说的是抄本,再说到印本。前边说过,这种都是到各省求朋友代买。以四川、广东两省收得的最多,各共有八百多种,且都是木刻本;广东虽多,但多数是石印或铅印本。我们最初本想不收石印铅印之本,奈友人已代为买来,也只好存之。后来才感觉,这种木刻本,在交通方便开化早的省份，是很少见的了，例如广州、上海等处，百余年前就有了石印铅印，谁还买木刻的本子呢？早归了淘汰，目下再找，是不容易的，所以我们收到北平木刻小唱本就不多，倒是开化较晚的省份还较容易找到。"

虽然得之不易，但是学会有着开放的心态，《回忆录》载："我们收买这些剧本，不只为的收藏，也要供诸实用。因为戏界人本子永远秘密，不肯借与人，以致有许多好戏早已失传，这是很可惜的事情。所以我们所有的本子，谁想照抄都可，绝对不要报酬，虽抄出去出卖，我们也不管，因为他卖也是流传也。"

对于学会藏书情况，1935 年，由傅惜华编纂了《北平国剧学会图书馆书目》，他在该目的例言中称："中国戏曲之学，年来始渐昌明，研考之道，端赖目录。然分类之法，时至今日，尚未见有研讨者。良以中国戏曲因地域与时代关系，组织流别，繁复庞杂，诚难为一精审翔实之分类目录。兹援李斗《扬州画舫录》暨吴太初《燕兰小谱》之例，姑分雅、花二部。雅部者：南北曲及弋腔之类属之；花部者：则皮簧、秦腔、粤剧、滇调诸类是也。"

按此说法，傅惜华将馆藏之书分为"雅部"和"花部"两部分。另附有"其他"，将音乐类、韵学类、弹词类、小调类、话剧类、期刊类放在"其他"。由此可见，该馆藏曲之丰富，既有传统曲目，也有民间小调。

学会成立后不久，梅兰芳迁居上海，余叔岩卧床不起，国剧学会只好停办。1936 年，齐如山融到一笔经费，立即着手恢复国剧学会，同时在西城绒线胡同路北租房于此开设陈列馆。"七七事变"后，齐如山停办陈列馆。抗战胜利后，他又恢复了国剧学会，并借景山公园的观德殿，在那里举办展览。

当年北平国剧学会创办地乃是租用纪晓岚阅微草堂旧址，对于此宅之来由，纪晓岚在《阅微草堂笔记》中写道："余虎坊桥宅，为威信公故第。厅事东偏，一石高七八尺，云是雍正中初造宅时所赐，亦移自兔儿山者。南城所有太湖石，此为第一。余又号孤石老人，盖以此云。"

威信公是指岳飞后裔奋威将军岳钟琪，乾隆年间，纪晓岚买下了岳钟琪旧宅，纪晓岚之后这处宅院几经转卖，成为直隶会馆。刘叶秋在《纪晓岚阅微草堂》一文中说："其前正房数进，易主多年。辛亥革命后，仅存此最后一层，为直隶会馆公产，后门在百顺胡同。先大父赁之，与新建之东所相连，以放置杂物。纪氏所言湖石、青桐，当时早归乌有，惟阅微草堂旧额，尚悬东小院北屋门上,余儿时犹及见之,后为直隶会馆取去。"

再后来,该宅院又成了国剧学会创办地,刘叶秋在文中写道:"三十年代初,此东所房屋即让诸他人。七七事变前,屡次易主。梅兰芳、余叔岩曾设国剧传习所于此,后属名丑萧长华,赁为富连成科班宿舍。其地即今晋阳饭庄所在。门庭如故,屋舍依然,古藤无恙。饭庄以第一院之北房为餐厅,且向后扩展,故第二层已无院落。第三院小楼亦久拆去,另建平房,惟不知青桐犹在否? 东与晋阳饭庄相连者,曩为电报局,更东为一棺材铺,此两处即阅微草堂正房之旧址。"

阅微草堂旧址我去过多次,但都是冲着纪晓岚而去,此次为了寻访北平国剧学会旧址,故于 2022 年 3 月 12 日再一次打车来到这里。因为疫情之故,阅微草堂旧址门前已经没有了熙熙攘攘的游客,我先走到隔壁的公园去探看。

公园面积很小,占地约有三四亩,起名叫京韵园。园的正前方拉起了围挡,看来是在整修之中。围挡前有一塑像,一位穿着唐装的人正在拉二胡。公园的正中位置摆放着一块景观石,上面写着"京剧发祥地",想来这是指的当年的国剧学会和传习所。

公园与阅微草堂之间的隔墙上挂满了展板,上面介绍着一些京剧名家,另外还有一些半立体的脸谱。其重点介绍的乃是这里是富连成科班办公地点,对于此事,李金龙在《阅微草堂纪事》中说:"富连成科班创办于 1904年,前身为喜连成科班,是吉林富绅牛子厚出资,由叶春善创办。1912 年改由外馆财主沈昆接办,改名为富连成科班。1935 年,因叶春善身体欠佳,遂由其子叶龙章接任科班社长。科班前后共经历了 40 多年,直到 1948 年解散,先后培养了喜、连、富、盛、世、元、韵、庆八科,弟子 700 人。富连成科班是京城科班中办得时间最长,影响最广,培养人才最多的科班。"

侧旁顶头位置是国粹苑,这里关着门,门前夹道上安放着一些健身器械,有几位退休人员在那里激烈地争辩着什么。侧耳听了两句,原来在探讨俄乌战争谁胜谁败。

转到公园的后面,有小亭被包了起来,但站在这里能看到景观石后面刻的字,我本以为上面要介绍国剧学会,写的却是《京剧发祥赋》。

走到阅微草堂门前,才发现这里关了门,想来是受疫情影响。于是我接着往前走,前去探看晋阳饭庄,因为这里占的也是当年阅微草堂的宅

　　　　　　　　　　　　　= 阅微草堂前的公园　= "京剧发祥地"景观石

国剧学会租借了纪晓岚故居作为创办地

院。走到两者之间的侧门时，发现阅微草堂的售票处改在了这里，买票入院前，先检查健康码与行程码。

穿过前廊，再次进入熟悉的院落，在院子的左手边看到了刘少白介绍牌，李金龙在《阅微草堂纪事》中写道："刘少白先生，曾为北洋政府的国会议员。1927年蒋介石背叛革命，举起反革命的杀人屠刀后，刘少白先生利用自己的身分（份），保护了许多共产党员。刘公馆自1930年起，成为在上海的党中央与中共河北省委的秘密联络站，为党从事传递文件、转运经费等地下工作。后来，经王若飞、安子文介绍，刘少白先生加入了中国共产党。30年代初期，由于顺直省委秘书长郭亚先的叛变，供出了刘少白和党的关系。秘密机关遭到破坏，杨献珍、刘锡五同志在此被捕。"

走进阅微草堂，看到了刘少白胸像，其对面的一个房间布置成了京剧演出时的场景。但这里没有挂介绍牌，想来这里是当年北平国剧学会所在地。然我在院落里转了一圈，没有看到相关的介绍牌。

北平私立木斋图书馆

以藏书、刊书、办馆为务

北平私立木斋图书馆的创建人是卢靖，卢靖字勉之，后改为木斋，世人以卢木斋称呼之。卢靖出生于书塾世家，他的高祖、曾祖、祖父、父亲，均为私塾先生，虽然家境贫寒，却受到乡邻的尊重。卢靖之父卢晴峰到各地谋食，太平天国期间，卢靖之母赵氏因躲避战乱受到惊吓，在路上生了他，故起名为靖。

卢靖自小不喜八股文，对算学很感兴趣，某次在六舅家看到了《治平胜算全书》，对此书爱不释手。此后他到各个书肆寻找相关书籍，因囊中羞涩，只能站在书店里阅览，有时他也会向店主提出请求，借回家中，整夜里将书抄下来。

后来卢木斋认识了同乡的傅寅山，此人也好钻研数学，于是两人常在一起讨论相关问题，他们的行为不被乡人理解，时常受到嘲讽，但两人不为所动。卢靖在阅读前人著作时，读到了《五子炮说》《演炮图说》和《克虏伯炮表》，经过仔细研究，觉得这些书实用性差，为此他写出了《火器真诀释例》一书。

这部书由倪修梅呈送给湖北巡抚彭祖贤，倪详细介绍卢靖此书之佳，但彭祖贤怀疑卢靖是否真有实才，于是邀请一些精通算术之人与卢靖相谈，众人纷纷夸赞卢靖确实有真本事。某次，兵营演习生铁炮，卢靖前去观摩，预感到铁炮有可能会炸裂，立即禀告臬司黄子寿，就在说话间，铁炮果然炸裂了，正是这件事使得彭祖贤认定卢靖有真才，开始重用他。

清光绪十年（1884），29岁的卢靖被请入经心书院担任算学教习，转年考中举人，而后被保奏为知县，交直隶总督李鸿章门下任职，旋被任命为北洋武备学堂数学总教习。此后他又做过几地的知县，在此期间，他投资实业，积累了雄厚的资本，又用这些资本来兴办教育，比如他在卢氏蒙养院的基础上创办了卢氏小学，又在此基础上办起了木斋学校，该校在天津颇具名气。

幼年读书不易的经历，令卢靖特别在意书籍的收藏，关于他的藏书经历，卢靖在《未刊未见未传本书目》的序言中称："五十年前，靖在郡城，见张文襄公《輶轩语》《书目答问》二书，喜为问学之南针。今已逾七旬，案头犹日检此册也。曩历宰丰润、南宫五六县，迨提学畿辅、陪都，每接见学子士夫，必以此二书相赠勉，并刊入《慎始基斋丛书》中，以广其传。比年与余弟慎之，各藏书十余万卷，每月购求，必参阅二书。二书未及者，旁涉校雠目录诸籍,方始释然。"

卢靖在年轻时偶然见到了张之洞的《书目答问》,将该书视为求索学问的指南,同时该书也成为他的购书指南,此后的几十年,他按照该书中标出的书名来按图索骥,与弟弟卢弼分别购书,每人藏书量都有十几万。卢靖甚至说,他每次购书时,必要查阅张之洞所写的这两部书,如果所见之本是这两部书未曾著录的,就会去查其他版本目录之书。可见卢靖在购书之初就颇为得法。

对于他的藏书质量,卢靖在《未刊未见未传本书目》的序中写道:"靖兄弟藏书,虽不及范、毛、陆、丁诸家之富,而陋劣庸俗之本,可决无有也。《书目答问》所称最精最要最有用诸书,几多方全购之,亦必浏览涉猎而后快,不仅供插架也。惜少为饥趋,壮为官误,垂老闭户十余年,虽手未释卷,而精力记忆,两皆衰颓,绝鲜心得,殊足愧已。文襄《书目》中,每有未刊未见未传本小注,随时录出,经六十九种、史四十七种、子十一种、集六种,凡二千二百余卷,写成一帙,藉便寻访。世变方殷,文献沦亡,或有求得刊传之一日乎?"

卢靖说他兄弟二人的藏书数量虽然比不过范钦、毛晋、陆心源、丁氏兄弟等大藏书家,但自认为所藏之书质量上乘,绝无俗本,因为张之洞在《书目答问》中谈到的重要之书,他们基本买全了。卢靖还留意张之洞在《书目答问》一书中标出的未刊未见未传之本,这些难得之本,他竟然买到了两千二百多卷,这更加说明《书目答问》一书对其影响何等之深。

在《书目答问》之外,卢靖使用的另一部目录版本学专著乃是邵懿辰的《四库简明目录标注》。他在《四库未传本书目》的序言中称:"仁和邵位西先生所著《四库简明目录标注》,张文襄公推为'淹雅闳通,如数家珍'。文襄督学四川,编《书目答问》时,谓'箧中如有此书,按图索骥,数日事耳'。今编此书目,费两月日力,尚未惬当。莫邵亭《知见传本书目》,亦复采之。缪荃孙编修自谓'寝馈此书中四十年'。邵先生是书之裨益学人,可见矣。"可见卢靖关注邵懿辰的这部名著,也是受到张之洞的影响。

若以《书目答问》和《四库简明目录标注》作为购书指南,将会涉及传统典籍的各个门类,而卢靖在广泛购书的同时,也会留意专题类收藏,比如他在《清代御纂钦定书目》的序中称:"国变以还,蛰居津沽,日寻旧籍,以遣老怀。余弟慎之,十载廷评,官不迁而事简,亦日览陈编,互相商榷。

京沽书贾，频频踵谒，慎之喜购旧椠，靖则颛搜清代名家校刊本，康乾精刊尤重之。圣祖高宗，享国最永，为周秦以来所未有，而得天独厚，赋才尤高，博物好学，勇于兴作。百余年间，人才辈起，经史词章、天算地舆、乐律音韵皆远过前代。而读书之多，考据之博，搜辑之勤，校雠之精，尤汉唐至今所绝无，真千载一时之盛况也。"

入民国后，卢靖闲居在天津，以购求典籍来抒发遗老情怀，其弟卢弼也住在天津，于是兄弟二人共同买书研究版本。卢弼喜欢购求古本，卢靖则喜欢搜集清代名家校勘本，尤其看重清三代的刻本，因为他认为玄烨与弘历在位最久，超过了自秦以来所有的帝王，同时这两位帝王雅好文章，推动了考据之学的兴盛。

正是出于这样的认识，卢靖把清代皇帝御纂之书作为专题来收藏，经过一些年的辛勤搜集，这个专藏很有成绩。他在《清代御纂钦定书目》序中给出的数据是："靖谨类次数十年所得康乾御纂钦定诸书，与书贾日来求售者，随阅而类录之，经三十二种，千九百余卷；史八十一种，九千一百一十余卷；子四十种，一万二千三百余卷；集二十三种，四千四百三十余卷，凡二万七千四百余卷。而《钦定四库全书》七万六千五百余卷不与焉。呜呼，盛已！宋时纂《太平御览》诸书，卷帙号称极富，然以视有清，奚啻什一之于千百也。况图绘、写刻、校雠，又岂宋代可望其项背哉！"

藏书家大多会将乡贤著述作为一个独立专题来收藏，卢靖也是如此，他是湖北人，故收藏了大量相关典籍，之后他将其中的稀见之本陆续刊刻为《湖北先正遗书》。对于搜集此类书的动机，他在此书的序中说："靖少年妄不自量，私冀树立，伏处乡僻，孤陋寡闻。应郡试，见贺耦耕、魏默深两先生所辑《经世文编》而善之，贫不能得，辗转借贷，方获购归。日夕披读，始稍窥学术门径，与夫硕公庞儒经世宰物之方。"

卢靖自称在年幼之时，虽有雄心大志，可惜身处穷乡僻壤，见闻不广，前往应郡试时，偶然看到贺长龄辑、魏源参订的《皇朝经世文编》一书，十分喜爱，可惜囊中羞涩。为此，卢靖找多人借钱，最终还是把这部书买了回来，而后日夜翻阅，终于渐渐明白了经世致用的实务思想。此后他又渐渐懂得："服习既久，又知天文、舆地、水利、河防、治赋、整军诸大端，皆以算术为管钥，遂摒弃一切，专究心畴人家言。既乏师承，又无力购致群书，徒抱

三五残编,苦思冥索而已。"(《湖北先正遗书》序)

通过《皇朝经世文编》一书,卢靖了解到了天文、地理、水利、河防等实务,认为要想搞好这些实务,必须要精通算术,因为算术是一切实务的基础,同时也是打开这些门类的钥匙。正是出于这个原因,他全力以赴研究算学。可惜那时能够与他商讨算学的人太少,再加上困于财力,买不起大量相关的书,所以他只好买得一书后拼命研究,直至后来他幸运地遇到了欣赏自己的人,得以施展抱负。但是他没有忘记天下还有许多读不了书的人:"自后叠司民牧,提学畿辅、陪都,莫不斤斤以创设图书馆为急。"(同上)

为此,卢靖努力创设图书馆,以便让更多的人读到书,同时开始刊刻典籍。他先是刊刻了《慎始基斋丛书》,在此阶段赶上了辛亥革命,他在闭门息影之时,"独居深念,壮岁远宦,倏忽卅年,南望乡关,眷眷怀顾"。

离开家乡三十年了,此时的卢靖有着深深的乡情,在他看来,越是在新旧交替的社会中,越应当保留典籍。他想到了元好问在社会骤变之时写出了《中州集》,升平之世时,卢见曾刊刻出了《国朝山左诗钞》,这些前贤的所为,都给卢靖以鼓舞:"当兹道丧文敝之会,新旧绝续之交,水火兵戈,乘除纷扰,往籍湮晦,文献沦亡,失今不图,后将无及。遗山《中州》之集,雅雨《山左》之钞,前哲典型,高风未邈。自忘衰朽,愿效涓尘,搜罗乡贤之遗著,汇为一省之丛编,启来学之观摩,彰九幽之潜德。"(同上)

出于这样的原因,他与卢弼共同努力,同时又向大藏书家张元济、傅增湘、刘承幹、甘鹏云等人借书,最终刊刻成了《湖北先正遗书》第一辑七百余卷。

对于卢靖刊刻此书的价值,其乡人甘鹏云在《木斋老人八十寿序》中给出如下比拟:"湖北先正之遗书,湮晦久矣,老人广搜而刊布之。都一千几百卷,而犹未已,盛矣哉。视歙之鲍、粤之伍、金山之钱,何多让焉。"

此时《湖北先正遗书》已经刊刻到一千余卷,在甘鹏云看来,这个成就不在《知不足斋丛书》《粤雅堂丛书》和《守山阁丛书》之下。

钱基博在《卢木斋先生遗稿》的序中称,他是在书店里偶然看到了卢靖辑刊的《湖北先正遗书》,觉得此书甚好,立即将其买下后赠给了图书馆。钱基博在序中讲到光绪三十一年(1905),卢靖率领直隶官绅前往日本考察学务,临行之前去拜见总督袁世凯,袁世凯让他深入了解日本学制跟社会发达的关系。卢靖当即回答说："此不必出国门而可知者。吾国千百年相习以科举取士，所试者八股文、诗赋、小楷耳。萃一国之聪明才智，悉心以事帖括无用之学，然上自台阁卿相，下至一命之士，无不出于此，而美其名曰'正途'，得之者富贵利达，惟意所欲，否则穷愁白首，亡以自立于天地。使科举不废，虽日言兴学，学必不兴。如流水然，既有长江大河可奔赴，而支港细流，其何能畅？今之学校，不过支港细流而已，富贵利达之途不在也。"

在卢靖看来，科技不发达的根源乃是科举制度，很多人视科举为正途，以此博得功名富贵，他们刻苦练习的八股文对社会无补，所以卢靖认为科举不废，新学就不兴。他说这番话时，学部侍郎严修在座，严修力赞卢靖所言在理。"于是世凯会商鄂督张之洞连衔入奏，先生之行未旬日，而停科举之诏下矣。"

按此说法，清末废除科举制度，跟卢靖的建议有重要关联，可见卢靖视野之开阔。

除了用传统技艺来翻印书籍外，卢靖还想办法用西式技术来做出版，卢靖在给汪康年、蒋黼、罗振玉三人的信中写道："现拟翻印各种新书，如算术、农学之类。北地刻工既拙，而出书又迟，福函云，石印神速精美，诚是诚是。惟石印工人北地难得精者，昔在津门，见汪紫渊石印《经世文编》，工匠动辄停工，又非印万册不划算，拟恳贵报代购铅字，头号、三号、五号各一副。字形如新译印西文地图之工整，未知上海有现成者否，如照前掷下单价能够得到，即请拨冗饬纪速代购定示我为感。统须银洋若干，即汇上。"这些都说明了他对出版文献、广泛流传典籍的殷殷之心。

卢靖是爱书如命之人，即便在危险时刻，念兹在兹之事仍然是藏书。贾恩绂在《补祝卢木斋先生八十晋一寿序》中称：

> 未几，拳匪构变，国狂燎原，先生厉禁之，阖境匪徒莫敢逞。顾内则土匪蚩氓，外来骄兵悍将，蜚语万端，首尾应和，于是烧学堂，焚藏书，炎炎不终日。有某县佐，亦祖匪者也，语余云："今晨卢令丁祭，昌言曰：'吾誓死于正命，决不听神以幸生也夫。'义民群起而仇之矣，反曰得正命，诚异闻哉！"冷其齿以去。乡以先生为恂恂学人尔，骤闻某言，始惊叹悦服，知先生毅力宏大，其不测有如此者。是夕，先生以手札见属，

云后此衣冠墓铭,惟公是赖,它无置念者,惟藏书数十箧,请代赠本县学校,吾子孙幸存者,畀以应读之书数百卷足矣。诵之殊难为怀。

在危险时刻,卢靖也想到了死后的安排,当时他给贾恩绂写信,请其为自己写墓志铭,卢靖自称无所怵念,唯一不放心的就是那些藏书,自己一旦不测,请贾恩绂将自己的藏书赠给该县的学校。

《同人集乙册》中收录有卢靖写给贾恩绂的这封信,信中讲到了苏轼兄弟互相嘱咐对方身后给自己写墓志铭之事,同时谈到了曾国藩、胡林翼在太平天国战争时期互相托付之事:"昔子瞻兄弟,各以墓志铭相属;曾文正、胡文忠当粤匪倡乱之际,身家性命皆置度外,惟此幽圹之铭,时殷殷互托焉。"

这种比喻足见卢靖对贾恩绂的看重,他在此信的附言中谈到了身后将书捐给书院之事:"再者伤乱之世,金玉锦绣皆在所不惜,惟书籍数万卷,乃靖二十年心力所聚集者,若一夕散亡,极为骨痛心酸,拟全送入书院,或分送与阁下,未知能与各绅董设法保全否?叼天之福,小儿辈得一线之存,异日只求诸君子,给与应读之书数百卷足已。"

对于卢靖在北京创办图书馆之事,钱基博在《卢木斋先生遗稿》序中说:"及辛亥革命而先生解官,则慨然曰:'吾不食于官,而儒者以治生为急,吾粗晓欧人之计学,而未及施用。则撷所蕴蓄以委身实业,通商惠工,与时为盈虚。'家大蕃息,而先生不以自丰豢,则蠲其金十万圆,出其书十万卷,捐之南开大学而以营建木斋图书馆。先生不以为足,而度地北京城西,以营建第二图书馆,名椠秘笈,灿然盈架,宜其沾溉儒林,欣读未见。"

其实卢靖捐建过多个学校,也创建过多个图书馆,白明东在《卢木斋》一文中称:"卢本人生活俭约,不吸烟,不喝酒,不赌博。但乐于助人,经他资助出国留学的亲友达十余人。沦陷期间,他捐赠西南联大二百万元以解决职工生活困难。一九一六年办卢氏小学,后命名为木斋学校,一九三三年办起了中学部,全部经费由他承担。一九二五年在北戴河单庄办单庄小学,经费全部由他捐赠,学生全部免费,还发给教科书。一九二七年,捐款十万元兴建南开大学图书馆,一九二八年十月十七日建成启用,命名为木斋图书馆,占地九百二十平方米;还捐书十万余卷。一九三六年十月十八日,他办的北平木斋图书馆正式开馆。"

对于卢靖所办图书馆的名称，《北平私立木斋图书馆成立开馆报告》中称："本馆为沔阳卢木斋先生私人所创办，先生一生以社会文化教育事业为己任，节衣缩食，创办学校及图书馆等促进社会文化，数十年如一日，全国闻名，平津间人士殆无不知。综计先生创设图书馆，此为第六次。光绪丙申（1896 年）任丰润县事就在丰润书院设图书馆，又创办经济学堂，亦附设图书馆，1906 年在天津创办直隶省立图书馆，翌年复设保定图书馆，此皆在直隶提学使任内事宜，任奉天提学使，创立奉天省立图书馆为第四次矣，民国戊辰年（1928 年）独斥资十万元创建南开大学木斋图书馆，占地九百二十平方米，还捐书十万余卷，图书之值不下二十万金，今先生年愈八十又有创设本馆之举。"

对于卢木斋在京开办图书馆的地址，傅汝勤在《叙乐堂记》中称："外舅卢先生既建木斋图书馆于天津之南开大学，虑其未周也，复于故都购得前清光绪朝河道总督成孚氏之私第而建北平木斋图书馆，以广文化。馆之西偏，成氏之旧园也，垒石为山，引水为瀑，佳木异卉，列植交阴，亭台池榭，极游览之娱。其宴息之所，则曰叙乐堂，尤曲折有致。成氏之初以'叙乐'名是堂，意旨何在，莫由知之，今之于先生则甚当也。"

傅汝勤说其岳父卢木斋在天津南开大学兴建了木斋图书馆，而后又在北京购买到光绪朝河道总督成孚的私宅，创建了北平木斋图书馆。这处旧宅中原本就有庭院，卢靖对其一番改造，成为了观书之余的休憩之所。

对于卢靖创建图书馆的原因，傅汝勤在此记中称："向者先生折节读书，以深究当时之务，顾家贫无力，每购一书，非节衣食之用，展转数月，莫能致焉。噫，何其难也！通显以后，既于从政所至之处，广储书籍，以恤寒士。今则自建之图书馆，且不一而足。文化广敷，为海内所仅有，抑何盛耶？先生为国家匠，陶冶而成之者，已遍国中。自今以往，德泽所被，济济多士，更难以胜数也。"

正因为自己幼年家贫，难以读到书，致使卢靖在发达之后努力地开办图书馆，以便让贫寒读书人少一些他年幼时的遗憾。而今他在北京创建了图书馆，"得英才而育教之，岂非天下之至乐也欤？"成孚旧宅中原本就有叙乐堂，卢靖觉得这个堂号很符合当前的情形，于是沿用了叙乐堂这个名称。

关于北平木斋图书馆的具体状况，刘绍唐主编的《民国人物小传》中称："筹设'私立木斋图书馆'于北平旧刑部街二十号（馆址于去年购入）。二十四年,年八十,动手术割治摄护腺肿大症,愈后长期在北平居住,并预立遗嘱,以所遗全部财产兴办教育,不遗子孙。二十五年十月十八日,'北平私立木斋图书馆'揭幕,由胡钧（千之）任馆长,成立时藏有线装书二十余万卷,新书四千五百册,杂志百余种,阅览室可容纳读者二百人,每月由'木斋教育基金会'拨款六百元作经常费用（殁后全部藏书捐赠清华大学）,其后该馆编印《北平私立木斋图书馆季刊》,分送各省市院校图书馆及学术团体。"

该馆馆长胡钧是卢靖的同乡,也是湖北沔阳人,当年张之洞由湖广总督署两江总督,胡钧与刘邦俊、田吴炤等随往南京创办新学。转年,又跟随张之洞返回湖北。光绪二十八年（1902）,胡钧应试举人,张之洞奏荐为经济特科人才,两年后奉派往德国柏林大学学习法科。武昌起义后回到湖北,任鄂督府秘书。民国二年（1913）,随黎元洪北上,任总统府秘书。民国二十九年（1940）,受聘为北平木斋图书馆馆长。

该馆虽为私立,却有着清晰完备的组织机构,张梅、孙丽芳在《卢木斋与北平私立木斋图书馆》一文中称："木斋图书馆设立董事会制度,馆长由董事会选举产生,下设图书部、总务部、阅览部。图书部包括编目股、登记股、采访股,总务部包括文书股、会计股、庶务股、出版物发行股,阅览部设立出纳股和庋藏股。图书、总务、阅览三部,每部设主任一人,分掌馆务并视各部事务之繁简设馆员若干人。图书部负责书籍的采购、登记、分类、编目、装订、统计及编纂出版物等事项。总务部负责文书、会计、庶务及出版物发行等事项。阅览部负责阅览、出纳及保管书籍杂志等事项。"

木斋图书馆有着健全的规章制度,如《北平市私立木斋图书馆筹备处简章》《北平市私立木斋图书馆筹备处董事会简章》《北平私立木斋图书馆章程》《阅览规则》《图书阅览规则》《新闻杂志阅览室规则》以及《北平木斋图书馆附设寄售图书部简章》等。

木斋图书馆的藏书主要是由卢靖个人捐献,为了最大限度地服务于读者,当时该馆实行了馆际间的互借制度,《北平私立木斋图书馆季刊》中载："本馆原藏书籍二十四万卷,普通新书四千六百种,凡书籍之重要者粗备,新书则亟待补充。开幕之后,对于书籍之购买,暂以最近出版者为限,次固由于经费之限制,亦以阅览者多需要新书固也。书籍购买标准以书籍本身之价值与是否为阅者所需而定。对于书籍购买一项，除由本馆同人再三审慎选择外，更设有读者意见箱，凡重要新书而犹未经本馆购买者，读者可就其需要，向本馆介绍，凡本馆能力之所及者，无不尽量采购。……一时大批购求实非易事，因与国立北平图书馆商订北平图书馆副本流通办法，每月可流通五六十种，将来本馆大批购买外，更拟于本市各公私图书馆，商定互借办法。"

木斋图书馆有着先进的服务理念，他们首先开通了图书巡回阅览。1936 年，第二期《图书展望》中刊发的《北平圕与木斋圕联合兴办巡回阅览》中列出了巡回阅览的具体办法："（一）将各种书籍之副本分批运至各图书馆巡回阅览。（二）每批自五十册至一百册。（三）阅览日期每批为一个月。（四）第一批书籍先运至木斋图书馆，满期后由该馆转运第一普通图书馆。（五）满期后木斋图书馆再转运第二批。如此巡回，可使木斋及第一普通各图，均能得充实之书籍阅览。"

关于北平私立木斋图书馆的结局，韦庆媛、田丽霞在《卢木斋与北平私立木斋图书馆》一文中有详细讲述，文中谈及"七七事变"后，该馆经历了巨大劫难，1948 年 8 月 10 日，卢靖在京逝世。"卢木斋先生在 80 岁时曾立下遗嘱，身后财产不传子孙，全部用于教育事业。卢木斋去世后，家人决定延续卢木斋先生的数学情结，在木斋图书馆原址与清华大学合办'国立清华大学木斋数学研究所'。1948 年 10 月 1 日，清华大学与木斋先生家人代表签订合约，由木斋教育基金会提供开办研究所基金，并组成'国立清华大学木斋数学研究基金委员会'。1948 年 10 月 14 日，在中南海公园勤政殿举行了'木斋数学研究所基金委员会'第一次会议，委员会由 7 人组成，国立清华大学代表为梅贻琦、叶企孙、陈岱孙、潘光旦 4 人，木斋教育基金会代表为卢开骊、黄钰生、卢开瑷 3 人，主席由梅贻琦担任。"

该协议决定数学方面的图书留在所内，其他书全部捐献给清华大学，清华派馆员宋泽泉到木斋馆清查点收，此时图书仅剩五万多册。此后清华大学图书馆主任潘光旦前往木斋馆查看，发现书籍大致很好："均由三块木板套护，中有铜板《图书集成》一部，分装 64 箱，惜者由有东北逃平学生借住该处，一部分新书不无凌乱缺短情况，唯据该生等表示借看者尚可还回。"（《卢木斋与北平私立木斋图书馆》）

对于这些学生的来由和所为，此文中讲道："借住该处的是在辽沈战役期间从东北逃亡关内的学生,占住馆内房间,对图书也有一些破坏。宋泽泉到任后,加紧整理图书,准备将木斋图书馆非数学类图书起运回馆。1948年10月30日11时,又有一群东北流亡学生在木斋数学研究所门外敲门,人声嘈杂,片刻即见由房上跳下四人将门拉开,户外学生闯入院内,约计百余名,遂将南房五间及穿堂屋一间占住,宋泽泉等把守大门,报告附近警察局,警察局分局长、巡官及城防警数十名赶来,共同与学生代表辛振宏等交涉,梅贻琦校长也写信给北平市长刘瑶章请求帮助,几天后学生撤走。"

平津战役打响后,清华校长梅贻琦把与木斋所签的契约交给秘书沈刚如,而后离去。不幸的是,此后又有一批学生强占了木斋图书馆:"1948年12月15日,清华园解放,但北平的围城却刚刚开始。就在同一天,原住北平安定门外黄寺的东北第一临时中学学生迁入城内,强行占住木斋图书馆。"(《卢木斋与北平私立木斋图书馆》)

这次的破坏更为彻底:"东北第一临时中学的学生占住木斋图书馆后,将图书焚毁甚多,并强行搬出,随意堆置,虽经工作人员多次劝阻,均告无效。关于其他临时中学造成破坏的报道也屡见不鲜,山东、河南等地也'由于其安置措施不够及时、合理,仍出现损毁公物,占用民宅等情事,聚众请愿更是常见之事',看来当时的破坏情况并不是个别现象。据宋泽泉报告,木斋图书馆原藏书五万多册,此次破坏损失过半,这一数字虽有夸张,实际接收时损失了一万多册,但也可见破坏之巨。"(同上)

对于此后的情形,韦庆媛、田丽霞在文中写道:"此时北平尚在围城期间,城内仍由国民党控制,宋泽泉分别于12月28日、12月31日、1月2日上书国民党警察局、剿总文教委员会、党政军督查总监部,要求'追究责任,并设法阻止继续破坏,以保财产'。然而此时占住木斋图书馆的还不是东北第一临时中学的全部学生,'尚有众多学生散居他处',当得知图书馆内仍有闲房十八间时,1月7日,东北第一临时中学校长富保昌以'本校为管理方便起见',请求继续借用十五间分配给学生住用,1月19日当局批准其借用请求。不过此时离北平和平解放已为时不远,从而避免了更大的破坏。1949年1月31日,北平正式和平解放。解放后,由于政治人事的变化,木斋图书馆书籍全部归并清华大学图书馆。"

当年的北平木斋图书馆位于何处?卢毅仁在《我的父亲卢木斋先生》

■ 木斋图书馆旧址，今为民族文化宫

中说："北京木斋图书馆旧址现已拆建为民族文化宫了。"

2022 年 4 月 4 日，我前往该地探寻此馆遗迹，这里处在长安街沿线，停车十分困难，所以特意打车前往。我先到佟麟阁路探看一处遗迹后，沿着此街一路向长安街走去。在长安街与此路交口处，看到了著名的三味书屋，其马路对面就是高大的民族文化宫。因受疫情影响，宽阔的长安街上车流很少，这给拍照带来了些许便利。熟识之处无风景，几十年来，不知有多少次从其门前走过，从未认真地看看这座著名的建筑。

穿过地下通道走到对面，先望了几眼左侧的民族饭店，接着走到了民族文化宫门前。这周围站着一些武警，我试探着举起相机拍照，对方没有阻拦之意。其实前几天我在探访时，已经路过了民族文化宫背面的一条街，那一带已经新楼林立，没有一丝的旧迹。当然民族文化宫内也不太可能保留古建，但是实际到这里探访一番，还是觉得自己踏上了当年木斋图书馆的旧地。

走到侧面电影院旁边时，无意间看到这里有游客通道，我本以为因为疫情这里早已闭馆，没想到刚走到门前，服务人员就提醒我把包放在传送带上安检，之后得以免费入内。这里的工作人员态度很好，我不抱希望地问了一句，这里有与卢木斋有关的介绍文字吗？对方一脸茫然。

进入馆内，只有我一位游客，登上二楼，看了两个展厅，确实未能找到与木斋图书馆有关的介绍文字。于是走出大厅，转到文化宫大剧院的另一侧，在这里看到一些宣传展板，一一浏览过去，未曾提到木斋图书馆。

东方文化图书馆、北平近代科学图书馆

同处黎宅，各司其职

关于东方文化图书馆之来由，王一心在《东方文化图书馆始末述论》中有详细讲述，该文谈到 1923 年 3 月 12 日，日本内阁会议通过了"对支文化事业特别会计法案"，此后经过众参两院通过，3 月 30 日日本以法律第三十六号形式公布了"对支文化事业特别会计法"，该法总计十条，其中第五条是关于资金支出的目的及事业范围：

（1）资助在支那国所办的教育、学艺、卫生、救恤及其他相关文化事业；

（2）侨居帝国的支那国人民与前项同种的事业；

（3）在帝国所办的与支那国相关的学术研究事业。

1923 年 4 月 4 日，中国官方向日方商谈此事，我国教育部特使朱念祖与驻日代理公使廖恩焘于当天下午同往日本外务省，跟日本外相内田康哉、亚洲局局长芳泽谦吉等人会见，当面陈述中国方面希望将图书馆建设纳入日本对华文化事业。当年年底，朱念祖受教育总长黄郛之派再赴日本，继续商谈此事。他接受《大阪朝日新闻》采访时谈到，夏季回国后："即在上海北京等处，历访朝野识者，征求意见，大抵皆主张设立图书馆博物馆美术研究所等，王正廷氏更主张创办大学，包含以上各种设施……"

1923 年 12 月 29 日至转年 1 月 8 日之间，中国驻日公使汪荣宝与日本对华文化事务局局长出渊胜次进行协商，于 2 月 6 日在东京正式签署了"汪—出渊协定"，其中第三项规定将在北京创设图书馆及人文科学研究所。对于这件事，王一心认为："建图书馆与否，所反映出的不仅仅是日本政府于'对支文化事业'开办项目的初衷与中国文教界乃至政府的愿望相左的问题。虽然日本政府后来对计划做了调整，毕竟是迫于中日社会各方面的压力。其只从自己的设想出发，罔顾中国人愿望的行事方式，不仅使得'对支文化事业'开局不利，其居心给中国人留下了负面印象，更成为'对支文化事业'整个过程在中国的进行诸般不顺的症结之一。"（《东方文化图书馆始末述论》）

日本对华文化事业设立了一个名为"对支文化事业调查会"的咨询机关，该会由外务大臣任会长，文化事业部部长任干事长。此会做出的一项决定是要用六年的时间，"在北京设置人文科学研究所并图书馆，在上海设置自然科学研究所,此三项事业之总预算为 535 万元"。

1925 年 5 月 4 日,日方提出两国共建协商组织"东方文化事业总委员会",中方同意了这个建议,派出十一名中国委员,该委员会在北京设事务所,此所先设在王府井大街大甜水井胡同 9 号,1927 年 12 月 18 日迁至东厂胡同 1 号与 2 号。此地原本是前大总统黎元洪的宅第,东方文化事业总委员会以 30 万元购买下这个宅院,以此作为北京人文科学研究所和东方文化图书馆的用地。但是按照 1924 年签订的"汪—出渊协定"中第八条规定"北京图书馆及研究所用地,由中国政府免价拨给",转年召开的第一届年会中,他们也在敦促中国尽快拨地 :"总委员会对于北京研究所、图书馆地基,希望中国政府从速拨给。"

为什么由免费拨付变为了用钱购地呢? 王一心认为出现这样的结果,"显然日本方面想免费获取图书馆等用地的愿望最终落空了"。

出现这种情况的原因,与当时的中国政局有重要关系,那时的几位执政者似乎不是亲日分子,比如曹锟、段祺瑞、顾维钧等。或许这种状况使日方的态度有所转变,致使他们开始在北京寻找合适地块,原本他们相中的宅第是礼王府,但最终购买下的是黎元洪的宅第。据称这座宅第是由江庸介绍,此后日本派工学博士伊藤忠太前来勘察设计。伊藤经过测量后,认为黎宅原有房舍可以直接用作研究所用房,却不适合用作图书馆。经其设计,此后东方委员会在黎宅空地内另行建造了一座图书馆,此馆的建设在测量后的六年方动工,施工方为天津赤山工程局,建造费用为 25 万元。

由此可知,这座图书馆的建设是由中国人最先提出的,日方接受了此建议,按照"汪—出渊协定",图书馆与研究所原本是两个独立单位,但此时两者合二为一,建在了同一地块上。王一心在《东方文化图书馆始末述论》中说 :"而仅仅过了半个月,在 10 月下旬东方文化事业总委员会召开的第二次临时总会上,委员们认为,既然东方文化图书馆的设立,已完全变为人文科学研究所编纂《续修四库全书总目提要》资料之用,脱离了原先公共图书馆的设想,再称之为'馆'显然不大适宜。大会因此决定,将'东方文化图书馆筹备处'的'馆'字去掉,改为'东方文化图书筹备处',变成附属于人文科学研究所的一个机构了。"

1934 年,东方文化图书筹备处更名为图书部,成为东方文化事业总委员会下设的四个部之一,此后他们制订了《东方文化图书筹备处章程》,该

■ 黎元洪故居正门

《章程》有六条规定："第一条，图书筹备委员掌图书之调查搜集事宜。前项图书即为将来应贮藏于图书馆及续修《四库全书》所需要之书籍。第二条，凡图书之购置，须经图书筹备评议员会之议决。第三条，图书筹备评议员会，由研究所总裁召集之，开会时，以研究所总裁为主席。第四条，图书筹备评议员对于图书之购置，得随时提议之。第五条，图书借阅规则及筹备处办事细则，均由图书筹备委员拟订，经研究所正副总裁同意后施行，并送总委员会委员长备案。第六条，本章程自民国十六年十一月施行。"

由此规定可知，东方文化图书馆建造的目的是续修《四库全书》，为此，他们要大量购买相关典籍。太初节译《东方文化总委员会及北平人文科学研究所之概况》中写道："图书筹备处时代之购书方针，以搜集将来成为独立之汉籍专门图书馆时所应储藏者为主，有善本主义之倾向，而于研究所续修提要必要之参考书，反形缺乏。近年以来则以续修《四库全书》编纂上必要之书籍为主，中止购买《四库全书》既收书籍，以研究部所编采访书目等为据，尤其努力搜集清人及近代人著述之深有关系于学术者。又以编纂工作上之必要，更着手采购满蒙文书，此外近代影印出版之戏曲小说等，其重要者亦随时购贮。"

1928年因发生济南惨案，中国委员集体退出东方文化事业总委员会，此时东方文化图书馆已搜集到各种古籍十几万部。1934年底天津《益世报》称东方文化事业总委员会："现已搜罗我国书籍不下数万卷，特在该会内设立中国图书馆，专陈列中国各种书籍，供给其来华日人阅览。"到1937年时，北京人文科学研究所称其每年的购书经费为两万元，当时《大阪每日新闻》报道："研究所于购买续修事业所必要的书籍时，并收集中国古书，借防古书的散佚。现正计划设立专门中国书的图书馆。至昭和十年止，所购书籍，包括各方寄赠的在内，已有十三万二千余册，计购书之费达三十六万八千余元。"

1934年，桥川时雄主持《续修四库全书总目提要》工作，这项大工程到1942年底因经费短缺而终止。抗战胜利后，东方文化图书馆被接收，其藏书量有三十余万册。此后桥川时雄在离开中国前，把《续修四库全书总目提要》编纂原稿连同东方文化图书馆的藏书一并交给了负责接收的沈兼士。这批藏书一部分归了北大图书馆，另一部分归中央研究院历史语言研究所。

对于编纂《续修四库全书总目提要》之事，陈晓华在《"四库总目学"史研究》中谈到了东方文化事业总委员会中中日双方委员的名单："段祺瑞政府委派柯劭忞、王树枏、王照、贾恩绂、江庸、汤中、胡复、王式通、邓萃英、胡敦复、熊希龄、郑贞文11人为'东方文化委员会'的中方委员。日方委员有入泽达吉、服部宇之吉、大河内政敏、大内为吉、狩野直喜、山崎直方、濑川浅之进7人。"

对于日本这个举措的目的，陈晓华在书中引用了蒋坚忍在《日本帝国主义侵略中国史》中所言："东方文化委员会，是日本政府拿我国庚子赔款来办的一种文化侵略机关，民国十三年我国驻日公使汪荣宝与日本政府的'对支文化事务局'出渊局长开非正式协定，竟容纳日方提议，成立所谓'中日文化临时协约'，从此日本假退还庚子赔款的名义，实行文化侵略的政策。他们计划预备在北平组织一文学科学研究所，在上海设立一个自然科学研究所，其重要目的，乃在研究我国地质、动植物、医药等。最近这东方文化事业委员会又在北平、东京两处开会，结果决议，一调查中国各省地质，二测量各地的地心重力，三调查长江流域的动植物，四研究医药上的某种问题，五派遣研究生。"

1928年济南事件后，中方委员集体辞职，对于此后的情形，陈晓华在书中写道："从此，由形式到实质均由日方控制，遂取消原来的聘请研究员制度，改为约稿制，撰稿人（日称'嘱托'）只领稿酬，无固定薪水，固定人员只限于几位日常工作者。但日方人员又并非人人热衷此项事业，于是遂造成了自1934年1月起桥川时雄独霸山头的局面。"

但是陈晓华同样认为中日双方学者为《续修四库提要》所做的工作和成绩，是值得肯定的。因为续修队伍中聚集了中日有关敦煌学、方志学、目录学、版本学等各方面的专家。1927年12月20日，北京人文科学研究所成立，确定由柯劭忞任总裁，王树枏、服部宇之吉任副总裁，以日本退还的部分庚子赔款为经费，先行纂修《续修四库全书总目提要》。

拟定书目工作从1928年1月开始，至1931年6月结束，共拟出书目27000余种，此后又增补，从第二期开始，因'嘱托'人员很少，故工作进展缓慢。陈晓华在书中说："至1934年1月，桥川时雄实际主持工作之后，作了积极的调整，在增聘孙人和等20余人为'嘱托'的同时，又专门设立了'方志提要编纂处'，聘请张国溶等10余人为'嘱托'。"

对于这些专家的工作成果，陈晓华在书中称："1941 年太平洋战争爆发后，研究所经费日趋拮据，至次年 5 月，1932 年开始的提要撰写工作基本上停止，共撰成提要稿 32960 余篇，大部分已打印或油印，留下近 8000 种的'待修书目'，因经费的紧张，不了了之，遂完全转入整理阶段。抗战胜利后，北平光复，这批提要稿及有关图书档案，全部由中方代表沈兼士正式接受。1949 年中华人民共和国成立后，最终归于中国科学院图书馆。"

对于《续修四库全书总目提要》稿的价值，陈晓华给出的结论是："《续修提要》虽是特殊历史时期的产物，但在任何历史时期都是一项巨大的工程。它的修撰，是我国知识分子劳动和智慧的结晶，是我国现代史上第一次大规模的古籍整理研究，在一定程度上清理了自《四库全书总目》以后我国的文化遗产，为后世子孙留下了一笔宝贵的财富。它的一些整理古籍和修撰的组织管理方法也很值得我们今天整理修撰古籍借鉴，其价值是不容忽视的。"

这些提要稿现藏中国科学院图书馆，原稿共 219 函，另外有 3 函现藏国家图书馆。1996 年，此整理稿由齐鲁书社出版，另外中科院还整理有《续修四库全书总目》一册，也是由齐鲁书社出版。这些成果成为研究续修四库最重要的史料。

关于桥川时雄的情况，十几年前琉璃厂书界前辈魏广洲先生向我详细讲述过他们之间的交往，由此让我了解到桥川时雄在版本上的眼光。桥川时雄回国后与魏广洲还有通信交往，我在魏老先生那里看到过桥川时雄写给他的信。此后我又看到文洁若在《一生的情缘》中谈到过她跟桥川时雄的女儿是同班同学："那时，我正在坐落于东单头条胡同的北平日本小学读五年级。班长是日本学者桥川时雄之女，叫桥川濯。父亲正失业，为了省点钱，我一向步行回家。濯和她弟弟每天有洋车接送。她奉家长之命，经常请我坐上他们那辆包月车。濯和我并肩而坐，比她小两岁的弟弟只好蜷缩在我们脚下。桥川一家人住在近代科学图书馆南头的小跨院儿里。该馆位于王府井大街北端，相隔一条马路就是华侨大厦。那是日本人用庚子赔款盖的。新中国成立后，易名为科学院图书馆，我曾在六十年代到那里借过书。"

此处提到了桥川时雄一家住在近代科学图书馆南头，对于此馆的情况，王燕在《抗战时期的北平近代科学图书馆》中谈到，1936 年 5 月，日本外务省确立了新的对华文化工作方针："中日之间,不必专事研究陈腐学问,或做考古学的研究,应先实行为中日两国国民亲善之工作。"

其具体措施之一就是"在中国各地新设日本文化图书馆,积极介绍日本文化"(王向远《日本对中国的文化侵略——学者、文化人的侵华战争》)。根据这一宗旨,日本政府在1936年7月选出山室三良、辻野朔次郎、大槻敬藏组成图书筹备委员会,9月1日任命山室三良为代理馆长,12月5日举行开馆仪式,定名为"北平近代科学图书馆"(以下简称"北馆")。

对于此事,石嘉在《抗战时期日本在华北的文化侵略——以北京近代科学图书馆为例》一文中也有类似讲述:"1936年7月,外务省选任北馆创立委员辻野朔次郎、大槻敬藏、山室三良,其中以山室三良为代表,开始着手北馆的筹建工作。山室三良,曾入九州帝国大学文学部专攻中国哲学史,复又得外务省资助,以在华日本第三种留学生身份,先后赴北京大学、燕京大学、清华大学等校继续从事中国哲学史研究,在中国接受较为系统的汉学训练与熏陶,回国后被聘为九州帝国大学文学部助教。由于此人精通中国文化,与中国各大学关系密切,加之热衷于日本在华文化事业,并具备相当的活动能力,于是成为主持北馆工作的最佳人选。"

由这些论述可知,北馆的创办年代要比东方文化图书馆晚一些年,并且北馆也是开办在黎元洪宅第上。两者使用的是否为同一馆舍,我未查得相应史料,于是向中科院图书馆版本专家罗琳先生请教,他告诉我说近代科学图书馆和东方文化图书馆是分别的两个馆,只是同时开办在黎元洪旧宅第内。王燕在文中写道:"1936年8月,北馆尚未正式成立,即借用东厂胡同东方文化事业委员会部分房屋,开办图书阅览业务。"

但是北馆开办时正赶上"华北事变"后中日交恶,华北人民反日排日风潮正盛,出于这种原因,参加北馆开馆仪式的政要很少,石嘉在文中写道:"北馆开幕当天,国内政界、学界与会者甚少,政界仅见冀察政务委员长宋哲元派遣钮先铮、北平市长秦德纯派遣张我军代表其参会,二氏均非政界要角。学界代表人物仅有国立北平大学校长徐涌明、国立北平图书馆长袁同礼等人。"

故山室三良首先需要解决的问题是缓解中国人的排日情绪。北馆在开馆后,山室采取了多种措施,王燕在文中举出了四项,其中有:"开办外借文库。主要目的是寻求与中国文化机构的合作,扩大北馆的影响力。1937

年底,北馆选取部分书籍,发往北平市立第一普通图书馆,这是1号外借文库。存续期间,北馆一共举办外借文库七次,分别发往中法大学、辅仁大学、男子师范学院、女子师范学院、新民学院、高等警官学院。"另外,北馆还举办图书资料展览会:"1937年12月7、8两日,北京研究图书资料展览会在北馆阅览室举行。参加者有北京图书馆、古物陈列所、东方文化事业总委员会、北京市立第一普通图书馆、燕京大学图书馆、辅仁大学图书馆、中法大学图书馆,钱稻孙及部分日本人,分别提供册数不等的图书。此次展览会共展出图书595种,图画15种,照片4种,涉及北京地图、地志、游记、北京研究资料、义和团事件资料等,两天内参观人数三百多人。"

从藏书特色角度而言,东方文化图书馆与北馆差异较大,前者重点是搜集中国的古籍,后者主要是搜集自然科学类书籍。1936年11月1日刊发的《日外务省文化事业部在平设科学图书馆》一文称:"其预定藏书计划,自然科学书籍将占总额百分之七十,人文科学书籍占百分之三十。"该文同时提及有些书是从日本直接购买的:"以三万五千元日金向日订购各种科学书籍四五千种,业有两批先后运平,共计四千五百余册,第三批不久亦可运到。"

另外北馆也得到了一些捐赠,比如宋哲元捐赠给该馆《四部备要》一部2500册,陈觉生遗孀赠给该馆各类书籍1600册,为此该馆设立了"觉生文库"。北馆在此后的一些年也大量购进书刊,石嘉在文中转引昭和十四年(1939)12月《北京近代科学图书馆概况》中的数据:"1936年该馆购进和受赠图书合计7845册、杂志384种、新闻27种;1937年图书21391册、杂志546种、新闻45种;1938年本馆图书36728册、杂志788种、新闻41种,西城分馆图书2694册、杂志264种、新闻28种;1939年本馆图书40888册、杂志762种、新闻77种,西城分馆图书3880册、杂志256种、新闻29种,北城阅览所图书802册、杂志133种、新闻19种。"

北馆在开办之初因营运经费太少,致使各方面工作难以开展,1935年10月3日《北京世界日报》刊发的《在本市设立之科学图书馆定月中成立》一文写道:"初创时期,经费不甚充足,如欲新建馆址实难举办。从权之际,惟有向东方文化事业委员会商洽,暂时借该会新落成之大楼,另外复以一万余元建办公室一所,修葺会客厅、职员宿舍及建设小书库之用,将来经费如果充足,将再觅地,建新馆屋。"

石嘉在文中说因经费不足影响到职员收入，当时北馆聘的司书苗竹风月薪初定 150 元，后减至 100 元，其他中国职员月薪更少，最少的仅有十几元。山室虽然屡次向外务省提议为苗竹风加薪，但收效甚微，苗氏等人最终提出辞职。此后由日本人菊池租继任司书，月薪才增至 230 元。

日本发动全面侵华战争后，该馆一度闭馆停止阅览，待日本完全控制华北后，山室抓住时机尽力扩大北馆业务，《北京近代科学图书馆一周年报告》中写道："这个图书馆虽冠名为近代科学，但不限于收藏狭义的科学书籍，而是一个近代科学化的图书馆，采取多量适应求学者所需要的、所实用的书籍，以满足求学者的欲求，处处体谅他们的热情，而改善之、增进之成为一个十全的图书馆。"

为了配合日军侵华以及扩大北馆在社会上的影响力，该馆举办了日语基础讲座，同时开办师范科，此科学期六个月，开设课程有修身、日本文化史、日本事情等十余门，同时还开办有日语研究会，为了配合基础讲座及日语研究会等，北馆编写了相应的教科书。

1937 年 10 月开始，北馆先后发行了《初级模范教科书》共三卷 400 册，《高级模范日文教科书》三卷 4600 册。北馆同时开设临时日语讲座，由此扩大社会影响力，经过山室的一番张罗，北馆业务迅速扩张。1938 年成立西城分馆，1939 年开设西城儿童阅览室和北城阅览所。另外，北馆还把一些书送到日本前线，王燕在文中写道："1938 年起，北馆开始举办前线慰问文库，把大批书籍运往前线供日军阅读，给予精神上的鼓励与支持。类似的文库一共举办过五次。"

在此期间，北馆还把清华大学的藏书拉到了他们馆，梅贻琦在《抗战期中之清华（四续）》中转引了第十六卷第一、二期合刊的《中华图书馆协会会报》中之所载：

清华大学图书馆，被占用后，即作为病院之本部，除新扩充之书库外，其他部分，殆全被利用，楼上大阅览室为普通病室，研究室为将校病室，办公室则为诊疗室药房之类。病者多系骨伤，故病室多标为"骨伤病室第几 ××"等字。各阅览室、研究室、办公室内之参考书及用具，多被移集一处，有移入书库者，有焚毁者，亦多有不知下落者，例如大部参考书，如大英百科全会（书），韦氏大辞典及打字机之类，无一幸存。迫至今年（三十年）五月中旬，日本华北军司令部（多田部队本部）始有整理清华图书、标本模型之议；二十九年底，满铁北支经济调查所，及华北交通会社，即有整理清华图书之倡议，因故未成事实，并拟有规程四种：（一）押收图书，标本，模型整理中央委员会则；（二）北京清华大学押收图书，标本，模型整理实施要领；（三）押收图书，标本，模型整理要纲；（四）押收图书，标本，模型整理实施要领（以上均日文）。同时指定得参与之机关七处，及各机关得遣派之整理员若干名（略除），于五月十四日起，即开起整理。

对于当时的挑书方式，该文写道："其整理手续，系先按门类依次排架，然后再行各按所需，从中挑选，只以年来书库内无人清理，且他处书籍之移入书库者，率皆随意业置地上，因之书库内，颇形凌乱，而窗破之处，亦所在多有，以致尘土积封，蛛丝牵挂，故整理上，亦煞费手续，直至七月初始行藏事。风闻此次整理清华图书之目的，及参与斯事各机关，原可各就所需，携归私有，故挑选时，争先恐后，不遗余力，费时数周，始可选竣，嗣因他故，遂罢前议。后又拟将清华图书，全部寄存北平近代科学图书馆，该馆馆长山室三良氏曾往清华视查一次，以数量过多，该馆无地容留，乃又作罢。"

但是，北馆还是拉走了一些书："至此始有将各机关所挑选者寄存现代科学图书馆，余者拨交'国立北京大学图书馆'保存之议，几经伪教育总署（华北教部今称）与日方磋商，始成事实。除关于军事图书若干，禁书（抗日、共产、马克思，社会等主义，国民党及国民政府宣传品，及反新民主义图书）约一万册，各机关所选图书（其中以方志及应用科学图书为多，方志一本未留）约四万册（内中多有以一函为一册者，故确数当不止四万册），于七月十五至十八日之间，由军部、新民会及近代科学图书馆分别运走外，拨交北大者，约二十万册，于七月三十一日始行搬运。除教署、北大，及清华保管处，均派有多人从事料理外，并雇有佚（佚）役数十名，负装卸搬运之责。每日雇用汽车五辆，每辆约载二千册，每日运送两次，至八月二十一日，始全部运完。此外书库第一二层钢架，北大本拟拆用，嗣以与上层之顶力有关，拆后恐至坠落，遂拆用第三层之钢架。北大分得十八列（每列十格，每格钢板七层，双长，合每格钢板十四块），近代科学图书馆分得十列，新民会分三列，日病院留一列。钢架以外，尚有全部目录柜，亦由北大取走，又书档六千余个亦归北大所有，至此，历史悠久，宝藏丰富之国立清华大学图书馆，其寿命遂告终焉。"

抗战胜利后，傅斯年代理北大校长，派人前去接收了北馆及其藏书，陈雪屏在《北大与台大的两段往事》一文中写道："抗战胜利以后我早在三十四年10月便回到北平，当时政府已任命胡先生为北大校长，在他未返国前校务由孟真先生代理，我的第一件任务是赶到北平接收北大校产，准备学校复员。"

傅斯年努力为北大争取校产，其中之一就是北馆，陈雪屏写道："在短短半年之间，孟真先生又为北大争取得很多的校产，如改建以后的相公府、东厂胡同黎元洪的故居，与旧国会大厦等。"对于傅斯年这么做的目的，傅亲口对陈雪屏讲："关于行政上的业务，我们应先替胡先生办好，将来不劳他操心，即以校产为言，他断不愿和别人抢东西的。"

可见傅斯年知道胡适太过绅士，不好意思跟别人抢东西，他却不管那一套，想方设法多占敌伪产业。比如他给李宗仁等人的电报中称："本校校址不敷亟等购置民房，拟请将后门、沙滩、马神庙、南北池子、皇城根、南夹道、南河沿一带及西四至西单间之敌伪房产尽先拨归本校价购以资应用。"

经过一系列争取，清华损失的一些书及书架等最终运了回去，侯竹筠、韦庆缘主编的《不尽书缘 忆清华大学图书馆》中有《图书馆简略大事记》，文中称："1945 年：日本宣布无条件投降。接收图书馆后，经过半年多的努力，拆除日军在馆内添设之物，将图书馆恢复原貌。毕树棠先生等负责将图书陆续从伪北大、伪近代科学图书馆、伪新民会、日本军部及其它各处收回，但损失过半。馆内部分钢铁书架、目录柜、屉柜、书档等设备也陆续运回。"

北馆的主体藏书大多归了中科院图书馆，厉莉在《中国科学院图书馆馆藏近代图书概况》中写道："馆藏'近代系统图书'，是指 1936 年 7 月成立的'北平近代科学图书馆'（1937 年后称'北京近代科学图书馆'）的藏书。该馆是由当时的日本政府出资兴建的。地点在王府井大街九号，借的是当时的东方文化事业总委员会的部分楼屋。据称该馆创建目的是'收集近代日本于各方面所发达之科学的研究精华，介绍于中国，以供中日两国好学之士来自由研究为中心'。但是，从当时的形势看，1931 年日本发动'九一八'事变侵占了我国的东北地区,1935 年他们又发动'华北事变',将侵略的魔爪伸向了中国的关内,这个图书馆的建立正是配合日本人对中国的军事侵略而进行的文化侵略。1945 年随着日本的投降,'北平近代科学图书馆'被国民党政府接收。1950 年在原'北平近代科学图书馆'的旧址上成立了中国科学院图书馆,'北平近代科学图书馆'的图书资料被中国科学院图书馆接收。"

对于北馆的藏书数量及分类法,厉莉在文中称:"在'北平近代科学图书馆'存在的几年里,共收集图书期刊 6 万余册,文种主要为日文,兼有中文、西文。这些文献大部分是日本当时各方面的科学著作(包括自然科学、社会科学)、报告、统计资料等。同时,还购入中国翻译出版的日文书籍和杂志。此外,还有当时中日两国各机构、学校所赠的图书和杂志。这些书以十进分类法分类。学科是:精神科学、历史科学、社会科学、语言学、自然科学、农学、医学、工程等。"

北馆的藏书至今没有打散,依然完整地保存在中科院图书馆中,纪昭民在《中国科学院图书馆所藏日文图书及其查找方法概述》中称:"北京近代科学图书馆是日本人于 1936 年年末正式成立的(代理馆长山室三郎)。成立时有藏书约 8000 余册,杂志等近 400 种,到 1940 年末已有藏书约 52000 余册,杂志和各种报告类等约 1500 余种,报纸约百余种。绝大部分藏书是日文的,也有一些是中文和西文的。'科图'接收以后,将其中的期刊、报纸抽出另藏,其他未动,一直保留着其原体系。"

2022 年 3 月 6 日、7 日,我用两天时间去探访了几家图书馆旧址。因为都在老城区内,停车十分不便,于是以锻炼为名,步行了大半天。从东四穿过报房胡同一直穿行到王府井大街,看到马路对面有一条小巷,走到路口时却没有看到胡同牌,向旁边一位倒垃圾的大妈打问东厂胡同在哪里,她说不知道,一位经过的路人顺口告诉我说,这就是东厂胡同。我在一块"街巷环境整治提升公示牌"上果然看到了"东厂胡同"字样。按查得的资料记载,这两所图书馆后来改为中科院近代史所,但走到第一个大门时,看到这里挂着的牌子分别是"中国社会科学院财经战略研究院"和"工业经济研究所",感觉这不是我要找的地方,于是继续前行。

走到胡同中段时,终于在一个交叉巷中看到了东厂胡同标牌,旁边有介绍牌,称这里是明代的特务机构东厂所在地,几经改名,抗战胜利后仍称东厂胡同。上面还说，这里原本是清末军机大臣荣禄的宅第。

对于这段演变史，邓可因在《世事沧桑话东厂》中有详细介绍，因为他在东厂胡同居住了18年，了解到许多的细节。文中称清初明史馆就设在东厂胡同，乾隆年间这一带又成了镶白旗满州官兵的驻地。道光年间礼部尚书瑞麟在此建住宅："英法联军侵入时，他带兵迎战，打了败仗，被罢官。同治年间又被任命为两广总督。瑞麟的后人佛荷汀在东厂胡同'大治屋宇，又辟园亭'，名为'馀园'，取富贵有余之意，园内'邱壑无多，然甚闳敞，河流甚长，树木尤佳'。据说，北京之有磨电灯，就是从这里开始的。整个的建筑布局，西南是屋宇，东北是园亭。庚子（1900）后，这里曾办饭庄，名'馀园'饭庄。"

邓可因在文中写到同治年间的军机大臣、光绪年间的兵部尚书、协办大学士沈桂芬也住过这条胡同。另外光绪年间大学士直隶总督荣禄先住菊儿胡同，又移住东厂胡同。此后瑞麟住宅成了黎元洪的宅第。对于这个转变，关立勋主编的《中国文化杂说·4·北京文化卷》中简述说：

> 袁世凯为笼络他，买下东厂瑞麟故宅送给黎元洪。黎元洪后借故把买住宅的钱又还给了袁。1916年6月，袁世凯死后，黎元洪以副总统继任总统。不过好景不长，一年后（1917），张勋等拥废帝溥仪复辟，赶跑了黎元洪，黎开始躲到东交民巷日本使馆，电请冯国璋代行大总统职权。7月14日，黎元洪宣布下野，举冯国璋继任大总统后，移居天津。东厂房子闲置起来。1922年6月11日，黎元洪再度出任总统，仍回东厂居住。这次回京，他把东厂住宅重新修饰一番，并将大门从东厂胡同改在王府井大街上，门坐西朝东，周围的围墙也重修了。在墙的东北角下方，有一石碑，上刻"黎大德堂界址"。1923年6月18日，刚当了1年零7天大总统的黎元洪，又被曹锟赶下台。他只好再回天津居住，新修的总统宅又一次闲置。1926年，黎元洪在天津登报出售东厂住宅，被日本在中国的文化特务机关"东方文化会"购得。至此，东厂住宅与黎元洪彻底脱离了关系。黎元洪1928年在天津病死。

胡同的介绍牌中称胡适和邓广铭曾在此居住过。邓可因在文中称沈兼士接收东方文化事业委员会后，将其移交给中央研究院历史语言研究所，所长傅斯年以东半部为历史语言研究所的北平分所,西半部借给北大校长胡适做其住宅和部分教员的宿舍。胡适在此居住了两年半,在这里与黎锦熙、邓广铭合撰了《齐白石年谱》,还写了多篇《水经注》的考证文章。1949 年后,科学院院长郭沫若在此办公,另外范文澜也住过这里。

这还真是名家荟萃之地。但是我沿着这条胡同转了一圈,甚至把小岔路也走了一遍,也未能找到这两座图书馆的旧址。问过几位从胡同中走出的人,大多称不知道,也有人说你去找老人打问,可见如今住在这些老平房中的有不少是租户。

无奈只好重新回到胡同口的那个大门前,透过铁栅栏,向收发室内的人大声打招呼,从里面出来一位年轻人问我有何事,我说自己来找黎元洪故居,他听清我的所言,打开了铁栅栏门,我立即入内,向他出示相关证件。这位年轻人很通情达理,爽快地告诉我说,故居大部分都拆了,但还有留存,处在院落正中,说完带我前去探看。

而今这个院内有几座高楼,这里已然是寸土寸金的商业之地,能有古建留存真可谓奇迹。这里还有一个院中院,门口挂着牌子,说明这里是科技考古中心。年轻人告诉我,到这里拍照即可。

古建处在楼体的夹缝中,在一平台上,台高不足两米,有新护栏通向走廊门口,廊前一丛绿竹,给水泥森林增添了不少生气。我没有急着登门,而是沿着旧居的外墙转到另一侧,这边用一些景观石垒成了台阶。沿台阶上行,看到了黎元洪故居文保牌,终于找对了地方,为此大感兴奋。

故居有前廊,正门上着锁,透过玻璃看到里面布置成了会议室的模样,藻井做得很精彩,只是里面的家具都是现代办公桌椅。站在回廊上张望,这座故居的前方还有院墙,似乎正门在这个方向。依我的感觉,这个门应当开在翠花胡同,这里上着锁,我想等到走出院落后转到胡同里再拍院门外观。

院的前方还有一排老房子,走过去探看,这里即是科技考古中心。这排平房也挂着锁,门口贴着考古研究所基建办的招牌。玻璃有窗帘遮挡,看不清里面的样子。但可以肯定这是当年黎元洪故居的一部分,原来那个宅院有几百间房,而今却剩下寥寥的几间,多少有些感慨。

走到门口向那位好心人郑重道谢,然后转到王府井大街,而今这一侧是高大的学者公寓。转到翠花胡同,未承想这一侧盖起了高高的围墙,原

■ 喜人的绿竹 ■ 黎元洪故居侧脊

来黎元洪故居的院墙包在了此墙之内，完全无法拍照，只好转到学者公寓的侧门。这里的门牌号是王府井大街 27 号，各种文献上说这两座图书馆处在此号内，原来这里才是正门。但是这里大门紧闭，走到近前探望一番，没有看到管理人员，说不定也是因为疫情封闭了，只开东厂胡同口。我不好意思再走回东厂胡同麻烦那位好心人，只好把相机举起，从上方随意拍了一张。然后将照片放大，看到大门两侧挂着两个招牌，招牌上的名称跟侧门完全相同。

福德图书馆

埃及国王赠书，成达师范建馆

民国年间，福德图书馆创办于北京东四成达师范学校内。关于这家图书馆创建的时间及藏书特色，范宝在其主编的《福德图书馆馆藏古籍目录》（以下简称《馆藏目录》）一书的前言中称："福德图书馆始建于1936年，其馆藏图书数量之大、种类之繁为当时国内之冠，被誉为'东方回教唯一的图书馆'。它的建立为成达师范学校师生乃至全国学术界开展伊斯兰文化研究提供了宝贵的资料。福德图书馆及其馆藏古籍是北京伊斯兰教的珍贵文化遗产，也是北京伊斯兰教文化的重要组成部分。"

如此有特色的一家图书馆，创办人乃是马松亭。马松亭，名寿龄，字松亭，以字行。光绪二十一年（1895）出生于北京，幼年时继承父业，学习伊斯兰教义教规，长大后到各地游学，受教于达浦生等多位著名伊斯兰学者，攻读伊斯兰教典籍。1921年，马松亭在北平花市清真寺穿衣挂幛。

民国初年，中国伊斯兰教兴起办学热潮，左芙蓉在《民国北京宗教社团：文献、历史与影响》中讲道："1911年，孙中山领导辛亥革命推翻了腐朽的清政府，次年正式建立中华民国。孙中山提出汉、满、蒙、回、藏'五族共和'和'民族平等'的主张，民国政府和民国约法从法律上承认伊斯兰教的存在，规定信仰自由，为伊斯兰教的进一步发展提供了较为有利的条件，激发了中国穆斯林振兴伊斯兰教的热情，他们建立伊斯兰教团体，与时俱进，适应急剧变迁的社会。"

1912年，王宽发起组织中国回教俱进会，并担任副会长、理事长等职，提出了"兴教育、固团体、回汉亲睦"的主张，得到了全国各地穆斯林的响应。同年，王宽见到了孙中山，他表示支持反封建的民主革命事业。二次革命失败后，孙中山为反对袁世凯的复辟帝制，在广东组织军队准备北伐。左芙蓉在书中写道："（孙中山）曾致函王宽，请其举西北实力参加革命，王宽即派门生孙绳武赴广州为革命效力。"

想来马松亭是受到了当时环境的影响，他从学校毕业后，深感中国回族教育落后，立志要改变这一现状。这正如《成师月刊》1934年第一卷第四期上发表的"本校史略"所言："鉴于吾教之日就衰落，因念欲阐扬教义，启发回民，非先造就健全师资，以领导民众，促进教育，不足谋伊斯兰之进步。"

1925年，马松亭应聘来到济南，任穆家车门清真寺教长。他看到旧式清真寺培养出的海里凡认识阿拉伯文和波斯文，对中国传统经典却不熟悉,同时这些人也不学习近现代科学文化。马松亭觉得这种学习方式不能适应时代发展的需要,决心革新旧式经堂教育。

他的想法得到了穆华庭、唐柯三等人的支持,他们决心创办一所新式的伊斯兰教学校,培养教长、校长、会长一体的新型阿訇。唐柯三建议将这所学校取名为"成达师范学校"(以下简称"成达师范"),寓意成德达才,校址设在济南穆家车门清真寺内。

该校设立了董事会,由穆华庭、唐柯三、马松亭等12人组成,由唐柯三拟定学校章程并担任校长,马松亭担任总务主任,但唐柯三当时任济南道道尹,公务繁忙,故成达师范的实际工作由马松亭负责。

唐柯三名仰槐,字柯三,后以字行,回族人,祖籍山东邹县,祖父唐晋徽是清朝翰林。唐柯三在清末考上北京优等师范学堂攻读化学,他在北京读书时就与安铭共同出资创办了宛平民立初级小学,但前来此小学读书的孩子很少,尽管唐柯三挨家挨户去动员,也只请来了少数学童,不久这所学校就停办了。

成达师范采取四二制,前四年为初级师范,后二年为高级师范,课程设置有历史、地理、数理化、自然、英语等25门,同时还学习教育概论、教育心理学、会计概论等,此外,六年中每一学期都设有伊斯兰教理论课程。学生最初均来自济南,有12人。按照章规,学校招收的学生应是高小毕业,但实际上当时读完高小的人太少,后来又从泰安等地招收了几位文化程度较高的学生,因此第一班开学时共有19名学生。

当时学校设施非常简陋,既无图书也无教具,学生的课桌都是用砖头、木板临时搭起来的,学生买不起文具,就把竹片削尖后当笔来抄书。王伏平在《马松亭阿訇与成达师范》一文中称:"因经济困难,他(马松亭)不仅主持教长职务及授课,还要担任学校校工的工作,摇铃、操作,而且还是厨师之一。"

学校开办后不久就赶上了1928年的济南惨案,日军突然进攻国民党北伐军,强行占领济南,成达师范的教学陷入停顿。马松亭是北平人,在北平有不少的熟人,因此建议将学校迁往北平继续开办。马松亭先返回北平,见到了中国回教俱进会会长侯德山以及北京几座清真寺的教长,他们均表示支持此事,最终选定东四牌楼清真寺为校址,此即今日之北京东四清真寺。1929年初,成达师范从济南迁到了北平,同时改名为北平成达师

福德图书馆外观

范学校。

迁入北平的成达师范，在教学方法上继续采取开放态度，马松亭陆续邀请著名学者来校教课或做学术演讲。黄庭辉在《略论成达师范学校》一文中称："其中有顾颉刚讲《发扬回教文化精神》，徐炳昶讲《宗教与科学》，韩儒林讲《福德图书馆之回教文化及中国文化》，陶希圣讲《中国儒释道三教关系变迁的概略》，姚从吾讲《历史上看回教文明对中西文化的关系》，梅贻宝讲《西北四省概况与回汉问题》，冯友兰讲《青年的修养》，张星烺讲《中国历史上两位回教名人的事迹》等。"

1934年夏，成达师范第一届学生毕业了，学校举行了盛大的毕业典礼。马松亭在高兴之余，觉得应当让学生们进一步深造，他想选派优秀学生到埃及爱资哈尔大学去就读，该校已经有了七百多年的历史，是伊斯兰界规模最大、资望最高的学府。

马松亭想办法与埃及国王福德一世取得了联系，提出愿意送一些学生到埃及留学，福德国王表示欢迎。于是在当年秋天，马松亭带领第一届毕业生中的张秉铎、马金鹏等五人前往埃及首都开罗。后来成达师范又送了两批毕业生前往埃及留学，前后三批学生共计40人。此事在社会上引起轰动，《中国回教青年学会会报》1937年第3期转载了国内外一些报纸刊发的相应消息，其中北平报载："北平成达师范学校马松亭阿衡（訇），前代表该校赴埃及考察回教文化，并庆贺新王法鲁克一世，吊唁故王驾崩，现已事毕，已于1月11日返国抵平，平方各回教团体闻讯前往欢迎者，计有回教俱进会、回民公会、西北公学、新月女校、成达师范学校全体师生约七百余人，马氏下车后，即乘汽车赴该校云。"（转引自左芙蓉《民国北京宗教社团：文献、历史与影响》）

马松亭的埃及之行取得了一些成果，其中之一是埃及国王同意派两名教授前往成达师范任教，黄成俊的《求真集》中有《创建"成达"的马松亭大阿訇》一文，该文称："1932年，马松亭以成达师范代校长之名，率该校毕业生张秉铎、马金鹏、金殿贵、王世明、韩宏魁等赴埃及艾（爱）资哈尔大学留学。埃及国王福瓦德应马松亭之请，同意派2名艾大教授到成达任教，并赠送成达图书。"此行还达成了其他一些协定，王伏平在《马松亭阿訇与成达师范》中写道："在埃及受到当时的国王接见，代表成达师范与爱资哈尔大学签订民间的'中埃文化协定'，建立了'中埃文化协进会'。"

对于马松亭第二次前往埃及的细节,上海报载:"北平成达师范学校创办人马松亭阿衡,于今年10月间二次赴埃,代表该校庆贺新王法鲁克一世,在埃京(开罗)月余,晋谒该国国王及国务总理纳哈斯巴沙氏,曾受热烈欢迎,马君于二十一年(1932)曾往埃及,晋谒该国国王福瓦德一世,承该国捐赠大批图书,并派遣博士二人来华,任该成师义务教授,并尽量接受吾国派往学生,特设中国留埃学生部,委沙儒诚君为部长,现马氏带回该校留埃学生马金鹏、金殿贵二人,于12月28日中午乘意轮'康脱凡第'号归国抵沪,轮停百老汇路招商北栈码头,本市各回教堂代表哈德成、达浦生及该校创办人现任蒙藏委员唐柯三、伊斯师范学校全体师生、沪西云生小学校代表马天英及马氏之亲友常子春、马宝岑等百余人,均往招商北栈码头欢迎,闻马氏抵沪后,即下榻浙江路回教堂,耽搁一二日即往北平云。"(转自左芙蓉《民国北京宗教社团:文献、历史与影响》)

此次埃及之行,马松亭得到了埃及国王赠送的一批图书,此事意义重大,王孟扬在《一个由中国回民自办的北平成达师范学校始末纪实》一文中称:"过去在中国的伊斯兰世界中,既少有现代型的师范教育,更缺乏图书馆的设备。所有经书,除古老的清真寺藏有少数的经籍之外,一般只由少数私人保存,购买既不可得,借阅也非易事。在马松亭保送第一批学生到达埃及时,曾向国王福德一世提起此事。马松亭阿訇认为为了促进中阿文化交流,深究伊斯兰教义,希望能在中国创办一所规模较好的图书馆。福德国王表示支持,并即拨了一笔款项,指定由教务院配给一批数量可观的阿文经书,作为兴建中国伊斯兰图书馆之用。"

关于成达师范收到赠书之事,1937年8月20日《塔光》第四期刊发的署名"书生"所写的《成师考送留埃学生》一文称:"北平成达师范学校马松亭阿洪,为沟通中埃文化起见,于今春出国,远赴埃及,备受彼邦人士之欢迎。复蒙埃及新皇法鲁克一世,慨允保送中国留学生二十名于爱资哈(尔)大学,除豁免学费外,并自费每名月津贴三金镑,以示优待。此外,该国首相那哈斯氏以下各政要暨全国文化界,复纷纷以出版物举赠成师所办之福德图书馆。"

王志远主编的《伊斯兰教百问》中有"中国有《古兰经》抄本吗",谈到马松亭在收到国王的赠书时,也回赠了中国阿拉伯文书法家抄写的

《古兰经》："清末有位花巴巴,抄写的经文又多又好,名气很大。马松亭阿訇当年访问埃及,曾将花巴巴手抄《古兰经》赠国王福德一世,深受国王珍爱；国王回赠给中国穆斯林一批阿拉伯文典籍,松亭阿訇回国后,与其他同志共同创办了福德图书馆,一时间成为流传于中国穆斯林之间的佳话。"

除此之外,埃及政府也赠给成达师范一些书,黄庭辉在《略论成达师范学校》中称："埃及政府由爱资哈尔大学出面,发动全国募捐图书；同意接受 20 名中国学生到爱资哈尔大学学习,并一切费用概由新任法鲁克一世私人负责供给。"

成达师范得到了这批书后,以此为基础,在东四清真寺内建起一座图书馆,王孟扬在文中写道："马松亭阿訇回国之后,通过校务会议,决定在东四牌楼校址处,兴建一座图书馆,庋藏中阿经文典籍以及现代的中西文文、史、哲方面的图书,以供教学和市面阅览之需,并定名为'福德图书馆',取纪念福德一世之意。为了扩大影响和便于得到社会支持,易于筹款起见,特成立福德图书馆董事会,聘请顾颉刚、徐旭生、张星烺、姚从吾、陈垣、白寿彝等教授,以及校方和社会上一些重要人员为董事。"

对于该图书馆的价值,白寿彝的《白寿彝文集》第 2 卷《伊斯兰史存稿》中有《三十年来之中国回教文化概况》一文,该文在"图书馆及书报阅览室"一节中说："书报阅览室在最近 10 年中,几于普遍全国。此项阅览室大都附设于各地清真寺中。盖教育逐渐发达,而后求知欲乃愈随之膨胀,于是书报阅览室乃应运而生。吾人于回教定期刊物中,则时时瞥见某处书报阅览室征求书报；某地书报阅览室鸣谢赠书；比年以来,有增无已。盖于清真寺中辟洁室数间,庋藏若干书报于其中,任人入览,斯已矣。既无经常必需之开支,更不需要若何之设备,故轻而易举,不易中辍且与日俱增也。"

此处所谈的是较为简单的报刊阅览室,因为回族人所建的图书馆很罕见,白寿彝在文中仅举出两个例子,他认为这两个例子中,以福德图书馆建造得最为壮丽："至于规模较备之图书馆,则大率附于各中等学校,暨规模宏大之小学中,如'淑贤图书馆'之附诸西北小学一部是。至若成达师范学校之'福德图书馆',庋藏埃及王福德一世颁赐之大量回文经典,在中国尤为鲜有。最近该校特筑楼房以为馆址,规模尤壮丽云。"

研經習典立嘉行

讀書明理宏正道

建造图书馆需要一笔不小的费用，当时成达师范是通过募捐的方式来筹集此款，范宝主编的《馆藏目录》的后记中写道："1934年，成达师范学校董事会在《月华》杂志上刊发《成达师范学校建筑福德图书馆募捐启》，积极向社会各界筹款。1936年夏，经校董事会集体协商，计划投资5000元，建楼房22间以为福德图书馆。同年6月5日，福德图书馆建设工程正式启动，8月竣工，9月22日在东四清真寺成立北平成达师范福德图书馆筹备委员会。"

为了提高福德图书馆的藏书质量以及便于研究藏书史，该馆还成立了筹委会，筹委会的成员全都是那时的学术大家，范宝主编的《馆藏目录》后记中写道："马松亭阿訇在筹委会成立大会上呼吁各界学者群策群力，打破回汉隔阂，沟通中阿文化，以对中国有极大的帮助。福德图书馆筹委会的成员包括蔡元培、顾颉刚、白寿彝、陈垣、翁文灏等学术界名流共27人。它的成立，体现出海纳百川、兼收并蓄的学术风范和人文精神。"筹委会委员中还包括朱家骅、黎锦熙、冯友兰、张星烺、陶希圣等学术大家。

马松亭总计得到了埃及国王及爱资哈尔大学捐赠的阿拉伯文图书441部，他回国后以此为契机，继续征集图书。此前该校得到赵璞华捐赠的《万有文库》一部。在图书馆委员会成立后，公推顾颉刚、唐柯三、白寿彝三人为常务委员，他们为该馆发出了《征书启》，很快得到了社会反响。黄庭辉在文中写道："埃及政府及爱资哈尔大学、埃及大学等即捐赠大量图书。又从国内外收到捐款7400元和图书1420种3157册。福德图书馆得到充实。1937年成师南迁后，由常子萱、张鸿韬留守经营。解放后，该馆部分图书存中国伊斯兰教协会，其余由东四清真寺保存至今。"

对于福德图书馆创建的意义，黄成俊在文中称："成达师范建立的'福德图书馆'，是我国近代史上第一个以伊斯兰文化为主要内容的图书馆。"

关于福德图书馆藏书总量，范宝在《馆藏目录》前言中先谈到了编写此目录的起因："在北京市宗教局的大力支持下，北京市伊斯兰教协会自2014年年底启动了福德图书馆古籍整理及保护研发工作，成立了古籍整理研究工作领导小组，组织十余名工作责任心强、宗教学识好、阿拉伯语水平高的年轻阿訇开展了古籍整理工作。"之后该文给出的古籍总量是："共收录元、明、清及民国时期手抄或印制的与伊斯兰教相关的古籍1155

种。"

对于该馆所藏最早的古籍,范宝在前言中说:"被列为国家一级文物的元延祐五年(1318)由穆罕默德·伊本·艾哈迈德书写的手抄本《古兰经》尤为珍贵。"

对于该书的抄写者,王志远在《伊斯兰教百问》中称:"中国穆斯林的抄经历史,起码始于元代。据史书记载,元世祖忽必烈之孙阿难答(?—1307)皈依伊斯兰教后,终日在军中诵读《古兰经》。他读的经是从国外传入的,还是国内穆斯林抄写的,现已很难考证。但迄今发现的一部最早的抄本《古兰经》,确为元代之物。该经现存北京东四清真寺。抄经时间为伊斯兰教历718年6月,即元延祐五年(1318),至今已整整670年了。抄经人姓名:穆罕默德·伊本·艾哈麦德·伊本·阿布都拉合曼。"

难得的是,王志远在书中还解释了伊斯兰抄经方式和用纸方面的特殊性:"中国穆斯林抄经极为讲究,抄本质量很高。中国的宣纸世界闻名,纸质洁白、细致、柔软,经久不变,不易虫蚀,便于长期存放。但这种纸又薄又软而且带有毛性,不适宜用竹片、木板书写阿拉伯文。中国穆斯林先将这种薄纸用浆(糨)糊裱厚,再用鹅卵石在裱好的纸上轧碾以去其毛性,使之成为又光又硬的写经纸。"

除了征集图书,马松亭还希望成达师范能够出版一些阿拉伯文书,但是他得不到阿拉伯文字模,于是他在埃及买到了一些活字,以此做字模制作出了阿拉伯文铅字。黄成俊在文中写道:"1933年以前,中国伊斯兰教经典印刷均采用木刻或石印,或汉文铅印。赵振武先生秉承父志,早就想把阿文变成活字印刷。1932年他随同马松亭阿訇访埃,挤出款项购买了30多磅阿文活字,两人随身携带回国。次年成达师范经过若干周折,请工人将阿文铅字鼓铸成功,从此中国才有了活字排版的阿拉伯文印刷书刊。"

"七七事变"爆发后,北平被日本人占领,成达师范的师生们不愿在敌伪统治下办学,马松亭和唐柯三在武汉见到时任国民政府军事委员会副参谋总长白崇禧,白崇禧建议成达师范学校迁往桂林。1938年1月上旬,该校师生分水、陆两路秘密南下,马松亭率领一些师生走水路,他们先到天津,然后乘船到广州,从广州辗转到湖南衡阳。另一路陆路南下,最终在衡阳汇合。白崇禧派三辆货车和两辆吉普车,将师生七十多人送到了桂林。

在桂林期间,成达师范继续办学,马松亭除了教学外,还积极参加抗日活动，黄成俊在文中写道："抗战期间，马松亭参与了72名教授签名的'抗日宣言'。在桂林市应邀参加了周恩来举行的'第三方面人士座谈会'，积极响应共产党'坚持抗战'的号召，周恩来称其为老朋友。在重庆时他拒绝国民党行政院长孔祥熙要他当行政院顾问的邀请，又拒绝了参选国大代表的提名。"

桂林失守后，成达师范撤到了重庆，黄成俊在文中说："到重庆后，办起了'伊斯兰经学研究班'，聘请郭沫若、马寅初、老舍为研究班学员讲课、作报告、畅谈国内外形势。"

对于马松亭此后的情形，铁木尔·达瓦买提主编的《中国少数民族文化大辞典》中称："1945年返回北平，创办伊斯兰经学院。……先后任中国伊斯兰教协会副主任和中国伊斯兰教经学院名誉院长、全国政协委员。撰有《回教与人生》《古兰经要义》等。与达浦生、哈德成、王静斋共称近代四大阿訇。"

张志军等在《河北宗教简史》中亦称："（马松亭）抗日战争中应邀参加了周恩来同志举行的'第三方面人士招待会'，并指示中国留学生在埃及与'伪回教朝觐团'开展坚决斗争。新中国成立后，曾应周总理之邀，出任北京西单清真寺教长，并随贺龙元帅赴朝慰问志愿军。历任中国伊斯兰教经学院副院长，中国伊斯兰教协会第二、四、五届副主任、副会长，中国人民政治协商会议第二、五、六、七届委员。"

东四清真寺位于东四南大街13号，关于其始建年代，有两种说法，徐安德主编的《情系东城：东城区爱国主义教育基地、遗址、现址大观》中有《东四清真寺》一文，文中提到第一种说法是："始建于元至正六年（1346），传说宋元期间有筛海尊哇默定的第三子筛海撒那定在北京东城建立清真寺，此寺即可能是今日东四清真寺的前身。因为当时北京回民很多，故有可能在回民集中而又繁华的东四牌楼处建一座清真寺。"而另一种说法则是："建于明正统十二年（1447），由明代后军都督同知陈友于明景泰元年（1450）捐资创建，并由明代宗朱祁钰敕题'清真寺'门额。"

我在网上搜该寺网页，上面写明这里每天都开放，但没有提到在疫情期间是否对外开放，我决定前去试一试。2022年3月6日，打车前往，下车后看到了马路对面的清真寺院门。而今其两侧全是新式建筑，这座中式古建看上去仅剩下窄长的一条。

走到近前，紧闭的铁栅栏上面挂着一纸公告："为保障广大信教群众和教职人员安全健康，维护当前首都疫情防控总体形势，经本场所研究决定，自 2022 年 1 月 17 日零时起，本场所暂停对外开放，暂缓举行聚集性宗教活动，恢复时间另行通知。"

看来此地已经关门近两个月，难怪门口冷冷清清，不见一个人影，我只好在门口一边徘徊一边拍照。正在此时大门从里面打开了，走出一位年轻人，他前去开旁边的电动车，不知何故车锁开不开，几分钟后从院内又走出一人，两人商量着什么，之后铁栅栏却自动打开了，看来此门有遥控。我立即抓住这个机会，走入院内，二人问我有何事，我向他们解释来此想拍福德图书馆，他们很和善地告诉我，因为上级要求，这里不能入内拍照，他们建议我疫情结束后再来。

我向二人解释自己要完成这篇寻访之文以便交稿，而病毒不知道何时才会烟消云散。其中一人态度和缓，言语间颇有答应的可能，但未承想院内又走出一位中年人，他已经听到了我们的对话，此人称如果我一定要进院的话，说不定会让他丢工作。我立即想到了监控探头问题，否则他怎么知道我们在院外说话，也许监控探头会录下外人入院的情况。我觉得此人说得有理，于是退而求其次地提出，能不能打开大门，我就站在门口拍照。但其中一人告诉我，图书馆处在院落的最深处，站在门口拍不到。

于是我又提出请他们拿着我的相机进院内拍下图书馆，第二个出来的年轻人立即答应了，他接过相机顺手调整了一下，手法十分娴熟。他进院几分钟后出来把相机递还给我，让我看照片拍得是否合用。我郑重感谢了他的费心，接着拍前门的匾额及文保牌。二人提醒我说，这是电动门，最好到铁栅栏外边拍照，说完二人骑车离去。

关于此图书馆后来的沿革情况，回宗正在《马松亭阿訇与"福德图书馆"》一文中曾介绍说："解放初期此馆尚存，马坚教授及名师常来此辅导讲学。后来因多种原因馆门停闭，部分图书散失，楼房改用食堂。直到党的十一届三中全会以来落实各项政策，于 1987 年北京市伊斯兰教协会会长安士伟大阿訇倡导，为了建设社会主义精神文明，弘扬民族文化，提高文化知识水平，发起恢复原'福德图书馆'，更名为'穆斯林图书馆'。并发起为进一步保护民族文化遗产，丰富扩大本市博物馆种类，广泛收集本市伊斯兰文物，筹建一个伊斯兰博物馆，现这两馆正在筹建中。两馆建成后将对弘扬民族文化、提高知识水平、宣传保护民族文物起到积极推动作用,这是我们大家所盼望的,也是继承和发扬了马松亭阿訇的遗愿。"

　　不知回宗正此文写于何时,但是我从拍得的照片看,这里悬挂的匾额仍然是福德图书馆,这种尊重历史的做法最值得赞赏。

京兆公园图书馆

神奇（祇）的存在

京兆公园即北京的地坛公园，地坛公园原名方泽坛，始建于明嘉靖九年（1530），孙承泽的《春明梦余录·地坛》载："至嘉靖九年，议改诸祀。礼臣夏言因奏：'分祭天地，本是古制。况坛于南郊，坎于北郊，就阴阳，因高下，原无崇树栋宇之文。至祖宗并配，举行不于长至之日，而于孟春，俱不应古典。宜令群臣博考会议，陛下称制而裁定之，此中兴大业也。'疏入，未报。给事中王汝梅等以言说非是，而霍韬诋之尤力，上怒，皆加切责，而又自为说，以示礼部。于是建方泽坛于安定门外，坐南向北，以高皇帝配，如洪武十年以前之制。"

当时朝中商议祭祀之事，礼臣夏言上奏说应当分祭天地，此乃古制，他的奏折没有得到批准。当时王汝梅、霍韬等强烈反对夏言的建议，皇帝很生气，严厉斥责两人，再次强调自己的礼制说，于是就在安定门外建起了方泽坛。

为了建方泽坛，朝廷可谓大兴土木，《明世宗实录》载嘉靖十年（1531）二月事："先是，上定方丘并朝日坛所用玉爵，各因其色，诏户部觅红黄玉送御用监制造。户部多方购之不获，但得红黄玛瑙、水精等石以进。诏暂充用，仍责求真玉。至是部臣言：'中国所用玉，大段出自西域于阗、天方诸国，及查节年贡牍，唯有浆水玉、菜玉、黑玉，并无红黄二色，且诸国俱接陕西边界，宜行彼处抚臣厚价访求。'诏可。"

皇帝要求用红黄玉来做祭天用的玉爵，户部到处寻觅，却找不到这样的玉材，只好拿了一些红玛瑙等石给皇帝看，皇帝说可以暂时代替使用，但最后还是要找到真的红黄玉。大臣向皇帝解释说，国内的玉石大多出自西域以及藩属国进贡，但都没有红黄两色，不过可以想办法到边疆等地高价寻访。《续文献通考·乐五》载："世宗嘉靖十年，三月命浙江采紫竹、花斑竹成造方丘、月坛笙簧。"

嘉靖皇帝对这件事很执着，至嘉靖十五年（1536），他命户部去通知吐鲁番入供，但当地也未能找到。原任回回馆通事的撒文秀上奏说："二玉产在阿丹，去吐鲁番西南二千里。其地两山对峙，自为雌雄，有时自鸣。请依宣德时下番事例，遣臣赍重货往购之，二玉将必可得。"（《明世宗实录》）皇帝命撒文秀前往边地访求。

为了丰富方泽坛内的景致，皇帝派人到浙江移栽了一些特殊品种的竹子，经过一年多的建设，方泽坛于嘉靖十年（1531）四月建成。对于其细节及配房,《续文献通考·郊社五》载:"坛面黄琉璃砖,用六八阴数。陛九级。用白石围以方坎,周四十九丈四尺四寸,深八尺六寸,广六尺。内壝方二十七丈二尺,高六尺。外垣二重。内外棂星门制如圜丘。内北门外,西瘗位,东登台。南门外皇祇室。外西门外迤西神库、神厨、宰牲亭、祭器库。北门外西北斋宫。又外建四天门。西门外北为銮驾库、遣官房、内陪祀官房。又外为坛门。门外为泰折街坊。护坛地千四百余亩。"

从记载来看,方泽坛的建筑虽多,但以方坛和皇祇室最为重要,《明史·礼志二》载:"(嘉靖十年)定方泽仪。先期一日,太常卿请太祖配位奉安皇祇室。至期,礼部、太常官同请皇地祇神版、太祖神主、从祀神牌奉安坛座。祀毕,太常奉神版、神牌安皇祇室,奉神主还庙寝,余皆如圜丘仪。"

皇祇室是供奉太祖朱元璋牌位的地方,每年到举办祭祀活动时,礼部等官员都会从皇祇室内请出太祖牌位,安放在方泽坛上,祭祀完毕后再奉回皇祇室。

嘉靖十三年(1534),皇帝下令将圜丘定名为天坛,方泽坛定名为地坛。此时夏言已升为礼部尚书,他说圜丘和方泽本是法象定名,最好不要轻易更名,但为了省事,平时可称为天坛、地坛,正式祭天的文书仍称圜丘和方泽坛。自此之后,直至今日,人们一直称方泽坛为地坛。

地坛建成后,这一带成了皇家禁地,凡是对此地有所损坏者,都会被定罪。《大明会典·律例六》载:"凡大祀丘坛而毁损者,杖一百,流二千里。壝门减二等。若弃毁大祀神御之物者,杖一百,徒三年。遗失及误毁者,各减三等。一天地等坛内,纵放牲畜作践,及私种藉田外余地,并夺取藉田禾把者,俱问罪。牲畜入官,犯人枷号一个月发落。"

清军入关后,依然到这里祭祀,《大清会典事例》载:"顺治元年奏准:圜丘九奏、方泽八奏、太庙六奏、社稷七奏,前代帝王、先师、太岁各六奏,均用平字为乐章佳名。"

此处所指是祭祀时奏乐的规格,地坛仅次于天坛,为八奏,显然高于社稷坛的七奏和太庙的六奏。此处所说的以平字为乐章名,《清史稿》中有如下解释:"郊庙及社稷乐章,前代各取嘉名,以昭一代之制。梁用雅,北齐及隋用夏,唐用和,宋用安,金用宁,元宗庙用宁、郊社用咸,前明用和。我朝削平寇乱以有天下,改用平字。"

清朝在地坛演奏的平字乐章既有音乐也有歌词,《清朝文献通考》载

二 地坛公园南门

有多段康熙十六年定的歌词，分为中平之章、广平之章、咸平之章、寿平之章等八段，此后还有皇帝还宫导迎乐奏祐平之章，想来这是尾声。其中平之章的词为："吉蠲兮，玉宇开；薰风兮，自南来。凤驭纷兮，后先；岳渎蔼兮，徘徊。肃展礼兮，报功；沛灵泽兮，九垓。"

当然，清朝的祭祀已经与明朝有较大区别，最大的改变是皇祇室内供奉的牌位不同了。嘉庆重修《大清一统志》载："地坛在安定门外北郊。按《春明梦余录》，明嘉靖九年建方泽坛。本朝因之，重加缮治，乾隆十六年又修。每年夏至大祀地于方泽，奉太祖高皇帝、太宗文皇帝、世祖章皇帝、圣祖仁皇帝、世宗宪皇帝、高宗纯皇帝、仁宗睿皇帝以配。"

到了晚清民国时期，祭天地的隆重仪式已不复存，地坛一带渐渐荒芜，成了妓女集中之地。《北平风俗类征》所载《京都竹枝词》注中称："妓之至贱者如金鱼池、青厂、四里园东、地坛夹道等处，皆曰跑窑子。"

民国十四年（1925），京兆尹薛笃弼将地坛改建为京兆公园，对于改建的原因，《京兆公园纪实》（以下简称《纪实》）一文谈到缘起时称："世界文明各国，入其都市，凡交通卫生市政种种设备，无不应有尽有；关于养成国民德育智育体育之事，尤再三致意焉。而公园亦其一端也。"

想要发展国民的德智体，从国外的经验看，公园是一种教育方式，为此，他们想到了已经废弃的地坛："安定门外地坛，在昔实为方泽，地势宽广，树木丛深，天然之公园也。爰请于内务部，辟作公园。"

对于筹备过程，《纪实》一文写道："民国十四年乙丑春解梁薛公来尹京兆，因京兆素称首善之区，而文明设备机关，尚未发达，是故有京兆公园之设。惟此设置地点及经费，均为先决问题，适安定门外地坛旧址，近年废置，久经荒圮，爰请于内务部，将该地拨归京兆，辟为公园，并由财交两部及其他各机关捐助款项；一面委许君廷杰、王君树槐等为筹备主任，另由主任聘筹备员若干人助理，着手筹备。"

这里明确点到薛笃弼做北京市市长时，看到地坛荒弃已久，于是向内务部请示拨给北京市管辖，同时组成筹备组来专门张罗此事。那时的地坛占地面积很大，若全面开工整修花费太大，于是他们分为四期进行开发："惟是园地面宽广，其中建筑修理之处过多，约分四期进行。平垫马路，栽植柏墙，建筑公共体育场，为第一期；画地为图，布成世界园，为第二期；建筑共和亭，成立通俗图书馆，为第三期；添设各处亭台，开辟道路，装置电

地坛文物陈列室
皇祇室简介

　　皇祇室始建于明嘉靖九年（公元1530），是地坛的主要建筑之一。明、清两代是供奉皇地祇神，五岳、五镇、四海、四渎、五陵山神位之所。

　　1925年地坛辟为"京兆公园"，曾在此设"通俗图书馆"，1986年秋定为"地坛文物陈列室"。

Earth God Worship House (Huang Qi Shi)
and Di Tan Cultural & Historical Relic Exhibition Room

Built in the 9th year of Emperor Jia Jing's reign in Ming Dynasty (1530), the Imperial Earth God Worship House is one of the main buildings in Di Tan Park. It is the place where Chinese Earth God and some other Chinese gods are worshiped by emperors in Ming and Qing Dynasties.

In the year of 1925, Di Tan Park was named Jing Zhao Park, which was open to the public and once a Popular Literature Library was once established within. In the year of 1986, the library was renovated into Di Tan Cultural & Historical Relic Exhibition Room.

地坛公园
DITAN PARK

■ 简介牌上提到了通俗图书馆

灯,涂粉墙壁,为第四期。时经三月之久,费款壹万六千余元之巨,煞费经营,始具规模。"

该计划的第三期中,已经打算在地坛内开设通俗图书馆,如果新起一座建筑,花费太大,为此,地坛公园借用旧室作为通俗图书馆开办地。《纪实》一文谈到了用哪座建筑来做图书馆:"通俗图书馆,即皇祇室之旧址。近年废置,久经荒圮,薛公惜之,爰欲化无用为有用,乃兴工庀材,葺而新之,改设为图书馆。"

皇祇室原本供奉着清代帝王的牌位,而今变成了图书馆,为了烘托氛围,"馆中四壁,满张通俗教育画、地图、节俭图、卫生图,使游人得知教育之有利益,卫生之宜讲求。旁设木阁,装庋通俗教育丛书,中设桌椅,为阅报处,再利用原有之石桌,为阅书处,游人可随便披阅,以增知识;馆外墙壁上有'勤健治家,孝弟立身'八字,内面墙壁亦有'为善最乐,读书便佳'八字。"

图书馆除了占用皇祇室外,还利用祭坛来做讲演场地:"因时有讲演,利用原有之坛址,在图书馆外面,改为露天讲演台;上有高竿,悬国旗,周围设听者坐位,可容数百人;并备有留声机,任各界名流随时讲演,以灌输平民知识。"

这座图书馆开办得很正式,因为他们还制定了《通俗图书馆规则》:

本馆为增进农民普通知识起见,特设通俗图书馆,俾农民随便阅览。

一,馆内专派工役一人,管理各种图书,阅览人欲阅何种图书,可向其取阅,但不得同时并取。

一,阅览人将所取图书阅毕,须仍放原处,不得任意抛置。

一,阅览人不得将图书随意携出,致他人不得取阅。

一,阅览时间不得吸烟,及谈笑喧哗。

一,阅览人不得随意吐痰。

一,阅览时间:每日自早八时起,至下午四时止。

即使进行简单的改造,也需要不少费用,薛笃弼在给内务总长的呈函中附上改造京兆公园及开办通俗教育馆的费用明细,其前几条为:

一，收京汉铁路管理局杨局长慕时捐助京兆公园及通俗教育馆开办费，洋二千元；

一，收财政部两次拨发京兆公园及通俗教育馆补助费，共洋一万八千元；

一，收交通部助拨京兆公园及通俗教育馆开办费，洋一万二千元；

一，收由张殿恺私藏军火一案捐助款内拨给京兆公园及通俗教育馆开办费，洋六千元。

这些加起来总共三万八千大洋，仍然不够用，薛笃弼继续想办法。此后京汉铁路管理局杨慕时捐款一千二百大洋，财政部两次拨来补助款三千大洋，张殿恺捐助三千大洋，这些钱款指定用来建造通俗教育馆。该教育馆包括一些体育设施，同时也包括通俗图书馆。

建造通俗图书馆的费用都是薛笃弼私人拉来的捐助，《京兆公园司事给工务局的呈函》中写道："民国十三年，薛公子良来长京兆，为保存古迹，振兴文化计，乃呈准前内务部，将该坛借归京兆。一面以私人名义募款一万三千余元，斩荆辟荒，创作公园。经营八阅月之久，始告厥成。内部之设置，如世界地图园、五族共和亭、公共体育场、知乐园、讲演台、图书馆、有秋亭、教稼亭，并古今中外伟人图说谠语格言，满目琳琅，莫不于教育文化有关，尤能发起人民爱国自强观念，各界人士交口称颂。"

京兆公园建成后，对民众发售门票，当时普通门票每张售价铜元6枚，每年所收门票费用不足以抵维护费用，好在当时的财政厅按月拨发费用，使该园得以正常开办。到了军阀占据时期，公园成为驻军之地，里面的一些固定资产被毁坏，拨放费用来源骤减："迨前岁，近畿战起，直鲁军暨奉军往来竟以本园为驻屯之所。全部建设暨家具、文件悉被摧残。战事平定之后，尹署因库帑奇绌，不惟不能筹款修理，且将原定经费每月减为一百二十元，临时费则予删除。减费之后仍未能按时发放，平均计算每月只能领得三成左右，合洋不及四十元。而往来军队常川驻扎，两年以来，蹂躏殆尽，现在驻园者为国民革命军第六军团后方医院。"（《京兆公园司事给工务局的呈函》）

公园被部队占用后，因无人维修，包括皇祇室在内的建筑，均出现了破损，《北平市坛庙调查报告》谈到地坛的状况时说："地坛在安定门外。坛

内打牲亭、神库及皇祇室三处皆为第二师干部教导队占用；打牲亭及皇祇室瓦顶已坏，木料糟朽。河北省第四农事试验场占用其余房舍及大部土地，专为种植美棉（杨）之用。坛内中部为本府创办之市民公园，外坛西南部为本府之育苗场所。坛为方形，坛北面之石沟岸塌陷，坛内外荒草蔓生。下照为坛北门外之影也。"

按照《旧都文物略》所载："民国十三年，改为京兆公园。于外坛辟农事试验场，划归河北省府管理。公园划归北平市政府，改名市民公园。嗣后因时局不靖，公园日就颓废。原有世界园、草亭等，以常驻兵于内，不加爱护，公园仅存其名。廿二年，市府力图整顿，拟收回河北省有之农场，归市管辖，并拟加以扩充整理，点缀风物，以其造成完美之市民公园。卒以河北省府不允变更管辖，驻军迁移亦感棘手，以致迁延未办。现在所谓市民公园，仅存其名而已。"

看来京兆公园后来改名为市民公园，后因社会动荡，市民公园荒废，成为部队驻扎之地。民国二十二年（1933），市政府想从部队那里收回此园，重新打造成市民公园，但那时的北京已经成了河北省下辖的一个市，相应安排需要得到省府的同意，同时想让驻军移走也非易事。

1957 年 4 月，北京市政府对地坛进行了全面整修，将其改为地坛公园。

十几年前，这里开始举办地坛书市，每届书市长达十几天，于是这里成了爱书人的聚集之地，而我几乎每届书市都赶来凑热闹。书市的举办方式，是由各家出版社及图书公司在公园的空地内搭起大棚。为了避免影响古树，这些大棚搭得曲折蜿蜒，若想把每个摊位都转到，没有深厚的脚力根本无法做到。

书市吸引人的原因，在于那时没有发达的网购，信息也不通畅。一些出版社的库存书在压了很多年后都被翻出来摆到书市上，这些书往往较为专业冷僻，爱书人也不知道从哪里买到它们，书市给买卖双方都提供了机会。我记得在某届书市上，在一个摊位上看到了叶昌炽《语石》汇校本，此书发行量极少，而我找了多年。当时摊位上摆着多本，于是我颇为兴奋地选了一本品相上佳者，工作人员却告诉我说，这批书已经卖出去了，买主正在挑其他的书，所以没拿走。一样的书买多本，真是岂有此理，我跟工作人员说自己只买一本，工作人员正在为难间，我的身后响起了一句"是韦先生，可以卖一本"。回头一看，原来是爱书人胡同先生。他笑着说，这本书

= 皇祇室匾额　　= 梁柱

市场上多人在找，未承想这里有一摞，于是他就包圆了。

诸如此类的奇遇，在地坛书市还发生过许多，故这里成为爱书人的雅聚之地，今天想起来，应当是延续了当年京兆公园通俗图书馆的书香。可惜后来地坛书市因故迁往他处，再未恢复以往的热闹景象。

遗憾的是，那个时段我并不知道皇祇室是通俗图书馆的开办地，况且每次的注意力都盯着摊位上的书，我甚至连皇祇室都没去过。2022 年 4 月 9 日，我特意打车前往该地，因为那里一向难以停车，虽然是疫情期间，也不能确定那少得可怜的几个停车位能否占上。以往去地坛公园都是停在西门附近，此次我提前做了功课，知道皇祇室距南门不远。南门与雍和宫隔二环路相望，两边都没有停车处，好在出租车可以暂时停下。

地坛公园门票两元，这是我所知道的北京门票最便宜的公园。进入南门，迎面就是一堵红墙，从示意图中得知，其实这里就是皇祇室的院落，只是院门没有开在这个方向。我沿着逆时针方向转到了该院落的北门，此门正对着坛院，两者之间相隔不到五米，我打算拉远点距离，尽量拍全门口，刚退到坛院门前，就听到旁边一个小屋子里面传出声音："门票 5 元。"原来要登上地坛还要另外买票，我跟工作人员解释说等我拍完皇祇室再来买票。

也许是为了与祭坛相对，皇祇大殿跟其他的正殿坐落方式正好相反：坐南面北。该院落呈正方形，只是在南侧有一幢大殿。大殿的门虽然开着，但门口设有铁栅栏，上面挂着铭牌说：为做好疫情防控工作，殿堂暂停开放。无奈，只好在门前端着相机向里面的三面拍照。里面摆放着一些展品架，已经看不到图书，但我的脑海中浮现出了当年的情形，我甚至可以感觉到当年书架的排列方式，这真是一种神奇的存在。

转到院落的后方探看，没有看到其他建筑，院中摆放着皇祇室的介绍牌，上面谈到了这里曾经开办通俗图书馆之事。看到这句介绍颇感温暖。

而后走出院门，花五元钱进入坛院，按照记载，这里曾经是图书馆搞活动和讲演的地方。坛院有两层门，可以直登坛顶，但上面只摆放着一个仿古的大鼎，余外空无一物。地面上有成对的凹槽，不清楚当年的用途。

我从坛院北侧门走出，在这里看到欢乐的人群，但未能看到当年嘉靖皇帝从南方移来的特殊品种的竹子，想来竹子生命力顽强，不知道它们隐藏到了哪个角落。我在公园兜了半圈，未能找到其他旧迹。

京兆通俗教育馆图书部

问字必答，惠及妇孺

对于该馆的来由及相应沿革，韩朴所编《北京历史文献要籍解题》一书中讲到《北平市第一民众教育馆概况》时称："该馆成立于 1925 年，由北洋政府内政部拨钟楼为馆址，经修缮后，10 月 10 日正式开馆，由京兆尹薛笃弼委任王凤翰为馆长，馆名京兆通俗教育馆，内设图书、讲演、游艺、博物四部，平民学校一所。曾改称北平特别市通俗教育馆、北平市通俗教育馆、北平市市立民众教育馆、北平市第一社会教育区民众教育馆，先后隶属于北平市教育局、社会局，内部组织也几经变化。'卢沟桥事变'后，该馆因举办激发爱国思想、民族自卫的教材演讲、戏剧表演、陈列展览等，1938 年被日本人勒令改称新民教育馆，三次遭到洗劫，1942 年 3 月 15 日终被停办。日本投降后，北平市教育局积极筹划恢复该馆，1945 年再次修缮，8 月 4 日复馆。设总务、教育、生计、艺术、研究辅导五部，每部主任一人，干事三至四人，助理干事若干人。另设会计室、民教研究会、刊物编辑委员会。"

除了藏书之外，此馆还有各种设施，常人春在《北京最早的民众教育馆》一文中谈及："该馆主体是以传播科学、文化知识为内容的固定性陈列室。其分布情况为：南厅展出矿物标本、介贝标本、水族软体动物标本、昆虫标本。中厅展出鳄鱼、鲮鲤等两栖爬虫类动物标本、鸟兽标本。北面西厅展出生理卫生模型，如石膏制作的人之骨骼，蜡塑的孕妇十月胎儿，以及伤寒、肺痨、白喉、猩红热、花柳等病例模型。西厅展出体育奖品、国家标准度量衡等实物。南面西厅展出历代帝王图说、历代钱币、汉瓦、陶瓷等实物。综观整个陈列室俨然是个小型的自然、史地等诸学科的博物馆。"

对于此馆的藏书情况，常人春在文中称："楼的东厅为阅览室，北侧东厅为书库，约有各类图书数千册，有目录簿可查。任人免费借阅，手续极为简便，不要任何证件，只须填写借书单，把入门证留下即可。但只能就地阅览，看罢归还。此外，备有当天北京发行的各种报纸，可随意从报架上取阅。每于节假日，这里座无虚席，百头攒动，诚是'人海微澜'。"

1928 年，京兆尹薛笃弼致函市政府，要求将京兆教育馆收归市政府主办，此事得到了市政府的批准。《市政公报》第 2 期刊发的《公牍》中有"函京兆通俗教育馆"，其中写道："迳启者，准国民政府薛部长电开，顷接京兆通俗教育馆董事长刘潜清函，询该馆应隶属市府或省府，请转电维护等情。查该馆系弟前在京兆尹任内所办，其地点在市区内，自应归市府主管。"

由此可知,该馆乃是由市政府直管的通俗教育部门。此馆下设四部,其中之一是图书部,其性质乃是向民众开放。对于通俗教育的理念问题,孔伟所著《社会教育视域下的公共文化服务研究》称:"我国早期社会的娱乐形式主要以曲艺和戏曲为主,具有鲜明的民间性、群众性艺术特征,其传播场所主要是茶馆、戏园及书场。'五四'新文化运动前后,一些具有民主思想的知识分子和资产阶级教育家,开始关注群众文化问题,提出了通俗教育和社会主义教育的主张。辛亥革命成功后,南京临时政府提倡各省兴建社会教育和通俗教育,主张开展书报阅览,普及科学知识标本模型的展览,发放通俗教育刊物,举办各种讲演,建立康乐教育和游戏运动设施等。"

关于开办京兆通俗教育馆的缘由,1935 年第 2 卷第 3 期的《时代教育》刊发的《北平市社会教育的沿革》一文中称:"北平的社会教育,有悠久的历史,在前清光绪三十二年,东北城隅一带有志之士,因鉴于当时政治的窳败和民智的凋敝,便联合同志在北新桥迤北路西,组织进化阅报处及讲演所一处。于每日午后招集民众入所听讲,藉以灌输民众常识和开通社会风采。开办两年,成绩斐然。嗣后知识分子渐渐加入,对于社会之影响,实非浅鲜。迄至光绪三十四年二月,祝椿年充任京师督学局通俗科长时,认为该进化处的阅报的性质,确与社会教育宗旨相合。于是将该处收归官办,当将北平全市扩分九区,位在西城者,称为一、三、五、七、九。位在东城者,称为二、四、六、八。每区置劝学员一员,其人还多取材于进化阅报处。在九区而外,另设劝学所一处,直接管辖九区。"

可见,当地有识之士为了启迪民智,联合一些人先在北新桥一带组织阅报处和讲演所,这种做法受到了民众的欢迎。此后一些知识分子看到这种方式行之有效,于是加入其中。到光绪三十四年(1908)时,当时的京师督学局通俗科科长祝椿年认为这是一种很好的宣教方式,于是将阅报处由民办改为官办,此后又在各个城区内设立阅报处。

民国年间延续了这种形式,至民国四年(1915),教育部在虎坊桥越中先贤祠内设立京师模范通俗教育讲演所,聘请天津社会教育办公处处长林墨卿任所长,林上任后不久提出辞职,教育部再派祝椿年任代理所长。这所讲演所还办有盲哑学校和平民职业学校,设备颇为完善。为了吸引大众,这里还经常放电影,同时开设半日学校,对失学儿童及成年平民免费

开放，于此教他们学习注音字母。

教育部开办讲演所的目的，是想先在北京做试验，经验成熟后再向全国推广，打算在十年内扫除全国文盲。但袁世凯称帝之事引起政坛震动，这些社教设施大多数关闭了。直到民国七年（1918）方再次复苏，但真正办出特色，则是到了薛笃弼任北京市市长时期："民国七年平民教育的突兴才有复苏现象，民国九年以后，教育经费积年累月的（地）欠着，平市教育设施又形沉寂，一直到民国十四年薛子良充京兆尹时，平市社会教育又有活跃气象。京兆通俗教育馆即于斯年十月成立，内部组织分讲演、博物、图书各部，还有平民学校，儿童体育场等等设施，其次京兆公园亦继续设立，在设施方面有阅书报处，成人及儿童体育场，世界园，各种常识牌等等。"（《北平市社会教育的沿革》）

薛笃弼借用钟楼和鼓楼办起了京兆通俗教育馆，为此还写了一篇《京兆通俗教育馆记》，请人刊刻在钟楼"乾隆御制碑"的碑阴。此记中称："治国之本在立教，立教之基在正俗，正俗之端在敷教。"可见这是他开办教育馆的主要思想，接着他在记中讲道："设四部于其间，中为讲演部、游艺部，左为图书部，右为博物部，架有图书，室列型模。"

薛笃弼为什么要大力抓通俗教育呢？这源于当时识字人口比例很低："北平市的环境如何？按文字教育说：百五十万人口中有百分之八十不识字；按健康教育说：在积极的卫生设施与消极的健康指导，均未能做到圆满的地步；按公民教育说：地方自治未能彻底建树；按生计教育说：民众的生活正需要改进；按休闲教育说：民众缺乏正当娱乐之指导，此时平市民众并不是不需要教育，而是民众尚未能了解受教育与生活迫切的关系。"（李静澄《北平市民教划区的理论与实施》）

基于这种认识，此馆办得十分正规。对于与该馆有关的各项规章制度，此馆在民国二十四年（1935）以内部出版的形式印行了厚达近三百页的《北平市第一社会教育区民众教育馆规程及计划汇编》（以下简称《汇编》）一书。

该书涉及与此馆有关的方方面面，比如《游览规则》中谈到入陈列室参观需购买阅览券，券资为铜元四枚，如果登楼，券资则为铜元八枚。但一些持正式公函证明的人可以免费参观，这些机关包括学校、团体、现役军人。还有一类免费群体则是"对于社会关心者"，不清楚哪类人能归到这个范畴。

对于阅览部的办事细则，书中提到该部设主任一人、干事一人、助理干事四人，可见已经有了一定的规模。在图书分类法上，此馆也很有独特性，将所有书刊分为十类：总计类、公民类、生计类、科学类、文学类、报志类、卫生类、艺术类、家事类、宗教类。其中公民类包括党义、政治、法律、国际外交，这种分类好理解。相比较而言，似乎生计类和家事类最贴合民众，比如后者包括了烹饪、缝纫、乳育等，想来这类书最受妇女欢迎。

《汇编》中详细列出了《图书阅览规则》，阅书人需要填写图书阅览证交给管理员，每次只许借阅图书一种，不得携出外室等，书中附有借阅证的形式。书中还列有《巡回文库简章》，此项服务是针对没时间到馆阅书之人，该馆开办有图书流通车，简章中列出四个流通车所到的地点，便利于民众去阅读。为了让民众能够读懂《流动车图书阅览简约》，文字写得很十分白话，比如第一条是"本车的各种图书，专预备给一般民众看读的"，第二条为"看图书的人，要先填写阅览证，再向管理员取书"，第四条为"看图书的时候，不要乱翻，不要弄坏"，第五条为"图书看完了，要合好，交管理员收存"。

从第二条看，还是需要先识字再读书，但是想到一些民众喜欢读图画书，如果这类民众借阅图书时不会写字怎么办呢？因为那个时代有八成民众是文盲。显然通俗教育馆的开办者意识到了这一点，于是《汇编》中专门有《民众问字处简则》，该文的第一条为"本处专为一般民众有志于识字，或对于文字意义不甚明了，使其认识并解释其怀疑而设"。第三条为"问字人须先将欲问之字句写在问字簿中以便解答"，但这一条似乎与第一条有冲突：不识字才来学字，但学字时要先把字写在本上，想来对一般人而言，这是鸡和蛋的关系问题。第七条为"问字人问字或请求解释时，须出诚意，如故意问难本处得谢绝不答"，根据这条规定可知，这个问字处的服务对象还是已经认识一些字的人，但对一些偏僻的词不甚了解的人，为了防备有人故意刁难解答人，所以才有第七条的规定。

相比较而言，那时的妇女识字人口比例更低，为此，民众教育馆特意开办了妇女读书会，还制定了相应简章，加入本会的会员要求"凡本区妇女年龄在 16 岁以上 40 岁以下，粗通文字者，均得为本会会员"。想来这是一种很好的设施，但是该简章规定："凡会员每日必须来会读书一小时，每星期

鼓楼处在丁字路口

开会一次,开会内容为：1 报告会务 ; 2 会员报告读书心得 ; 3 讨论 ; 4 讲故事 ; 5 谈话。"其中会员之权利有两条,第二条为"会员得享受特种借阅书籍权"。不清楚其所指特种书籍属于哪一类,想来妇女读书会的人对古籍善本不会有浓厚兴趣。

妇女读书会要求会员每日前来读书一小时,还要每周开会一次,显然有些不现实,因为当时大多数妇女需要带孩子。如何解决其中之矛盾呢?显然管理方已经想到了这一层。他们制定了《托儿室简章》,此简章规定得颇为详细,分为七大类几十条之多,其目的乃是解决三岁到七岁儿童的暂托,那么再大一点的孩子怎么解决呢? 于是该馆又制定了《儿童读书会简章》,规定年龄在七到十六岁的儿童,粗通文字者均可为本会会员。其考虑之详细、涵盖面之广令人叹服。

对于该馆藏书的具体数量以及分类法等问题,华宁《平安大街》一书中写道："京兆通俗教育馆图书部位于地安门外鼓楼,建于民国十四年（1925）。当时图书部设有图书阅览处、妇女阅览处等。新书参用了杜威分类法,共计 1235 部,共 3000 余册。旧书按中国传统分类法。抗战爆发后,该馆曾被日军多次洗劫,多数图书图片被毁,1942 年闭馆。抗战胜利后,这个馆接收了日伪部分图书,还将陈旧残破图书进行了整理、登记、编号等工作。总计藏书 11283 册及各种英文、日文图书。并在此馆设立了北平市第一民众教育馆,每日来阅览人数平均 400 人次。"

遗憾的是,日本占领北京时期,这里的藏书受到较大损失,菁华在《侵华日军对东城的文化侵略》一文中简述说："'九一八' 事变后,该馆经常举办展览会、讲演会、戏剧演出等多种宣传抗日的活动,激发广大群众爱国热情和民族自卫精神,遭到日本帝国主义仇恨。1938 年春,日伪当局勒令其改称 '北平市第一社会教育区新民教育馆',并肆意搜查图书、报刊及陈列品,先后三次洗劫、销毁书报 4000 余册、陈列品 300 余件,该馆于 1942 年 3 月 15 日被迫闭馆。"

2022 年 4 月 3 日,我打车前往鼓楼。几十年来路过这里无数回,因为其处在丁字路口上,周围没有任何停车之处,故每次只是在等红灯的间隙仰望一番,从未走到近前一探究竟。疫情期间,不清楚这里是否还开馆,网上也查不到相关信息,猛然想起一位朋友住在附近,特意请他到实地探访,由此得知那里仍然对外开放。

鼓楼大街一带是游客集中地,交通一向不便利,我预留出了较长的打车时间,却一路通畅地开到了附近。走到鼓楼的正面,此处大门上着锁,有个指示牌指引游客从后面进入。按照指示路径转到了后方,到此才注意到鼓楼后面还有一座钟楼,两楼中间建有广场,从平面图看,这个区域形成了葫芦状。一般而言,各地的钟楼和鼓楼都是分处两端,这里却是前后排列。

走到鼓楼的入口处,方看清这里要到9点半才开门,而我到达之时才8点半,这么长时间的等候瞬间让我心急起来,马上查看寻访单,想先转其他地方,等返回时再来这里参观。正在此时,广场上响起了音乐,一些人在这里舞龙。他们听着伴奏的音乐,在那里或合律或不合律地舞动着。那份认真,让我体会到了岁月静好。瞬间,我想到了东坡在惠州前往松风亭时,走得疲累了,他突然质疑为什么一定要走到心里的既定目标呢:"此间有甚么歇不得处?"这句话令我醍醐灌顶,我就势坐在侧边的石台阶上,喝着水细细观摩着眼前的景致。

这里的钟鼓楼很有历史,于敏中等纂的《钦定日下旧闻考》中称:"(北京)鼓楼在金台坊,旧名齐政。上置铜刻漏,制极精妙,故老相传,以为先宋故物。其制为铜漏壶四,上曰天池,次曰平水,又次曰万分,下曰收水。中安铙神,设机械,时至,则每刻击铙者八。以壶水满为度,涸则随时增添,冬则用温水云。"

可见鼓楼原名齐政楼,对于此楼之来由,《析津志》中载:"齐政楼,都城之丽谯也。东中心阁。大街东去即都府治所,南海子桥、澄清闸、西斜街,过凤池坊北,钟楼。此楼正居都城之中,楼下三门。楼之东南转角街市俱是针铺。 西斜街临海子,率多歌台酒馆,有望湖亭,昔日皆贵官游赏之地。楼之左右俱有果木、饼面、柴炭、器用之属。齐政者,书璇玑玉衡以齐七政之义。上有壶漏鼓角。俯瞰城堙,宫墙在望,宜有禁。"

齐政楼创建于元至元年间,大德元年(1297)进行了重修,因为此处靠近后海,于是这一带成了游览之地,楼下有很多食品、器物出售。这里的热闹一直延续到了民国年间。吴逸民在《钟鼓楼的平民游艺场》中写到,在钟楼和鼓楼间的空地上原有三家茶馆,每个茶馆内都会请艺人来献艺,艺人在这里说评书,得到的收入与茶馆二八分成。而今这些茶馆没了痕迹,相关部门用铁栅栏将这块平地一分为二,成了民众自由活动场所,只是广场两侧没有安置一些座位,人们只能坐在树坑边的石条上。

很快我觉得臀下冰凉，于是站起身转到鼓楼的正面，为其拍全貌。慢慢磨蹭时间，一直等到 9 点，已经有游客在售票处排队，看来对这里感兴趣的人不少。此过程中有工作人员教游客网上购票，听到他吆喝："不用在那里排队，可以手机直接购票。"于是我递出手机请他操作一番，得以顺利入院。

登上大斜坡，走到鼓楼入口处，于此方看到这里有长长的台阶，该台阶设置得颇为陡峭，中间没有歇脚平台。我站在下面张望一番，看不到其他的便利登楼处，于是在那里自言自语："上去容易下来难。"此时有位游客在那里用手机拍照，她马上笑了起来："我以为只有我不敢上。"看来她找到了同盟者。我记不起历史上哪位名人登顶后下不来在那里大哭，我不想在这里重复这个场景。

对于此楼梯之陡峭，陈溥、陈晴编著的《紫禁逝影·东城》写道："楼梯深长，世所罕见。两楼由一层登上二层的楼梯，都要连续直上 60 级，钟楼右拐再上 15 级，鼓楼右拐再上 9 级才能到达。两层之间楼梯级数之多为别楼所未有。楼梯券道幽深陡长，达 22 米，上视如登天梯，下视如临深渊，异常险峻。"

只可惜照相机很难拍出楼梯真实的陡峭状况，我突然想到：当年的图书馆会设在楼上吗？如果真是如此，恐怕这是路途最艰难的读书处了吧。

走下大平台在院中四处探看，先去看左路，在这里看到一间休闲亭，侧旁立一石碑，碑被玻璃罩罩着，这就是那块乾隆御制碑。这里有大斜坡，无法围着鼓楼转个环形，于是退回来走到另一侧，那边也是一个休闲亭，除此之外看不到其他景物。

我查得的各种资料，都没有谈到当时的图书部处在鼓楼的哪个位置，以我的观察，鼓楼平台上有几个窑洞状的房屋，我曾看到过老照片，当年的阅览室房顶是弧形的，很有可能阅览室就设在这里。于是我走到大门口向工作人员请教此问题，对方说不了解。无奈只好走出院，穿过广场前往钟楼打探。这里的工作人员也说不知道图书部设在哪里，我提出进内探看一下有没有介绍文字，工作人员让我再走回鼓楼售票处，说这里需要另外再买门票。

我想了想，资料上说里面挂着一口大钟，比如吴逸民在文中讲道："楼的对面是钟楼，为青砖汉白玉两层楼房结构，大钟悬于楼上，钟体高 4.5

陡峭的鼓楼楼梯

米，重63吨，明代永乐十八年（1420）铸成。相传在铸钟过程中屡屡失败。最后皇帝下谕若再铸不成，则格杀勿论，以致铸工小女儿投入锡青铜合金熔炉中，才得以铸成。钟声洪亮，声音可达十数里以外，为我国古钟之最。"如果坐在楼内听钟鸣，估计会被震得头晕，不太可能在这里设阅览室，故没有再走入钟楼内。

对于当年通俗教育馆名称的变化情况，朱英丽、曾贻萱所著的《北京钟鼓楼》中称："民国十七年（1928）改称为'北平特别市通俗教育馆'。1931年改为'北平通俗教育馆'，1932年更名为'北平市市立民众教育馆'，1933年改称为'北平市第一社会教育区民众教育馆'。民国二十五年（1936）鼓楼建立'北京市第一民众教育馆'并附设儿童运动场。"

对于后来演变，该书写道："1949年初，北平市军事管制委员会接收后，全面审查了该教育馆的陈列品和图书，改名为'北平市第一人民教育馆'，后不久正式改称'北京市第一人民文化馆'，1952年成立了'东四区文化馆'，1959年改为'东城区文化馆'，直至1983年底文化馆迁出。"

静生生物调查所图书馆、陆谟克堂

专藏生物图籍，终被日军焚毁

关于静生生物调查所（以下简称"静生所"）的来由，吴家睿在《静生生物调查所纪事》中以纪年的方式一一讲述与之相关的史实，在"1927 年"这一节中提到："12 月 23 日，范源濂（字静生）在天津病故。为了纪念范静生和发扬他研究生物科学之志，尚志学会拿出他生前捐款中的十五万银元作为基金，拟创立一个以静生命名的生物研究所。尚志学会为此致函中华教育文化基金董事会，委托其管理该所，请求资助该所的常年费用。"

转年，中华教育文化基金董事会在北平举办了第十三次执委会，会议做出如下决议："尚志学会为纪念范静生先生提倡生物学未竟之志起见，拟拨基金委托本会组织静生所，议决暂行接受是项嘱托，将来由执行委员会报告于董事大会，请其考量认可。"

1928 年 6 月 29 日，该基金董事会在天津利顺德饭店举行了第四次董事年会，对于静生所的成立问题，达成几项重要议案。董事会决定接受尚志学会嘱托，组织静生所，聘江庸、丁文江、翁文灏、任鸿隽、周诒春等为静生所委员会委员，秉志为静生所所长，还通过了静生所的预算。

是年 10 月 1 日，静生所在北平石驸马大街 83 号举行开幕典礼，到会的嘉宾有 50 余人。任鸿隽参加了此开幕式，之后写了篇《静生生物调查所开幕记》。他在此文中先讲述了调查所的来由："范静生先生于从事教育行政之外，雅好生物科学。晚年常手自采集，躬行研究。又欲设立天然物产博物馆于北平，以广搜罗。惜因时局多故，此志终未实现。去年冬，静生先生逝世，其生前友好群谋所以纪念先生之道。爰由尚志学会倡议设立生物调查所，以继先生研究生物学之素志，并提出现款若干以作基金。惟因目前之开办维持费尚属无着，特商诸中华教育文化基金董事会以此事完全嘱托基金董事会办理。基金董事会以发展生物科学及纪念静生先生，皆乐于赞同，因于本年夏间议决承受此项嘱托，并向中国科学社商借秉农山、胡步曾两专家着手组织。同时范先生之令弟旭东先生闻悉此项消息，即提议将其在北平石驸马大街之住宅捐出，作为生物调查所所址。于是此调查所之组织，益觉便利，遂得于十月一日正式开幕。此静生生物调查所组织之经过也。"

由此可知，生物调查所的成立跟范源濂有关。范源濂字静生，早年毕业于湖北实务学堂，后入日本东京高等师范学校攻读博物学，归国后先后担任清华大学、北平师范大学校长,多次出任北京政府教育总长。中华教育文化基金会成立后,他是董事,同时还做过干事长,他还曾经有创办博物馆和标本馆的打算。范源濂同时是尚志学会会员,该会是中国早期留日学生创建的团体,范源濂曾给尚志学会捐赠 30 多万银元。

范源濂去世后,尚志学会为了纪念他,拿出他捐款中的 15 万银元作为基金,打算创建一所生物研究所,其目的一是实现范源濂生前的愿望,二是以此来纪念他,故决定以范源濂的字来为研究所命名。

生物调查所创建之后,还需要常年的维持费用。尚志学会与中华教育文化基金会进行商议,他们提出由尚志学会出创建本金,由基金会逐年支持维持费用。该基金会经过几次开会讨论,决定成为静生所的出资方之一。

范源濂的弟弟闻讯后,从范源濂夫人那里买下石驸马大街的住宅捐出,以此作为静生所所址,于是就有了任鸿隽所写的《开幕记》。

关于中华教育文化基金会的来由,《民国外债档案史料》中载有 1946 年 12 月该基金董事会发布的《民国十四年成立后二十年中事业简述》(以下简称《简述》)一文,此文谈到了创建的原因:"中华教育文化基金董事会之设立,原于民国十三年,美国退还第二部分庚子赔款,以补助发展我国之教育文化事业。赔款之第一部分,约占全数三分之二,则于前清光绪卅四年退还,用以设立清华学校及派遣学生赴美留学。自斯时以来,由庚款派送之留美学生,数在二千以上。此项学生对于国家及国民生活之贡献,未易以数字计。而清华学校亦于民国十四年起成为国立大学,于学术工作上有极大之展布。"

该基金会来源于美国退还的庚子赔款。按照《辛丑条约》规定,中国应赔付美国 2444 万美金,按年息 4 厘,从 1901 年 7 月 1 日起算,39 年的利息计 2891 万美元。宣统元年(1909),美国为了表示友好,决议减免所得赔款的三分之二,以此作为中国留美学生的教育及开办清华学校的费用。这就是首次美退庚款。

1917 年,中国对德宣战,并加入了协约国,一些有识之士敦请美国政府将前次退款余额部分归还中国。经过孟禄、韦棣华等人的多次努力,到 1924 年 5 月,美国第 68 次国会通过议案,并由美国总统批准,将庚款未付余额 1254.5 万美元分 20 年退还中国,此为第二次美退庚款。此款在执行过程中因遇欧战而停付 5 年,1931 年又停付 1 年,至 1946 年付清。

当时美国提出要将此款用于发展中国教育文化事业,《简述》中称:"民国十三年,美国第六十八次国会通过一议决案,决定退还余留之庚款于中国,其数约为美金一二,五四五,〇〇〇元,平均分配于二十年内退还。中美两国政府并协定决定,成立一基金董事会,为保管及支配此款之机关。因此,民国十三年九月,中国政府特派颜惠庆、顾维钧、施肇基、范源濂、黄炎培、蒋梦麟、张伯苓、郭秉文、周诒春、丁文江、孟禄、杜威、贝克、顾临、贝诺德十五人为中华教育文化基金董事会第一任董事。次年六月,董事等开第一次会议,而中华教育文化基金董事会遂正式成立。"

董事会的工作分为两大类,一是对基金的管理,二是对教育文化事业的应用,关于前一类工作,《简述》中提到:"在第一类工作中,董事会除管理本会基金外,并受托代管清华大学基金、静生生物调查所基金、中国政治学会图书馆基金、丁文江纪念基金、范太夫人奖金基金等等。"

由此可知,基金会关涉多个专用基金,其中之一就是静生所基金。同时该基金会将第二类工作分为甲、乙、丙三个门类,甲类是对已有的部门进行补助,乙类是与相关部门完成合作,丙类是由董事会自行创办相关机构。对于这三类的补助,《简述》中写道:"属于甲类者,有二百以上之机关,其中多数受本会之补助至十年以上,故其事业之发展,多得于本会之补助。属于乙类者,即与教育部合办之国立北平图书馆,受尚志学会委托合办之静生生物调查所,及受纽约社会宗教研究会委托开办而现合并于中央研究院社会科学研究所之社会调查所。属于丙类者有本会设立之科学教授席、科学研究教授席、国内外科学研究补助金、土壤调查、编译委员会及华美协进社等组织。"

可见静生所属于乙类,其性质与国立北平图书馆相同。到 1927 年,该基金会决定设立科学研究补助金及奖励金,补助金分为三种:"甲种为能独立研究者而设;乙种为大学毕业后随从专家研究者而设;丙种现称特种,为研究科学之人士缺乏少数图书仪器用费者而设。"(伯亮《中华教育文化基金董事会成立始末》)可见补助金包括购买研究图书。

基金会为什么要重点补助静生所呢? 这与当时的教育状况有直接关系。该基金会成立后,聘请外籍专家来华考察,这些专家考察后认为要想提高中国的科学水准,首先要培养出有科学素质的教员。1927 年 9 月,基金会聘请美国康乃尔大学生物系主任尼丹来华访问,他是著名的昆虫学家。秉志、陈桢等生物学家都是尼丹的弟子,那时已在南京创建了生物所,但生物所的专家认为他们处在南方,研究方面无法展延到北方,为此,邹秉文、胡先骕、秉志联名上书教育文化基金会干事长范源濂,希望基金会在尼丹访华期间,能在北京开办一所生物调查所。他们在信中写道:

> 美国生物大家尼丹博士日昨来华,现已乘船北上,不日可与先生在京相见矣。尼氏为世界著名之专家,此次基金会邀其来华,将来影响于吾国教育前途,决匪浅鲜。秉文等思乘此最好机会,利用尼氏三十余年之经验,为吾国作一最有价值之事,可以收永久之利益。

三人在此信中谈到了欧美各国科学发达,使人民受惠,又谈到了北京地质调查所对中国实业所产生的影响,建议应当设立生物调查所,因为生物关涉到农业和医学,与人们的福祉关系最大。他们同时指出创建此所有四大便利,其中之一是仅请尼丹举行讨论影响较小,如果请他组织生物调查所,大概在一年之内就能训练出相关工作人员,将来尼丹回国后,调查所也可以继续工作。

他们谈到的第二个便利,则是可以借北平图书馆的资料来做研究,信中写道:"现北京既立中央图书馆,生物之调查可借该馆之书籍以为参考之资,美国生物调查所借助于中央图书馆,即一最好之前例。今如此办理该所,购置图书可省去甚巨之经费。"

想来正是这番言辞恳切的联名信打动了范源濂,于是他想出资建造生物调查所,遗憾的是还未实施他就去世了,幸而尚志学会和教育文化基金会完成了他的遗愿。

生物调查所建成后,工作进展顺利,工作人员迅速增加,他们觉得继续在范源濂的旧宅开展工作有些拥挤,为此商议想建新的办公楼。1929年4月10日,静生所委员会在北平欧美同学会举行第三次会议,所长秉志报告了该所成立以来的工作情况,并提议建造新址。8月28日,该所第四次会议仍然在欧美同学会举行,这次讨论的主要问题就是建新所的地址。转年4月19日,委员会在欧美同学会举行第五次会议时,确定了新址及相关预算。1931年春,静生所迁到了北平文津街3号新所址,在此与社会调查所共用一楼。

静生所的新办公地址与北平图书馆毗邻,其原因想来是这两处设施均是用退还的庚款创建的。1948 年 3 月撰写的《国立北平图书馆概况》中称:"先是,美国第二次退还庚子赔款,设中华教育文化基金董事会以董理之。由会决议设立一规模宏大之图书馆,以广文化之用。爰于十四年十月与前教育部订立合办京师图书馆契约,取馆存各书,由会另建新馆,以资久远。约成,租北海公园庆霄楼等处为筹备处。十五年一月,以政局多故,原约未克履行,经董事议决,先由会独立创办,用符原案。即以庆霄楼为馆址,定名为北京图书馆。十七年七月,国都南迁,更名为北平图书馆。嗣嫌与中海馆名相重复,再改北平北海图书馆。"〔毛华轩、权儒学辑《北京图书馆馆史(1948 年以前) 档案选录》〕

后来基金会出资进行场地扩建,而后有了北平图书馆及静生所的建筑用地:"民国十四年,前教育部与中华教育文化基金董事会协定合办图书馆,即选定旧御马圈地方为馆址,即会本馆所在之地也。地归前陆军部保管,即由教育部咨行陆军部拨用其地。东界北海公园、南界官街、西界养蜂夹道、北界官墙根,面积共四十八亩,是为东段。当时尚驻有军队,未及开工,十七年冬,始接收整理。其年十一月,又经呈准国民政府大学院转咨财政部,将养蜂夹道迄西,旧公府操场地拨归本馆,计其地二十八亩八分七厘八毫,是为西段,即今发电厂及静生生物调查所地址也。"(同上) 但是,该文又说了这样一段话:"因以西段北部建筑发电厂,南部借给中华教育文化基金董事会建筑静生生物调查所,另辟大门出入。"如此说来,是基金会借用北图的地来建静生所,但既然北图和静生所均是由基金会投资,为什么还要借用,此事未能搞明白。

1932 年 1 月 1 日,秉志要到南京中国科学社生物研究所进行研究,他申请辞去静生所所长职务,并推荐胡先骕接替。经教育文化基金董事会第 44 次执行委员会议批准,当天进行了新旧所长的交接工作。

秉志是动物专家,而胡先骕是植物专家,胡做所长后,静生所逐渐成为全国植物研究中心。1933 年,胡先骕等 19 人发起筹建中国植物学会,当年 8 月 20 日,成立大会在重庆北碚中国西部科学院举行,学会会址设在静生所,同时创办会刊《中国植物学杂志》,由胡先骕任总编。此后秉志成立了中国动物学会,同时创办了《中国动物学杂志》,总编由秉志兼任。

此阶段静生所得到快速发展，创办时该所工作人员仅 9 位，后来发展到 90 余人，成为全国最大的生物学研究机构。当时胡先骕在静生所内增设了动植物标本室，至全面抗战爆发前，该室已经搜集动物标本超过了 30 万号，植物标本超过了 18 万号。当时静生所主要有五方面工作，其中第二项就是搜集世界各国与动植物有关的图书和照片："广泛收集世界各国图书期刊及植物照片，为开展分类研究创造了必要的条件。如秦仁昌教授在其赴欧期间，摄制英、法、丹、瑞、奥和德等国标本馆或博物馆中所收藏中国模式标本照片 18000 余张。"（徐文梅《静生生物调查所的创办和贡献》）

1937 年，静生所进入鼎盛时期，此时赶上了日本发动全面侵华战争，但静生所藏的大量标本和图书无法转移，他们觉得该所是由中华教育文化基金董事会所办，可以得到美国大使馆的保护，故决定不南迁。

但是太平洋战争爆发后，日本军队很快占据了静生所，夏纬琨在 1950 年 3 月 1 日所写《关于日军占据静生生物调查所及其撤退情形见闻》（以下简称《情形见闻》）一文中，详细讲到了日本强占时的状况："在筱田队占据本所的 4 年之间，他的内部设施与工作情形，以及行动，都是非常诡秘。据我们的旧工友高德成和机器匠门子华等（日本留用的）所说：静所楼房上层，绝不准中国人上去，他们日本人上去的时候也要有一定的符号，并且须要更换衣服。平时凡有物品运入或运出，必先将中国人驱使回避。楼里平常温度很高，一年中仅有 1 个月停止暖气。查静所暖气水电等设备，系与北京图书馆（东邻）合作，机器房装备规模很大，大部分暖气水电为图书馆使用，静所只用一小部分已足。在筱田占据本所的 4 年间，他将全部暖气霸占，将图书馆使用的路线截断，丝毫暖气不与放通过去。楼上窗玻璃有绿色者。筱田与天坛方面往来频繁。1945 年 8 月日本投降，该筱田队闻讯惊慌，大肆烧毁其机要文件，据四邻看见，焚烧有三天三夜，火烟未息。"

经过了解，原来是日军驻北京细菌部队占用了静生所，故而抗战胜利后，夏纬琨等人前去接收时，看到那里的日军正在销赃灭迹："同年 10 月中旬，某奉命接收静所，一进大门，便见院庭中间有一大坑，面积可有 1 亩，坑内尚有焚烧灰烬，破碎玻璃，及破煤油桶等物。日兵约 10 人，正在移土填埋此坑。待进楼中查视，则楼房上层各室皆空空如也，有日兵数名，正用喷雾器喷刷墙壁；中层各室，除图书室等外，余亦多是空空；下层各室，多满

积静所原有物品。"(《情形见闻》)

关于是日本哪支军队占领的静生所，胡宗刚在《北平静生生物调查所的复员》(以下简称《复员》)一文中说："文津街3号被日军占领之后，供其北支派遣甲第1855部队使用。日军借助该所的房舍、标本、图书和仪器，从事生物武器的研制。日军投降后，为推诿责任，减少罪证，其档案全部销毁或带走，故确情至今不明。对外却名之为'151兵站医院'，不过是招牌而已。日军撤离前，对静生所设施肆意破坏，卫生、电话、供电、供暖等设备全毁，家具散失也甚多，损失惨重。"

夏绰琨接收后，发现这里的图书和标本大部分不见了。胡宗刚在《复员》一文中写道："接收后，发现有大量的图书和标本流失，此时1855部队长筱田不敢露面，致使一些珍贵物品不知去向。夏纬(绰)琨几次向政府请示，要求逮捕战犯筱田，审问情况。经政府施压，筱田不得不露面，最终于1946年1月25日才办理完交代手续，缴来以下清册：《静生所现有物品清册》1本、《静生所图书标本分散清册》7本、《151兵站医院声明静生所原有财产目录被毁公函》1件。至此查明大部分图书、标本的下落，系由日伪机构所挪用，其中地质学书籍在北京大学理学院文元模处，生物学书籍在北京大学理学院张春霖处，土壤学书籍在产业研究所秋元真次郎处，古生物学及人类学书籍在北京大学蒋丙然及贵岛处。所幸这些都被追回。"还有一批最为珍贵的图书，日本人知其价值，将它们偷运回国，然途中船沉而佚。胡先骕知道此事后，想要亲自前往日本，向日本人按价索赔，遗憾的是没有得到政府支持，终未成行。

对于日军销毁静生所藏书之事，夏绰琨在《情形见闻》中附有日本人所写的烧书证明：

日军第一五一兵站关于静生生物调查所财产目录设计图面书全部烧毁的证明

此证

静生生物调查所原有财产目录

静生生物调查所设计书面书

如右开之书册系民国三十年日军接收以后于北支第一八五五部队筱田队保管，然而，民国三十四年八月苏联参战，而华北日军决定玉碎

作战方针，因而该部队奉烧弃一切书册命令，全附烧弃。此致

民国三十五年一月二十五日

第一五一兵站病院

（此件除盖有日军第一五一兵站病院印章外，还盖有斋藤诚的印章）

但是当年静生所与北平图书馆毗邻而居，按照秉志、胡先骕等人的设想，他们可以到图书馆内借用相应图书，李致忠在《中国国家图书馆馆史（1909—2009）》中写道：

1945 年 8 月，中国人民在经历了八年艰苦卓绝的斗争后，终于赢得了反对日本侵略战争的伟大胜利。馆名又改回"国立北平图书馆"。平馆在北平光复接收后图书的大体情形如下：

1. 全部文档卷宗完好无损。

2. 藏书大体无失。《四库全书》及留馆善本书籍毫无损失，由沪运回之中西文书亦均完整无缺。普通书库内被伪新民总会认定为"违禁之书"的党义及国家法令以及俄文书籍，被强行提去 30 箱；静生生物调查所借阅的 460 余种生物书尚未归还，但确知其下落；被伪军强行借阅而不还的书籍、报纸、杂志不过六七十种。

可见静生所的确借走了不少相关资料，但抗战结束后，这些书籍均下落不明。好在北平图书馆藏书大体无损，这与周作人的保护有重要关联，刘劲松在《抗战时期中国图书馆界研究》中说："1946 年首都高等法院检察官起诉曾任伪华北政务委员会常务委员兼教育总署督办周作人时，不少社会名流为周提供了有利证据，其中一项为维持文教。如前辅仁大学教授沈兼士、辅仁大学名誉教授董洗凡、前清华大学教授俞平伯等 15 人、北平临时大学补习班教授徐祖正等 54 人。"

对于静生所当年的藏书量，沈福伟在《西方文化与中国》一书《静生生物调查所》给出的概述是："北平静生所被日军侵占时，共有动物标本 35 万多件，植物标本 22 万号，图书 10 多万卷，欧美杂志 300 多种，尤多绝版文献。"抗战之后，这些书大多不见了，但是，"根据胡先骕提供的情

况,提到静生所全部标本和书刊都被运往日本东京,损失惨重"。

如此说来,这些书并没有被全部烧毁,有些是被日本人运走了,后来中科院接收了静生所,成立了整理委员会。在1950年1月21日的工作报告中写道:"书籍:北京图书馆方面已原则上同意书籍由工作部门继续使用,但尚须详细协商办法。清点结果计各种图书八三八四册(内静生所五一○册),抗日战争中损失八三四册,均已分别包扎妥当外,有各类小册子数千本,因分类不易,拟先搬走,再长期清理,新所图书室动物部分宽敞,植物部分显得拥挤。"

这里给出了剩余图书的数量:8384册,但括号中又注明静生所仅存510册。可见该所所藏的十余万图书仅余下个零头。

日本宣布投降后,胡先骕从江西泰和返回北平,努力恢复被破坏的静生所。1949年初,北平获得解放,此时基金会的拨款已不能到达,胡先骕写信给北平军事管制委员会文化接管委员会,申请借款以维持静生所。后来中国科学院看中了静生所所属房产,院长郭沫若与副院长竺可桢查看后,决定将静生所划归中科院,胡先骕表示同意,但不希望将静生所所址改为他用。

经过几次会议讨论,静生所最终成为了中科院下属部门,同时中科院搬入静生所楼内办公。《中国科学院静生生物调查所整理委员会工作报告》中载有第一次会议商讨结果,其中第一条是"静生生物调查所与北平研究院植物研究所合并",第四条是"图书、标本、仪器,亦视工作需要而转移,动植物分开,各有专人负责整理,一部分可供陈列者,借给北海大众博物馆。"

这里提到了植物研究所,关于该所的来由,2004年第4期《生物学通报》中刊发的李枢强所撰《陆谟克堂》一文称:"北京动物园在本世纪(20世纪)20年代末称为'农事试验场',此前称为三贝子花园。李书华等在筹建北平研究院时看中了这块场地,把农事试验场更名为'天然博物馆'。北平研究院把下属的动物研究所、植物研究所和生理研究所设在这里。"

可见北平研究院是由李书华所创办,其创办地点在三贝子花园,此处即是今日之北京动物园。对于创办时的情形,《李书华自述》中称:"天然博物院乃民国十七八年间以北平西直门外三贝子花园农事试验场改组成立者。民国二十二年该院主持人萧瑜（子升）出国赴欧。我以该院理事被推兼代该院院务。当时该院内房屋年久失修，动物园动物死亡过半，花园亦凋零。我设法修理房屋及各种建筑，购买各种猛兽及他种动物，恢复花园盛况。"

北京动物园内有一座楼名叫陆谟克堂，关于此楼的来由，李枢强说："为缓解北平研究院用房紧张，中法文化教育基金会、国立北平研究院以及国立北平天然博物院等共同主持在 1933 年建成了陆谟克堂。"同时此文谈到陆谟克堂墙上有一块大理石的介绍牌：

中法教育基金委员会、国立北平研究院、国立北平天然博物院三机构合作，在天然博物院内建设生物楼一座，定名陆谟克堂，以供北平研究院生理、植物、动物等研究所之研究室及标本室之用基地。由天然博物院供给建设费，由中法教育基金委员会及国立北平研究院担任。民国二十二年五月十七日开工，同年十月二十一日完工。

陆谟克堂理事会立

中华民国二十三年十一月二日

从此文的叙述上看，当年陆谟克堂也有藏书，但这些书也被毁掉了，《陆谟克堂》载："陆谟克堂建成后 3 年，抗日战争爆发。北平研究院被迫于 1937 年南迁。一直到 1945 年北平研究院才得以复原。1949 年解放前夕，国民党军队又占领了陆谟克堂大楼，随意践踏标本和图书，抢夺贵重物品。为保护标本，很多科研人员冒着生命危险往外抢标本，把多年来千辛万苦采集到的标本运到中南海的怀仁堂（当时是北平研究院总办事处）。解放后一直到 1995 年，陆谟克堂是中国科学院植物研究所的主要办公场所。"

静生所与北平研究院植物研究所合并后，迁到了陆谟克堂内办公，从整理委员会第一次工作报告第四条中可知，当时静生所残余之书也转移到了合并的所，故那批书运到了陆谟克堂内。

关于陆谟克堂的情况，赵常秀在《昔日的北京动物园》一文中说："1929 年中央政府派李石曾接任场长，将本园改称'天然博物院'，一新人之耳目，并在鬯春堂南首建一法国式大楼，内设生植物学研究会，该楼定名'陆谟克堂'。陆为法国人，生物学博士，在华研究生物有年；故后中央研究院为纪念该人故建此楼。该楼与前观测所工作人员均归中央研究院直辖，其经费指定庚款支付，与农事试验场无关。"

陆谟克是进化论的先驱，现在将他的名字译作拉马克，他被视为第一个进化论者。1794 年，他第一次把动物分为脊椎动物和无脊椎动物两大类，后来又从低级到高级把动物归为六个等级。他还阐明了生物与环境的关系，提出了著名的"用进废退论"，认为任何一种器官用得越频繁越长久，就能使此器官加强，否则就会衰退，他的这些理论对达尔文有启迪。

李煜瀛很赞赏陆谟克的观念，1917 年 5 月 27 日他在北京留法俭学会预备学校开学典礼上的讲话中称："进化学哲理为法国陆谟克所发明，犹在达尔文五十年之前。进化学，中国亦名曰天演学，即证明生物进化，由简单而繁复，由微小生物演进而为虫、鱼、鸟、兽以及于人，此说既定，则宗教中上帝造人之迷信。已根本打消。"

出于这样的原因，李煜瀛利用基金会在三贝子花园中建起了陆谟克堂，以此来纪念这位伟大的生物学家。

2022 年 3 月 12 日，我前往北京动物园去寻找陆谟克堂。十几年前我在动物园后门居住了几年，傍晚时常会入园散步，但园内面积太大，我通常只在一个小的区域内兜圈子，从来没有看到过有这么一座建筑，故猜测它应当在动物园前门附近。我决定到那里去探探。此时正值新冠疫情，我担心那里闭园，之前两天在网上查到电话先去电咨询，得知没有闭园，但必须提前预约，经过一番操作，终于拿到预约码。

一早虽然下起了雨，但既然已经预约，只能冒雨前往。印象中动物园正门无法停车，故打车来到这里。以前这里是外地游客必到的打卡地之一，永远是熙熙攘攘的人群，而今却"门前冷落鞍马稀"。但防疫措施仍然很严格：每位游客除了扫行程码和健康码，还要穿过长长的围栏做体温检测，之后才能走到检票口。扫码进入后，还看到几位工作人员手持检测器具，如临大敌般地盯着入园者。他们认真的工作态度令人赞赏，只是我猜不出他们如何能够辨别出哪个人是病毒携带者。

入园后我先找到平面图，在上面仔细观察，上面竟然没有标示出陆谟克堂，无奈返回到入口，防疫人员立即把我拦住，称出口在旁边，我向他打听陆谟克堂所在，说了三遍他都听不清。好在一位路过的工作人员知道我在说什么，他让我沿着湖边一路左转就能看到。

慈禧太后住过的房子

此时小雨已渐渐停歇，我走到湖边，看到湖心小岛上有上百个鸟巢，这是我从没有走到过的区域，看到它们自由地在这里飞翔鸣叫，瞬间忘记了令人身心疲惫的疫情。当年慈禧太后带着光绪皇帝两次来这里游览，可见爱动物之心人皆有之。据说当年这座动物园是仿照德国汉堡动物园建造的，大部分动物也是从德国买来的，一共有700多只，后来因管理不善，再加上人为破坏，到1949年时只剩下12只猴子和3只鹦鹉。不过前些年我来公园闲逛时，已经看到哪个角落都有动物。

沿小径穿入一片幽静区域，树丛中看到一座楼房，走到入口处，果然看到立着一块铜板，上面用中英文写着陆谟克堂的介绍。其称"1934年，由中法文化教育基金会、国立北平研究院及国立北平天然博物馆用庚子赔款建造……"。

从外观看，该楼为三层青砖楼，外面加了水泥梁柱，想来是1976年唐山地震后做的加固。楼的正中上方有"陆谟克堂"四个大字，似乎有被砸过的痕迹。楼门口立着牌子，称这里是办公区域，我只好围着楼东拍西拍。但不入内看看，终觉遗憾。在门口观察一番，看不到有工作人员走动，于是我小心入内，没想到从旁边的屋子里立即闪出一位工作人员，他很和善地问我有什么事，我向他讲述自己拍摄的目的，他竟然同意我入内拍照。

这座楼没有大堂，正前方就是上楼的楼梯，左右两边是走廊，从走廊看，这座楼近期做了彻底的装修，已经看不出任何旧迹。沿楼梯登上二楼，看到两侧的墙上挂着很多考古发掘现场的老照片，其中有发现猿人头盖骨的过程，这在当时是轰动世界的事情，直到今天，仍然未找到那个头盖骨的下落。

三楼前方有一小厅，这里摆放着一些植物，基本都是近两年流行的多肉植物，我不清楚这是植物所的研究项目还是某位工作人员的个人爱好。这里的房间都关着门，我试着推了推，未能推开，不清楚哪个房间还在做图书室用，只好原路下楼，走到门口郑重地向那位好心人表达了谢意。

一星期后，我前去探看静生所旧址，按照资料显示，其处在文津街3号。文津街7号就是国家图书馆古籍分馆，那里不知去过多少次，印象中分馆主楼的侧边就是北海公园，且两者之间只有铁栅栏相隔，站在楼边可以清楚地看到公园内的景致，所以在古籍分馆和北海公园之间已经没有门牌号。

文津街1号与国图古籍馆仅隔着栏杆

我猜测静生所旧址圈在了北海公园院内，于是我先进入公园内，然后沿着北海岸边一路向前走，竟然发现没有办法走到对岸，但能看到对岸有一座旧式的楼，我猜测那里可能是静生所旧址。

既然没有办法跨湖而过，只好从北海公园南门走出，绕过团城一直走到了湖对岸，竟然发现在古籍馆旁边还有一个院门，这里的门牌号是文津街 1 号。既然有 1 号，前面应该有 3 号，但再往前走就是古籍馆的大门。不知什么原因，古籍馆大门口有几位工作人员在一一告知来客禁止入院。我想起国图出版社也在此院办公，于是打电话给王燕来先生，他说院内有了密接者，所以他们只能居家隔离。其实前一段我就给王先生打过电话，问他文津街 3 号在哪里，他说确实没有这个号牌，但会帮我打问静生所在哪里，今天他告诉我说还是未能问到具体地点。

我决定到现场去查看，走到文津街 1 号，发现这里也挂着北海公园的牌子，但两者之间并不相通，我跟工作人员说刚才已经在主园买过票了，他很宽厚地看了我手中那张已经剪掉的票，挥手让我入内，我停下来问他为什么这里还有一个入口，他说沿着湖边一直走，就能连上公园的另一侧，当我问静生所时，他说没有这个地方。

进院前行二十米，在左边就看到了栏杆里面的临琼楼，按照资料上所言，静生所与北平图书馆共用暖气，但是临琼楼前不足二十米宽，这里建不下楼，于是继续向前走，看到那处仿古院落，也就是我在对面看到的那座房屋，这里的匾额是"西华艺楼"，侧旁挂着"北海公园管理处"牌子，再往前行，乃是一处碑廊，里面挂着一些介绍展板，一一看过去，没有一块提到静生所。

展眼向前看去，前方已经没有建筑，看来那座楼房已经被拆掉了，回来后继续在网上查资料，看到一篇文章说在 20 世纪 80 年代，那座楼被拆了，根据北海西岸的空地情况，所拆之处应该就是刚才看到的那个公园管理处，因为只有那一块地能够建造一座房屋。是什么原因拆掉了那座楼，我未查到史料，但在《马衡日记（1948—1955）》中查得，他在 1949 年 7 月11 日"为胡步曾书'静生生物调查所'等门榜两方"。

步曾是胡先骕之字，到马衡写日记的时候，静生所已经归了中国科学院，他何以还要请人来写相应的匾额呢？唯一的解释是他想以此做留念，可见他对静生所感情之深。

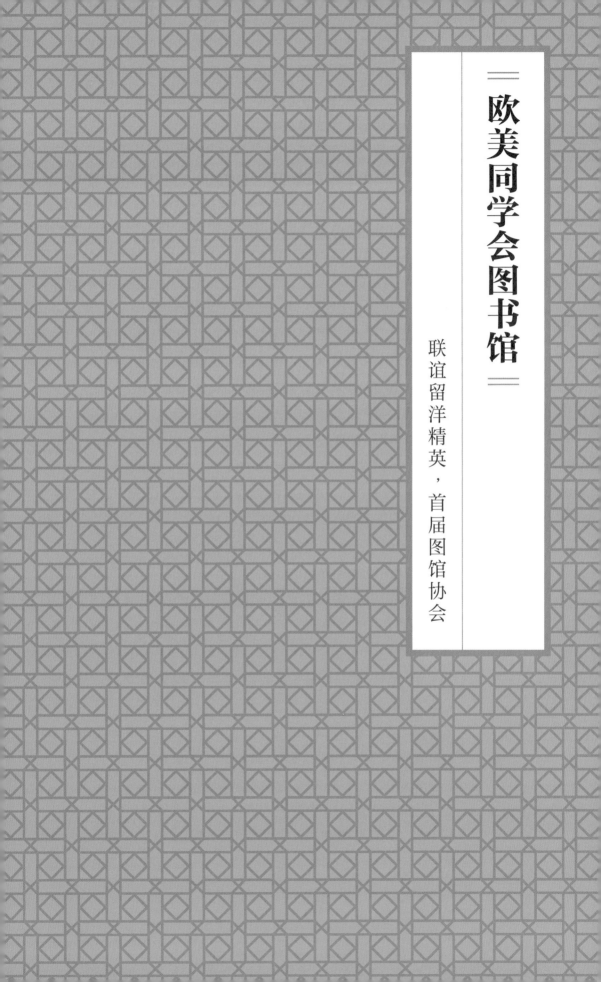

欧美同学会图书馆

联谊留洋精英，首届图馆协会

欧美同学会是国外留学生组成的团体。清代早期留学生基本属于自费，道光二十七年（1847），香港马礼逊学校的学生容闳、黄胜、黄宽三人，由该校校长布朗带到美国留学，就读于马萨诸塞州孟松学校，转年秋黄胜因病归国。道光三十年（1850）夏，容闳考入耶鲁大学，四年后毕业，成为近代中国在外国大学获得学士学位的第一人。黄宽则在道光三十年（1850）前往英国爱丁堡大学学习医学，成为近代中国留学欧洲第一人。

19世纪60年代，清政府兴办洋务，同治七年（1868），中美签订《续增条约》，其中第七条规定："嗣后中国人欲入美国大小官学学习各等文艺，须照相待最优国之人民一体优待；美国人欲入中国大小官学学习各等文艺，亦照相待最优国之人民一体优待。"

同治十一年（1872），三十名中国儿童前往美国留学，由此开启了近代中国官派留学的先河，此后三年，清廷每年派出一批，总计四批，合计120人。这些儿童很快适应了美国生活，以至于监督委员认为他们违背祖训，向朝廷提出要将幼童撤回。当时清廷与美国签署的是十五年的留学计划，经过保守势力的鼓噪，这批留学生在光绪七年（1881）全部撤回中国。

这120名留学生中，只有詹天佑和欧阳庚两人获得学士学位，虽然如此，这批学生回国后大多发挥各自专长，在政治、外交、海军、铁路等方方面面都为祖国建设作出了极大贡献。

中国最早的留欧官派生基本出自福州船政学堂，从光绪元年（1875）开始，朝廷陆续派福州船政学堂的学生前往英法学习军舰驾驶和造船技术，前后共派出80余人，这些留学生回国后服务于许多重要部门，出现了严复、马建忠这样的维新思想家，同时也出现了刘步蟾、萨镇冰等近代著名海军将领。

总体来说，这个阶段的中国留学人数很有限。光绪二十一年（1895），甲午战争的失败极大地刺激了爱国知识分子和开明官绅，众多人开始提倡维新观念，而那时的日本学习西方技术，在近代化方面很成功，于是大量中国人前往日本，学习经过日本消化吸收后的洋务。

从光绪二十九年（1903）开始，留学日本的人数已超千人，此后的几年，每年达到八千余人，形成了中国历史上第一次留学潮。

此阶段民间自费留学的同时，也有官派赴美留学，几年间清政府共派出220名官费赴美留学生。光绪三十三年（1907），美国政府通过法案将部分庚子赔款作为中国学生赴美留学的专款。到宣统三年（1911）前，留美学生超过千人，留欧的中国学生也有千余人。

这些国外留学生在留学期间组织了一些团体，比如留美学生按照美国的地区建成了美西、美中、美东多个留学生会，到1911年成立了留美中国学生总会。这些留学生回国之后，为了促进相互间的交往，也建起了一些学生会。比如光绪三十一年（1905），在上海的归国留学生成立了环球中国学生会，该会不但联络留学生之间的情谊，同时还会帮助想出国留洋的青年。这些留学生所办的学会以创办在北京的欧美同学会最具影响力。

关于欧美同学会的创建人，相关文章大多会引用《顾维钧回忆录》中的自述："有一个留美学生的团体，每年聚餐三四次。这种集会是社交活动。每人都可回忆学生时的欢乐，根据我在美留学的经验，成立一个归国留学生同学会很有必要。它可以定期集会，请美国或中国著名人士讲演，或对大家关心的问题召开讨论会。这个意见深为清华大学校长周诒春所赞许。他是耶鲁（大学）毕业的、专攻教育，对公众事务极为关心。由于他的赞助，我组织了留美同学会，会员包括美国大专院校毕业的中国学生，年龄不限。"

顾维钧称，他觉得留学生回国后应当定期聚会，以便共同探讨大家关心的问题，这个想法得到了清华大学校长周诒春的赞同，所以他们决定组织留美同学会。从这段叙述看来，似乎在欧美同学会之前，顾维钧与周诒春先组织了一个留美同学会。

留美同学会办起来之后，顾维钧首先考虑到的就是给该会创建一所图书馆，他说："回国留学生感兴趣的第一项活动是成立图书馆。"但是创建图书馆需要一笔不小的费用，仅靠会员交纳的会费无法办起图书馆，于是顾维钧通过私人关系去想办法："我去找美国驻北京公使芮恩施，芮恩施曾任威斯康星大学政治学教授。有些中国留学生是他的学生。成立图书馆这个想法引起了他的兴趣。他一定认为中国这个亚洲第一共和国需要对治理国家和政府机构问题加以研究，因而他提出开始先搞个政治学图书馆。当我们提出必须获得经济支援时，他以为这不是什么困难问题。他知道可以帮我们去和卡内基基金会这样的美国团体联系，卡内基基金会有一个推进全世界图书馆业务的责任。芮恩施认为先要为同学会找一个合适的会址，这真是个问题，但我们并不灰心。我和周诒春博士商量。

北京市民间组织国际交流促进会

■ 欧美同学会门前

他答应给找几间不花钱的房子作同学会的会址和图书馆的馆址。他通过他的满族朋友的关系，发现大有希望得到宫内管理机构的许可，使用一处房屋。"（《顾维钧回忆录》）

经过一番活动，他们终于找到了图书馆用房，此处房子在太庙入口处，很适合开办图书馆。于是顾维钧"得到这个令人鼓舞的消息以后，我们立即着手准备了个呈文，交管理机构。不久即得到正式批准，这个消息使芮恩施感到很高兴，他立即和美国卡内基基金会联系。不久，我们就得到通知，他得到了三至五千美元。这笔钱使我们得以着手收拾房子，作为会议室和图书馆，以及买书，主要是英文书，也有中文的和法文的"（同上）。

由此可知，留美同学会在成立之初就办有正式的图书馆，这说明了当时留学生对开办图书馆都有着浓厚的兴趣。

接下来顾维钧又想到他们不仅要把留美同学团结在一起，还应当将到其他国留学的学生团结在一起，故而图书馆建成之后，他去找留英同学会商议联合之事。这件事办得没那么顺利，但顾维钧没有灰心，他继续商量，又得到了两位同学的支持。那时周诒春在清华园任教，距市区较远，所以相关的联络均由顾维钧负责，他找到了留英的伍朝枢等人，经过他的一番运作，成立起了欧美同学会。此后他又联络"留法比德会"，把英、美之外的留学生也拉了进来，于是在几个月后成立了一个大型的欧美同学会。

1913年10月19日，北京的《大自由报》刊发了《欧美同学会之盛会》一文，该报道的前几句是："欧美同学会于昨晚在西交民巷本会所欢迎外交孙总长、教育汪总长。到者王赓君、王正廷君等约百人，皆一时俊杰。席半，由主任干事顾君维钧举觞进欢迎词。孙外交起席致答：略谓欧美诸同学学问深造，久为侪辈所景仰。惟当此世风颓败之际，应格外讲求道德，为国人之倡。诸君子虽未能今日置身青云，然果于学问之外益以道德，则他日享大名、建大业者，非诸君必莫属。"

可见欧美同学会的创始人主要是顾维钧和周诒春。顾维钧早年在上海圣约翰书院读书，光绪三十年（1904）赴美留学，两年后考入哥伦比亚大学，主修政治和国际外交，获得了硕士学位之后，继续师从国际法和外交学专家穆尔教授攻读博士。在留美期间，他担任过美东中国学生联合会主席。1912年春，国务总理唐绍仪邀请他回国任临时大总统袁世凯的英文秘书，转年供职于北洋政府外交部，是中国著名的外交家。

欧美同学会成立后,顾维钧被推举为首任主任干事。1915 年 7 月,他被任命为中国驻外公使,于是卸任同学会主任干事一职。

周诒春也是出自上海圣约翰书院,光绪三十三年(1907)赴美留学,先后入耶鲁大学和威斯康辛大学,专攻教育及心理学,获得硕士学位,宣统三年(1911)回国,参加清政府组织的留学生考试,获得文科进士。

欧美同学会成立后,先是租用西交民巷的一处四合院作为会所,然此期间发生了不愉快的事,使得他们决定另觅一地,作为该会的永久活动地点。徐安德主编的《情系东城:东城区爱国主义教育基地、遗址、现址大观》中谈到欧美同学会时说:"欧美同学会会址,最初在北京西交民巷临时租赁的一小四合院内。当时在东交民巷有一个外国使团主办的'国际俱乐部',但拒绝中国人参加,同学会会员甚为气愤,于是募捐集资,于1915 年在北京东城南河沿南口,以现银 2000 元购得已破旧的普胜寺,拆修后建立会所。"

办成此事之人乃是欧美同学会主任干事王景春,他是继顾维钧之后,欧美同学会的第二位主任干事。王景春毕业于耶鲁大学土木工程系,之后入伊利诺伊州立大学攻读铁路运输管理专业,1911 年获得博士学位,1914 年任北洋政府交通部司长,1917 年任京汉铁路局局长。

1915 年,他向北洋政府内务部要求将石达子庙拨给欧美同学会。该庙当时归北洋政府蒙藏院管辖,为此,蒙藏院提出了相关意见:"石达子庙为京城喇嘛官庙之一,其土地建筑具载本院官有财产册内,并设有职任喇嘛率领格隆班第等僧众以资管守。现时僧房依然存在,并非无人主持废址可比,倘一经拨归该会,不惟官产未便捐弃,即该庙喇嘛亦无人收容。如该会以该庙地点便于交通,另购相当房屋互换,以为该喇嘛等梵修之所,再行酌核办理。"(《批欧美同学会石达子庙如需拨用应购房互换批示遵照文》,《内务公报》1916 年 2 月 1 日)

蒙藏院称石达子庙里面仍然住着僧人,如果拨付给欧美同学会,那些僧人将无去处,但他们同意可以另购房屋来做交换。于是同学会的人筹集了 2000 元,付给石达子庙的喇嘛,喇嘛很快购买了其他房屋。可是当同学会的人想进驻石达子庙时,蒙藏院又提出了其他的问题:"兹据禀称前情,现在该庙喇嘛业经另购庙宇,将次竣事,所请点交一节应照准。查该庙即普胜寺,坐落在东安门南池子地方,共计殿房三十七间,庙址面积计:长二十八丈五尺，宽三十五丈。惟据该庙喇嘛得木奇等声称：该庙年久失修，复经庚子兵燹，其圮废之处，有经该喇嘛等募化修筑者约十八间，实系官地建筑私房，不能概作官产拨交等语，本院查核尚属实情。除喇嘛私房应由该会妥与该喇嘛等直接理处，并令行京城喇嘛印务处转饬，将庙腾交该会接收外，合行批示，仰即前往该庙接洽为要。"

按此说法，石达子庙内的喇嘛自己出钱在院中建了十八间房屋，这些房屋不能作为公产移交给同学会，但最终同学会还是拿下了石达子庙，是否又另外拿出一笔钱来补偿给庙里的喇嘛，今已不得而知。按照欧美同学会第三任主任干事蔡元培在民国七年（1918）六月申请免除会所房产税的呈文上看，似乎没有另外再掏额外的费用，同学会就将石达子庙拿了下来，这篇买契的最后写道："契约：欧美同学会主任干事蔡元培本会会所系民国五年五月奉大总统令拨给石达子庙官产一区，应请免税注册。"

欧美同学会永久会址建成后，在社会上引起不小反响，比如 1917 年 2 月 22 日的《申报》报道："欧美同学会成立已久，当袁政府时代，曾指给南池子石达子庙官产地作为该会永久场所，旋经鸠工修理，约需款二千元，目下业已竣工，蒙黎总统颁给'会友辅仁'匾额。陆子欣以会所告成，特于前日（十七日）下午六时，招集会员，开新春恳亲茶话会，到会者百余人。"

按照欧美同学会所定章程，该会的性质既不是政治团体，也不是营利机构，而是专门性质的俱乐部，每个会员都有自己的职业和工作，他们是业余来参加活动的。按照 1915 年该会给内政部的呈文，此会是"以讲学、言志、敦品、励行为宗旨"，完全没有政治目的。

但是，每位同学实际上都有自己的个性和政治主张，比如民国十四年（1925）在上海发生了枪击学生事件，欧美同学会在 6 月 11 日的《申报》上刊发了《欧美同学会宣言》，该文称："此次上海事变，公共租界捕房对于赤手空拳、无力抵抗之青年学生，在文明各国制止群众运动之应用方法及手续尚未用尽之时，遽以实弹射击，一之不已、至于再三，以致死伤狼藉，顿陷全市于恐慌悲惨状态，形势紧迫，全国震动。"该会同时提出了治标和治本的方式。这篇宣言有十一位同学会成员署名，其中有周诒春、颜惠庆、贝寿同，可见在面对社会的不公时，学会成员会亮出自己的观点。

该会成立后不久，办起了《欧美同学会会刊》（以下简称《会刊》），该刊创办于 1920 年 3 月，《会刊》的发刊词中讲到了他们为什么要组织此会以及办《会刊》的缘由："海通以来,缩五洲为一邱,虽以吾数千年闭关自大之中华,事事与欧美诸邦生密切关系。自一缕一针之细故,以至于政治风俗之大端,无不东鸣西应,速于邮命。以故欧美人之曾来吾国者,率皆分别调察,陈述意见,以报告于其国人,而为对待吾国之标准。其所生之效果,吾侪固熟睹之而身受之矣。而我国各方面负责任者,乃尚多懵然于欧美之情势,遇事竭蹶,动失机宜,固由彼辈无集思广益之度量。而曾游欧美者,不以见闻所及,多方介绍,亦不得不分任其咎也。"

同学会成立后,首先制订了相应的规章制度,但这些制度制订得颇为简略。1917 年 1 月 4 日,蔡元培就任北京大学校长,转年 3 月当选欧美同学会主任干事,很快由他制订出了详细制度,使得同学会的工作走向制度化。他所制订的制度,其中之一就是要为同学会订阅报纸杂志：

> 定外国语日报及杂志：
>
> 1. 北京、上海发行之外国语报纸。
>
> 2. 日本发行之英、法文报纸。
>
> 3. 英、美、法、俄等国所发行之日报（最著名者）及杂志。

除了订阅杂志之外,同学会还建起了图书室,《欧美同学会简史》中写道："1921 年 10 月 9 日干事会上,干事王世澄提议设立欧美同学国际学研究部,并建议组织欧美图书编辑社和图书室,得到一致赞成。同年 11 月 10日干事会上,主任干事马德润再次提议组织欧美图书编辑社,并主张编辑人员不限于欧美同学,也得到大家的赞同,并请马德润草定章程。1922 年6 月 1 日,新一届干事部又一次商议了附设图书室事宜,推定胡适、吴昆吾、郝日初、陈儆庸、马德润等为筹备员。"

按照刘昀在《孤帆远影：陈岱孙与清华大学》中《北京城外清华园》一文所载："曾先后就读于耶鲁大学和威斯康星大学的清华学校校长周诒春发起成立了留美同学会,他通过一些满族朋友的关系获得了宫内管理机构的许可,在太庙东门找到几间不花钱的房子（今天的南河沿大街111 号）作为会址并建起一所图书馆。美国公使芮恩施帮助留美同学会从卡内基基金会申请到大约五千美元的资助,用来整理房舍以及购置外文图书。"

这段话讲述的仍然是留美同学会时所建之图书馆，后来顾维钧等人建成了欧美同学会，当时留美同学会图书馆的书是否一并捐了过来，我未查得相关史料，但既然欧美同学会是由留美同学会等会合并而成者，想来那个图书馆也归了欧美同学会。

按照蒋复璁在《徐志摩先生轶事》中所言，当年梁启超、蒋百里访欧时曾带回一大批外文书，他们想在欧美同学会内办读书俱乐部："百里叔于欧战后，随同梁任公先生访欧，协助巴黎和会，同行有丁文江、张君劢、刘子楷诸君，归途带回一万余册英、法、德文书，本想办一读书俱乐部，附设在欧美同学会，供众阅览。百里叔要我去帮写目片，主事者是一北大同学陈君。后来因蔡松坡将军病故，在上海纪念蔡将军的松社停办，其中附设的松坡图书馆的全部藏书北迁，于是由梁任公先生主持，在北平石虎七号设立松坡图书馆第一馆，将原拟办读书俱乐部一万余册西文书全部移入。"

可惜这件事没有促成，否则的话，欧美同学会图书室内的藏书数量和质量都会有较大提高。

当年的同学会办得很有影响力，时常会邀请名人来此讲座，比如1920年罗素应蔡元培邀请来华讲学，法国著名汉学家伯希和也曾受邀来此聚会。1921年蔡元培在欧美考察大学教育，当年3月2日在巴黎拜访伯希和，他聘请伯希和担任北大研究所国学门考古学通信员。伯希和曾以此身份出席在埃及开罗举办的万国地理学会大会，另外伯希和促成了中法图书交换，并推荐中国学者李济获得了儒莲奖。

叶隽在《汉学家的中国碎影》中写道："1933年1月10日晚，中研院史语所在欧美同学会公宴伯希和，并由所长傅斯年致欢迎辞，而伯希和在答词中则表示了对中研院长蔡元培人格学问的景仰之意。" 这场宴会有多位名人参加，其中有胡适、梁思成等人，按照周骀谷在《钩沉学海，猎逸书林——记一代史学宗师陈垣》一文所载，伯希和在这次聚会上的讲话引起了胡适的不快："法国汉学家、东方学家伯希和更是将陈垣与王国维相提，认为时中国史学界无出其右者。据说这番话是在欧美同学会迎宴伯希和的席上说的，当时的翻译是诗人梁宗岱，他也就将原话直译，引得同座的胡适，面色老沉。"

自从有了永久会所，很多团体都来租房，比如国际联盟同志会、华法教育会、画学研究会等等，到1921年时，有九个团体在欧美同学会大门前挂牌。也许是太过热闹,致使房子不够用,从 1923 年后,此会开始扩建,扩建工程持续了三四年,总计花费超过 4 万银元,此次扩建是由贝寿同来做整体规划和设计。

关于改造完成后的情形,贝蓓芝在《欧美同学会的诞生及其北京会所的建造》一文中写道:"从 1925 年到 1928 年欧美同学会新建房屋九十间,又将大厅加以美化,环以暖廊,形成有天井的中心四合院落。会所内设有办公室、图书室、西餐厅、游艺室、浴室、理发室、网球场、宿舍和招待所等设施。"

可见扩建后的同学会依然有图书室存在,这次改造颇为成功,梁思成在 20 世纪 40 年代撰写的《中国建设史》中说:"至国人留学欧美,归国从事建筑业者,贝寿同实为之先驱,北京大陆银行为其所设计。欧美同学会则就石达子庙重修改造,保留东方建筑之美者也。"

欧美同学会与中国图书馆馆史最为密切的关系,乃是在这里正式成立了中华图书馆协会。中国最早的图书馆组织是成立于 1918 年 12 月的北京图书馆协会,但该会没有得到教育部的批准,加之经费困难,不久就停办。1921 年冬,全国教育界成立中华教育改进会,转年,该会第一届年会上决定要成立图书馆教育研究委员会。

1924 年 3 月 30 日,中华教育改进会敦请戴志骞发起,与袁同礼、蒋复璁等共同成立了北平图书馆协会,这是全国最早的地方性图书馆联合团体。该协会成立后分别致函各地,要求各地成立图书馆协会,而后经过协商,各地的图书馆协会在 1925 年 4 月 25 日于上海召开了中华图书馆协会成立大会,6 月 2 日在北京欧美同学会举办成立仪式。

中华图书馆协会的成立,与韦棣华的努力有重要关联,中国科学技术协会主编的《中国图书馆学学科史》中称:"1925 年 4 月,在著名图书馆学家韦棣华女士的奔走呼吁下,应中华教育改进社邀请,前美国图书馆协会主席鲍士伟受美国图书馆协会委托来华考察中国的图书馆事业。直接催生了协会的产生。为接待鲍士伟来华考察中国图书馆事业,中国图书馆界藉此在上海多次召开会议共商成立全国图书馆协会大计。4 月 22—24 日,全国各地代表齐聚上海徐家汇南洋大学图书馆召开讨论会,经过多方努力协调,最终通过了全国图书馆协会组织办法,定名为中华图书馆学协会。"

4月25日，中华图书馆学协会在成立大会上推举蔡元培、梁启超、胡适等15人为董事部董事，戴志骞被推举为执行部部长，杜定友、何日章为副部长，同时聘请了33位执行部干事。转天，鲍士伟乘船抵达上海，新成立的协会派代表30多人前往迎接。此后，"6月2日，中图协会成立仪式在北京南河沿欧美同学会礼堂举行。各省区图书馆及图书馆协会代表百余人与会。教育部次长吕健秋及鲍士伟发表演讲。董事部部长梁启超发表演说，阐述了他对图书馆事业发展方向及协会的使命。会上，韦棣华女士发表了题为《中美国际友谊之联络》的演说"。

对于鲍士伟访华的重要意义，刘劲松在《抗战时期中国图书馆界研究》中说："1924年美国政府通知中国政府，决定退还多余的庚子赔款，但限定退还款项用于支持中国的教育文化事业，包括永久性文化事业，如图书馆。这是文华大学图书馆科韦棣华女士极力争取的结果。1925年，鲍士伟博士受美国图书馆协会委派，代表美国政府考察中国的图书馆现状，以确定资助事宜。鲍士伟的中国之行，激发了中国图书馆界的极大热情。为了欢迎鲍士伟，展现中国图书馆界的形象，争取退还庚款的资助，5月，在杜定友等努力下，中国图书馆界精英云集上海，讨论建立中华图书馆协会事宜。经过反复磋商协调，图书馆界同意中华图书馆协会提前在上海举行成立会筹备仪式，以示对美国图书馆界代表的欢迎。筹备会仪式现场热烈而隆重。6月，协会在北京正式举行了成立仪式会，中国图书馆界全国性专业协会组织就此成立。"

梁启超在《中华图书馆协会成立会演说辞》中首先表扬了鲍士伟来华考察图书馆，对中国图书馆业的促进："鲍博士到中国以来，在各地方，在北京，曾有多次演说，极力提倡群众图书馆——或称公共图书馆的事业及其管理方法等项，大指在设法令全国大多数人能够享受图书馆的利益，与及设法令国内多数图书馆对于贮书借书等项力求改良便利，这些都是美国'图书馆学'里头多年的重大问题，经许多讨论，许多试验，得有最良成绩。鲍博士一一指示我们，我们不胜感谢。我们绝对地承认群众图书馆，对于现代文化关系之重大，最显著的成例就是美国。我们很信中国将来的图书馆事业，也要和美国走同一的路径，才能发挥图书馆的最大功用。"

接下来梁启超阐述了图书馆的两要素：读者和读物。他先讲到了美国群众读书的普遍性，谈到中国的状况时，梁启超说："至于其他一般人，上而官吏及商家,下而贩夫走卒,以至妇女儿童等,他们绝不感有图书馆之必要。纵有极完美的图书馆,也没有法儿请他们踏到馆的门限。这种诚然是极可悲的现象,我们将来总要努力改变他。"

接下来梁启超又阐述了两个重要观念,一是要建设中国的图书馆,二是要培养人才,创建"中国的图书馆学"。他提出的这两个观念对中国此后的图书馆建设影响深远。为什么要单独提出中国图书馆学呢? 梁启超解释说:"学问无国界,图书馆学怎么会有'中国的'呢。不错,图书馆学的原则是世界共通的,中国诚不能有所立异。但中国书籍的历史甚长,书籍的性质极复杂,和近世欧美书籍许多不相同之点,我们应用现代图书馆学的原则去整理他,也要很费心裁,决不是一件容易的事。从事整理的人,须要对于中国的目录学(广义的)和现代的图书馆学都有充分智识,且能神明变化之,庶几有功。这种学问,非经许多专门家继续的研究不可,研究的结果,一定能在图书馆学里头成为一独立学科无疑,所以我们可以叫他做'中国的图书馆学'。"

关于梁启超讲话的重要性及此后该协会所办刊物的成就,江琳在《从"文物保护"到"文化保护"——近代中国文物保护的制度与实践研究1840—1949》中写道:"1925 年 6 月,中华图书馆协会成立大会在北京欧美同学会召开,梁启超在学会成立大会上发表了演说词,要以'吸集异域之新知,推寻吾族之国宝'作为同人努力的方向,认为图书馆的任务'当然是搜罗外国的专门名著和中国古籍'。协会成立后出版了《中华图书馆协会会报》《图书馆学季刊》《全国图书馆调查表》《日本访书志补》《中国图书馆概况》等,还与北平图书馆合刊《古佚书录汇辑》。"

中华图书馆协会的成立,对于中国图书馆界影响深远,对于该会成立时的参加者,《浙江公立图书馆第十期年报》中附录有《中华图书馆协会成立会记》:

> 中华图书馆协会于二日下午三时,在北京南河沿欧美同学会礼堂开成立会。各省代表到会者有:山西公立图书馆代表侯与炳,上海图书馆协会代表、南洋大学图书馆馆长王永礼,上海群治大学图书馆代表何宪琦,国立广东大学图书馆代表袁同福,武昌华中大学文华公书林代表沈祖荣、胡庆生,南京图书馆协会、江苏图书馆协会、金陵大学图

书馆代表小缘，直隶省立图书馆代表何日章，中州大学图书馆代表李燕亭，武昌省立图书馆代表严献章，无锡县图书馆代表孙子远等十二人。北京方面，除梁启超、颜惠庆及鲍士伟、韦棣华等外，教育界到者约一百五十余人，礼堂顿呈人满之象。

有这么多重要代表齐聚欧美同学会，其盛况可知。此后该协会积极参与国际交流。1925 年，中华图书馆协会委托刘国钧出席美国图书馆协会年会，转年，该协会派正在美国的裴开明、桂质柏、韦棣华三人以及国内派去的两人共同出席美国图书馆协会成立五十周年大会。

1927 年，韦棣华代表中华图书馆协会参加英国图书馆协会成立五十周年大会。同时韦棣华代表本协会参加了国际图书馆协会联合会（IFLA），成为发起者之一。《中国图书馆学学科史》中称："20 世纪 20 年代，协会积极关注和促成世界性的图书馆联合会。1927 年秋，英国图书馆协会 50 周年庆典在苏格兰爱丁堡举行。会议组建一委员会专门讨论'国际图书馆协会联合会'（IFLA）成立事宜。奥地利、比利时、加拿大、捷克、丹麦、英国、法国、德国、荷兰、意大利、挪威、瑞典、瑞士、美国、中国等 15 个国家的图书馆协会代表共 21 人参加。韦棣华女士受协会委托作为代表出席，并在发起成立'国际图书馆协会联合会'议案上签字。中图协会成为国际图联的发起者之一。"

2022 年 3 月 6 日，天气不错，又赶上是星期天，虽然北京还是有新冠疫情，然各种消息中没有谈到当天有确诊病例，于是我到老城区内去探看几处遗迹。我先到东厂胡同探看一番，在手机上查了一下，前往欧美同学会的路程大约有三千米，于是决定步行前往。先穿过王府井大街，以前这里人海如潮，而今变得冷冷清清，只有东堂门前有些年轻人在拍婚纱照，给这不景气的市场增添了一点人气。

走到了皇城根遗址公园，以往这一带也是有成队的游客，今天一队也没有看到，只有一个小朋友在那里无聊地用树枝划拉冰碴，这个无聊的行为竟然让我看了几分钟，由此也折射出了自己无聊的心态。这种状况似乎也有一个好处：我不再是急急忙忙地赶路，心态变得平和从容。谁知道明天会怎么样呢？至少此刻可以踱步在老城内，享受着阳光和宁静。

走到欧美同学会门前，此处大门紧闭，只好沿着外墙寻找可拍照之

■ 欧美同学会正门

处。此院落的侧旁为菖蒲河沿，而今河沿也被围挡包了起来，不清楚是否要搞维修工程。此处有几名保安，他们坐在河边无聊地翻手机，我向其中一位请教可否穿到围挡之内，他跟我说，你走到围挡里也进不了院。其实我没有问是否能进院之事，由此说明他遇到过不少游客提出过类似问题。

从外墙看过去，欧美同学会的院落窄而深，此院沿着菖蒲河沿延伸出上百米，但横宽不大。在侧墙的中段有一座琉璃门，此门完全是中式风格，用力推了推门，里面有门栓，无法推开缝隙拍照。这多少让我有些不死心，于是又绕回到正门前，用力推开大门，还是推不动，接着又推右侧小门，竟然推开了。我先站在门口听了听动静，没有听到里面有反应，于是小心走入院内，猛然听到侧旁一声断喝"你要干什么？"定睛细看，原来右侧有收发室，里面一位工作人员正怒视着我，我马上向他解释前来拍照的目的，然其不为所动，称这里禁止拍照。于是我耐着性子再向他解释，表演了一套舌灿莲花，总算让他答应我站在前院拍照。

从这里望过去，院落果然是窄而深长，左侧是院墙，右侧的建筑是简洁的西式结构，只是在第一道门厅前有一段黄瓦红墙，墙上写着"普胜寺院墙"。看来当年在改造此院落时还有意留下了一段院墙，这种改造方式真是超赞。对于该寺的情况，北京市文物事业管理局编的《北京名胜古迹辞典》（以下简称《辞典》）中说："普胜寺在东城区南河沿111号。又称十达子庙，属喇嘛庙。清顺治八年（1651）敕建，为清初所建三大寺之一。乾隆九年（1744）重修，乾隆四十一年又重修。为清初番僧恼木汗在北京的驻锡处。民国时改建成为欧美同学会。"

《辞典》上也提到了当年的扩建，称1925年由颜惠庆发起募捐，并谈到扩建后这里仍然设有图书馆："扩建后，除设大会议厅外，还有餐厅、图书馆、游艺室以及浴室、招待所等服务设施，成为今天会址规模。"

遗憾的是，这次我却未能看到这座图书馆，只能站在门口探看一番，而后向工作人员表达谢意后离去。

■ 院内的过厅　　■ 侧墙的中式门头

泉寿东文书藏

独具规模的日籍专藏

泉寿东文书藏是钱稻孙创办的藏书处，钱稻孙字介眉，别号泉寿，东文乃专指日文。钱稻孙是日本文学史研究专家，他所创的书藏服务于自己的研究，同时也供他人使用。他的弟子杨联陞在《忆钱稻孙先生——兼忆贾德纳》一文中说："大约从 1921 年，就在家里（东厢房）设立'泉寿东文藏书'，搜集日本书籍，供人阅读。大略以文史方面为主。内容之丰富，就个人图书收藏而言，在当时可能是国内最大的。"

既然泉寿东文书藏也供他人阅读，从这个角度而言，该书藏已经具备了私立图书馆的性质。

钱稻孙出身名门，他的祖父钱振常是同治十年（1871）进士，与之同榜的名家有瞿鸿禨、劳乃宣、张佩纶、鲁迅的祖父周福清。光绪八年（1882），钱振常返回家乡吴兴，做过绍兴龙山书院山长，蔡元培是他的弟子。

钱振常之子钱恂，字念劬，是晚清的外交家。15 岁考入归安县学，20 岁肄业于国子监。钱恂是薛福成的门人，受薛福成之命，整理过天一阁藏书，编有《天一阁见存书目》，由此说明他在版本目录学方面颇有造诣。光绪十五年（1889），薛福成被任命为驻英国、法国、意大利和比利时四国大臣，钱恂以随员身份同往。转年，其业师许景澄为驻俄大臣，钱恂被任命为参赞前往俄国。光绪十九年（1893），他从俄国任满回国后，又转派英国。

光绪二十一年（1895），张之洞请钱恂帮办洋务，张之洞在《保荐使才折并清单》中极力推举钱恂："该员中学淹通，西学切实，识力既臻坚卓，才智尤为开敏。历充欧洲各国出使大臣随员、参赞，于俄、德、英、法、奥、荷、义、瑞、埃及、土耳其各国，俱经游历，博访深思。凡政治、律例、学校、兵制、工商、铁路，靡不研究精详，晓其利弊，不同口耳游谈，洵为今日讲求洋务最为出色有用之才。"

于是钱恂回国出任湖北自强学堂首任提调。光绪二十五年（1899），张之洞派钱恂前往日本做留学生监督。四年后，其同乡胡维德使俄，钱恂再一次成为参赞，一同前往俄国。转年，起日俄战争，他返回国内。光绪三十一年（1905），陆徵祥奏调钱恂为驻荷兰使馆参赞，两年后任出使荷兰大臣，再一年任出使意大利大臣。宣统元年（1909），他返回老家湖州。民国元年（1912）出任浙江图书馆首任馆长，对恢复该馆所藏的文澜阁《四库全书》作出不小的贡献。

因为这些经历,钱恂被目之为清末著名的外交官。周作人在《钱念劬》一文中说:"前日讲到钱念劬,想起他的轶事来可以一说。他是清末的外交官,曾任驻日参赞,驻罗马公使,可是并非遗老,乃是所谓老新党,赞同改革,略有排满的气味,可以算是一个怪人。他年满七十之后,常穿一双红鞋,乡学年世谊的后辈称之曰红履公,或者此名起于他的介弟玄同亦未可知。他家中有一名使女,名字读音如鸿烈,这不是用的《淮南子》典故,因为他最恨清乾隆帝弘历,所以以此为名。"

钱稻孙的母亲单士厘是那个时代著名的知识女性,著有《癸卯旅行记》《归潜记》《清闺秀艺文略》等。沈建乐编著的《绍兴历史名人》介绍到单士厘时,讲到《癸卯旅行记》介绍了俄国作家托尔斯泰,所以单士厘"成了把托氏介绍到中国来的第一位女作家",另外"她也是最早把欧洲神话介绍到中国来的第一人,她还是我国第一个使用公历的人"。为此,著名出版家钟叔河所编的《走向世界丛书》中,将单士厘的《癸卯旅行记》和《归潜记》列入其中。

钱稻孙从小跟随祖父学习传统经学,由于父亲在外为官,所以更多的是由母亲来教导他,他所学的"四书"与《毛诗》均为母亲所授。9岁时,他跟随父亲前往日本,进入日本庆应义塾小学。光绪二十八年(1902),钱稻孙毕业后升入成城学校,此后又入东京高等师范学校附属中学,在日本居住了七年多之后,他又随父亲前往欧洲,毕业于意大利国立罗马大学。回国后不久,又跟随担任公使的父亲再次前往意大利和比利时,在此期间,他学习了意大利语和法语,并且自修美术。另外,他在大学时还学习了德文,研究了医学。

宣统元年(1909),钱稻孙学成回国,在湖州府中学堂教过英文。1911年,钱稻孙在北洋政府教育部编纂处任职,与许寿裳在同一部门,两年后调到了教育部专门教育司。当时鲁迅在社会教育司工作,两人交往密切。

鲁迅在日记中多次记载与钱稻孙的交往,钱稻孙第一次出现在鲁迅日记中是1912年7月19日:"下午与季市访蔡子民不遇,遂至董恂士家,与钱稻孙谈至晚才返。"

有几年时间,他和鲁迅、许寿裳经常到广和居吃饭喝酒,到结账时,他们三人分摊餐费,在那个时代就实行AA制,想来很有趣。鲁迅喜欢到琉璃厂去选书，钱稻孙也时常同往，他有藏书之好，除了家庭熏陶外，想来也受到了鲁迅的影响。

在教育部任职时，他与鲁迅、许寿裳一同设计了那时的国徽，1912 年 8 月 28 日，鲁迅在日记中载有此事："同拟国徽告成，以交范总长。一为十二章，一为旗鉴，并简章二，共四图。"

钱稻孙在教育部工作期间，同时为北平医专的日籍教授做课堂翻译，此教授回国后，他在医专教人体解剖学课。之后他又到北京大学讲授日文和日本史，后升为北京大学教授，同时兼任国立北平图书馆舆图部主任。

1927 年，钱稻孙离开教育部，前往清华大学外文系任讲师。从 1932 年起，他成为外文系和历史系合聘教授，在那里讲授《源氏物语》、日本通史等课程。1936 年 9 月 7 日，他接替朱自清担任清华大学图书馆馆长（兼职）。钱稻孙很重视图书馆的功用，他在清华学校新学期开学典礼上说过这样一番话："愚以谓图书馆是求学时代极切要的设备，也就是大家的共同生命线，希望大家于借书阅书时，对于所借所阅的图书，要特别爱惜保护，本着公共道德，互助互爱的观念，不做损人不利己的无谓事情，扩而言之，爱本校的图书就是爱母校、爱同学；爱母校爱同学就是爱祖国、爱同胞，此点甚愿大家特别注意! 充分谅解!"（韦庆媛《图书馆的另类馆长钱稻孙》）

由此体现出他对书籍有着诚挚的爱。在他担任图书馆长期间的 1937 年寒假，他在样刊上刊发启事："春节在迩，诸位先生或浏览海王村厂肆，如遇馆中未备而足资研究参考之廉价书籍，敬祈留意，即为馆中购买。"可见他为了增加图书馆内的藏书，想出了不少办法。

1938 年 2 月 9 日，汤尔和、钱稻孙、周作人等出席了大阪《每日新闻》社召开的"更生中国文化建设座谈会"。钱稻孙与周作人丧失民族气节，引起学界的声讨。当年 5 月 5 日，李公朴、胡风、胡绳、阳翰笙等人在武汉文化界抗敌协会致全国文化界的《通电》中，严厉谴责周作人和钱稻孙的汉奸行为："请缘鸣鼓而攻之义，声明周作人、钱稻孙及其他参与所谓'更生中国文化建设座谈会'诸汉奸，应即驱逐出我文化界之外，藉示精神制裁。"

钱稻孙为什么要投敌做汉奸? 首先是缘于他对时局的悲观情绪，他的清华大学同事金岳霖回忆说："在日本占领北京之前，我有一次碰见钱稻孙，他那时是清华的图书馆长。我表示非抗日不可。他说万万抗不得，抗，不只是亡国,还要灭种。我很想打他,可是受了'不能打'这一教训的影响,没有打。"(刘培育主编《金岳霖的回忆与回忆金岳霖》)

1937年9月2日《吴宓日记》中载:"访钱稻孙君于受壁胡同九号本宅。知清华已改设校产保管委员会,预备交代(且将驻兵),并已通告教授等,自九月份起,不发薪金云云。稻公深知日本内部之盛强,中国之疏懈,故夙主和而非战,对前途极悲观。"

按照杨联陞的说法,钱稻孙虽然对时局悲观,但他认定日本对中国的侵略早晚会结束:"在七七事变之前,钱稻孙对时局确是偏于悲观,他觉得就中日国力而言,如果单打独斗,我们实在打不过。有时在课外甚至于感慨地说:'我深恐日本会征服中国或中国的一部分,不过他们的气数,一定会比元朝短得多。'所以从基本上说,他对中华民族的复兴,是深具信心。"(杨联陞《忆钱稻孙先生——兼忆贾德纳》)

促成钱稻孙落水之人是汤尔和,汤早年留学日本,毕业于金泽医专。1912年,钱稻孙前往教育部任职时,汤尔和也从杭州前往北京到民政部工作,后筹办了国立北平医科专科学校,汤任校长,钱稻孙曾在此校兼课。1922年,汤任教育部次长,最后又升为部长,成为钱的顶头上司。

因为这个缘故,1938年,汤尔和任伪华北临时政府教育部部长及伪北大总监督时,他立即邀请钱稻孙担任伪北大秘书长。1939年1月,伪临时政府教育部恢复"北京大学"时,设立总监督办处,以汤尔和为总监督,钱稻孙也就担任了秘书长一职。1940年,汪伪国民政府成立后,"华北临时政府"改为"华北政务委员会","北京大学"不再设总监督,而改设校长,后钱稻孙出任伪北京大学校长。

抗战胜利后,钱稻孙以汉奸罪被捕入狱,部分财产被抄没。1949年,钱稻孙出狱,作为有历史包袱的留用人员,被分配到山东齐鲁大学去教医学。1952年,全国高校调整,他被调回北京,在卫生部出版社做编辑。1958年起兼任人民文学出版社特约编译,自此之后,他几乎把全部精力用在了翻译日本文学上。

对于钱稻孙的结局,文洁若在《我所知道的钱稻孙》一文中写道:"钱稻孙尽管目力较差,身体却很硬朗,我原以为他能像萧伯纳那样工作到九十多岁,然而中国的事态却注定他只能活到七十九岁。一九六六年的红八月中,他被红卫兵抄家,连床都抬走了。老人被殴打得遍体鳞伤,躺在地上呻吟，当他的二儿子端义闻讯跑去探望他时，他嗫嚅着说'什么都不需要'。事实上，他已咽不下东西，没多久就被迫害致死。俗话说：'长痛不如短痛。'比起周作人那样折腾到一九六七年五月才咽气，钱稻孙倒是死得更干脆，也应该说是幸运多了。"

钱稻孙精通多国语言，翻译过不少外国作品。早在 1921 年，他就以离骚体翻译了但丁《神曲》中的一部分，并将其发表在《中说月报》上，因此钱稻孙被视为我国欧洲中古文学翻译的开拓者，同时也是国内翻译介绍但丁的第一人。对于钱稻孙翻译此文的特色，美国浦安迪在《〈神曲一脔〉赏析》一文中称："但丁是欧洲俗语写作传统的始创者，许多译者为了迎合但丁这种身份，将意大利文译成了白话文。钱稻孙并未这样做，相反他走向另一个极端。他认为这部中世纪的作品极具高雅风格，用中国古典诗文中的骚赋体来翻译再合适不过了。"

钱稻孙为什么能有如此高的翻译成就，浦安迪认为："他的博学也为译文增加了翔实的注释，为各种学术话题提供了广阔的背景知识。从中世纪的欧洲文学和但丁的作品，到意大利的历史、地理的详细情况；从基督教教义的要旨，到希伯来历法的术语及在佛教术语中的并置。这种丰富的学识在近代中国文人中很少遇到。"

具体到钱稻孙的翻译技巧，浦安迪说："钱稻孙努力使译文尽可能接近《神曲》的诗歌语言，毫不费力地再现了但丁在《神曲》中雅俗文体的混用——从维吉尔、卢坎庄重的语体到托斯卡纳人的方言和农夫们的语言风格。这为钱稻孙在中国诗歌的高层领域赢得一席之地。"

钱稻孙在翻译《神曲一脔》之余，又根据但丁原作本事，写成了《但丁梦杂剧》，这是以元代杂剧的方式来翻译但丁原作，此文以【仙吕赏花时】开场："听寂寞钟音远寺传，叹多少愚民沉醉眠，更悲神教绝真诠，我只将半生骚怨，付与悼时篇。"之后是但丁上场诗："人生七十古来稀，堪叹年华半已非。乍展经纶俄挫折，且将神学寄传奇。"其结尾曲为："【赚煞】誓从今、仗君援，凭神眷，愿彼得天门拜展。况有淑女情殷天上牵，我便似感春光花发茎颠（带云）阿呀夫子呵！念我小子，究不是使徒首班，又非是开国元祖，究竟如何使得？（冲末云）宿有因缘，堪继先贤。（正末唱）畅道自有因缘，则究系末学何堪秉圣传。（冲末云）天命如此，不必疑虑，随我来者（下，正末唱）既这般谆谆奖劝，敢不倾我诚虔，相从地府躤前贤。"这种别出心裁的译法,被时人视为有首创意义。

相比较而言,钱稻孙把更多的精力用在了翻译日本文学方面,比如他翻译了日本名著《万叶集》,吴卫峰在《钱稻孙与〈万叶集〉的翻译》一文中总结说:"著名翻译家钱稻孙对日本文学的译述甚多,从上古到现代,从和歌到小说、戏剧,涉猎极广,且译文无论文白,都是上乘的作品。但他注入心血最多的,毫无疑问是《万叶集》的翻译。"

钱稻孙在 20 世纪 30 年代就开始在杂志上发表《万叶集》的翻译,到 1959 年,《汉译万叶集选》方正式出版,历时二十余年。吴卫峰认为钱稻孙在少年时随父东渡日本,有可能在那时他就接触到了《万叶集》。后来周作人在回忆录中提到北大日文本科教员不够时,他请钱稻孙担任《万叶集》的讲读,钱在北大教《万叶集》的时间当在 1931 年。

钱稻孙最早发表《万叶集》的翻译文本,应该是刊发在《北平近代科学图书馆馆刊》创刊号(1937 年 9 月)上的《日本古歌诠译二则》。其中一首为:

> 有女陟冈,携圭及筐,以彼圭筐,采菜未遑。之子焉居,我欲得详;曷示我氏,毋使我彷徨。天监兹大和,悉我宅京,无或不秉我承。维以我为兄,亦昭我氏名。

有意思的是,钱稻孙以文言文翻译了《万叶集》中的诗歌后,又用白话文翻译了一遍。比如前一首诗,其白话版本为:

> 筐儿也,拿的好筐儿;
> 签子也,拿的好签子。
> 在这山冈上,
> 挑野菜的小娘子,
> 你家住在那里?
> 你叫什么名字?
> 大天底下这大和地,
> 全是我在镇定的;
> 全是我在治理的。

我的家，我的名，

可都不来告诉你。

对于钱稻孙的翻译特色，王晓平在《钱译万叶》中说："钱氏充分运用了中国拟古诗的各种技巧及从先秦到初唐的多种诗体，他把叙事长歌译成五言或七言歌行，把防人歌与东歌译成古乐府体，用四言六句来译旋头歌，力图忠实地反映和歌的不同'时代与风格'。同时，他又处处'力存其貌''力存其奇'，对和歌中常见的枕词与反映海岛生活情趣及狩猎生活的独特比喻，总是力图以汉语生动地传达出来，他既要'存其貌''存其奇'，又要使读者感到原作者如同在以汉语作诗，便不能不呕心沥血，饱尝艰辛。"

杨联陞在回忆中说："钱稻孙对《万叶集》的研究有数十年的功力，连日本专家都相当佩服。译稿全部用文言，或四言，或五言、七言、杂言。我有时在钱府看他自己细改译稿，真是字斟句酌，而且写字一笔不苟，实在敬佩。译稿我在那时读过若干首，但未抄录。直到1956年，钱稻孙的《汉译万叶集选》才在日本出版（帮忙印校者，有平冈武夫在内），那一年钱稻孙七十岁。"

文洁若在《〈万叶集精选〉编后记》中称："日本学术界对钱稻孙的译文甚为珍视。著名学者佐佐木信纲为他译的《万叶集》撰写了《汉译万叶集选缘起》，语言学家新村出写了'后记'。"

日本汉学家吉川幸次郎在为该书所写跋中称："（中国人）对日本文学真正的关心与尊敬，始自本世纪。本书译者钱稻孙先生与其僚友周作人先生开了先河。周先生的业绩以《狂言十番》的中译本为代表，钱先生的主要成就当推这部《万叶集》的中译本……（钱）先生兼备中国、日本和西洋三方面的教养。惟其出自先生之手，此译本即使作为中国的诗作来看，也是最美的。"（《〈万叶集精选〉编后记》）

周作人是第一个译介"狂言"的人。"狂言"是日本室町时代产生的民间小喜剧，周作人在1926年译出了十种。钱稻孙是第二个译介日本戏曲的翻译家，他主要介绍日本古典戏剧"净琉璃"。"净琉璃"是一种木偶戏，又称"人形净琉璃"，这种戏剧产生于17世纪的江户时代，原本是单调的杂要说书，后来近松门左卫门为净琉璃写出了一百多个结构精密的剧本，这些剧本都是以当时流行的市井语言写成，雅俗并用、文白交杂，翻译难度很大。

20 世纪 50 年代,人民出版社想出版近松门左卫门的净琉璃,正是借这个机缘,文洁若得以拜钱稻孙为师,来学习日本文学翻译。文洁若在《我所知道的钱稻孙》一文中讲到,1950 年夏,她大学毕业后考入三联书店总管理处,在此做校对,转年 3 月,人民出版社成立,她被调去做编辑工作。

自 1958 年起,文洁若从老编审张梦麟手里接了日本文学这一摊,她谈到了当时找钱稻孙翻译净琉璃的原因:"日文译者虽然很多,但是能胜任古典文学名著的译者,却是凤毛麟角。例如江户时代杰出的戏剧家近松门左卫门的净琉璃(一种说唱曲艺)就一直找不到合适的译者。起先约人试译了一下,并请张梦麟先生(他病愈后,改任顾问,不再编稿了)看过,他连连摇头。我就改请钱稻孙先生译了一段送给他过目,这回张先生读后说:'看来是非钱先生莫属了。'于是只好请钱先生先放下已翻译了五卷的《源氏物语》,改译近松的作品和江户时代著名小说家井原西鹤的选集。"(《我所知道的钱稻孙》)

1962 年,人民文学出版社副社长楼适夷带文洁若前往钱稻孙家去见他,楼社长跟钱稻孙说给他带来了一位女弟子:"出版社自 1958 年起,每月原预付给钱稻孙 100 元生活费。交稿后,由稿费中扣除。那天商定,由于我去学习,占了他的时间,自即月起,调整为每月 150 元。从此,我每周上午去他家三次。从小学到大学,我一生有过不少位老师,然而没有一位可以称得起恩师的——就是除了一般课程外,还给过我特殊指导的。现在回顾起来,钱稻孙先生确实是我在日文及日本文学研究方面的一位恩师。"(同上)

文洁若跟钱稻孙学习了四年日本古典文学,在此期间,她看到钱稻孙生活清苦,老伴患有肠癌,故很多整理稿件的工作都是由文洁若来操持。

钱稻孙翻译出了近松门左卫门的《曾根崎鸳鸯殉情》《情死天网岛》《景清》《俊宽》四出戏文,他仍然是用近似元曲的语言来翻译成中文。比如《曾根崎鸳鸯殉情》中的一段:

> 露华浓;夏虫清瘦;情真处,配偶相求。好不俊俏也风流!粉蝶儿双飞双逗,这搭那搭,猗旎温柔;东风里,翩翩悠悠。人家彩染的春衫袖,却当作花枝招诱;并起双翅,悄立上肩头,恰好似,仙蝶家纹

天生就。

文洁若在帮钱稻孙整理稿件期间，当然注意到了他的藏书，她在文中转述了钱稻孙想建图书馆的构想："钱稻孙曾告诉我，他当时所住的受壁胡同九号这座房子，是他的父亲购置的。他本人的工资除了养家糊口，全都用来买书了——绝大部分是日文书籍，堆满七大间屋子，早年他曾计划建立一座图书馆。日本投降后，他被国民党以汉奸罪关入监狱，书也全部被没收。后来因病保外就医。（20 世纪）50 年代，他多次到北京图书馆和王府井大街的科学图书馆去查找这批书，始终也没有下落。他书架上的几十部工具书，都是 1949 年以后岩波书店陆陆续续送给他的，所以他才能够从事翻译工作。"（《我所知道的钱稻孙》）

钱稻孙还翻译过日本音乐家林谦三的《东亚乐器考》。1956 年，欧阳予倩访日时见到了林谦三，欧阳先生提出要将《东亚乐器考》译成中文，林谦三表示同意，于是欧阳先生请钱稻孙来翻译此稿。正式出版后没有署钱稻孙的名字，欧阳予倩只在序言中写道"我就请人代为译出"。

钱稻孙当然对此有反应，文洁若在《〈东亚乐器考〉跋》中说："我是一九五八年十一月接手人民文学出版社外文部亚非拉组的日本文学编辑工作的。有一次，我到钱家去组稿，稻孙先生递给我一本一九六二年二月由人民音乐出版社出版的《东亚乐器考》，要我交给楼适夷先生。他指着欧阳予倩那句话，苦笑着说：'谁叫我犯有前科呢！'我一听就明白，'前科'就是在伪北大担任秘书长、校长、院长事。"可见，钱稻孙对其落水之事有内心的检讨。

钱稻孙在翻译《东亚乐器考》时下了很大功夫，因为全书有 36 万字，是钱稻孙生平经手的最长的一部译作，为了能将此书翻译好，钱稻孙需要找大量的参考书。遗憾的是，他所建立的书藏被毁掉了，所以只能利用图书馆的藏书。文洁若在跋中说："除了钱稻孙先生，很难设想还有第二个人能把这么一部艰深的学术著作译得如此通俗易懂，而且文字优美。他花了整整一年时间，跑了上百趟图书馆，查阅了大量有关参考书，真是达到了废寝忘食的地步。"

幸运的是，钱稻孙有些稿件意外地留了下来，文洁若在跋中称："一九六五年十一月我赴林县参加'四清'工作之前，有一次帮助钱先生找资料,发现书柜里有两篇手稿:日本小说家谷崎润一郎(一八八六至一九六五)的短篇小说《月亮和狂言师》(一九四九)与日本室町时代的戏剧家世阿弥(一三六三至一四四三)的能乐曲本《飞鸟川》。我对钱先生说,我抽空替他整理一下,找个刊物发表。亏得我带走了。十个月后,一柜子手稿、资料等等,在一场浩劫中与主人同归于尽。"

对于钱稻孙藏书的情况,邱巍在《吴兴钱家:近代学术文化家族的断裂与传承》一书中称:"同时抄走的还有钱稻孙的祖父钱振常、父亲钱恂所遗留的大量藏书,这些藏书的消失,标志着家族文脉的完全斩断。"

对于抄家时所剩之书的数量,王增清、龚景兴、李学功合著的《苕水悠悠芸香远》中有《钱稻孙与泉寿东文书藏》一文,此文称:"'文革'开始后,钱稻孙家被红卫兵查抄,满满两个房间的藏书被抄走,一部分为泉寿东文书藏的剩余,其中还有他的祖父钱振常、父亲钱恂所遗留的藏书。"

可惜泉寿东文书藏没有书目流传下来,或者说有书目而我未能看到,因此不知道该书藏的具体状况,但是从一些其他资料中可以知道,钱稻孙对版本很熟悉。1938年11月15日《华文大阪每日》刊发有钱稻孙《香道》一文,该文介绍与香道有关的书籍时称:"开卷列举有宫内省图书寮,内阁文库,帝国图书馆,东京帝大所藏香道之书,才不过七十来目。其中版刻只有四种,余皆写本。这篇目录,当然不是著录无遗的;然而所遗怕也无几了。"由此间接地知道,钱稻孙在看书藏书时会留意版本问题。

文洁若在文中提到钱稻孙的故居位于受壁胡同9号,而今该胡同改名为寿比胡同,不清楚门牌号是否有过变动。2022年3月18日,我打车前往该胡同。此时正值北京新冠疫情再起,到达之时,看到这一带很安静,在路口看到了胡同介绍牌,上面讲到了胡同名称的沿革,在特殊年代这里改名为"大跃进九条",1979年定名为"寿比胡同"。

沿着胡同的门牌号边数边往前走,看到有一侧在拆迁中,真担心我要找的那个门牌号不见了。这条胡同长度大约200米,右侧为单号,左侧为双号。3号院是新翻建的一处四合院,7号院是旧门楼,门口有文保牌,称这里是肃宁伯府,乃明代宦官魏忠贤之侄魏良卿的宅第。但是说明牌上称崇祯皇帝惩治宦官,肃宁伯被处斩,"原建筑现已无存"。那么明代之后是什么人在使用呢?上面一字未提,不清楚这里是否为钱稻孙的居所。入院探看一番,里面果然成了大杂院,仅剩下弯曲的容身小巷。

寿比胡同肃宁伯府门前

此院落对面为翻建的四合院,门口写明这里是荣禄家祠,我正准备入内探看,院里一位妇女一声不吭地前行几步,咣的一声把大门关上了。前几年北京胡同游成了网红打卡项目,想来这里的居民讨厌游客打扰他们的生活,从这个角度思之,倒是能够理解。这里是北京文保单位,墙上嵌着文保牌,同时还有另一块小牌子上写着"非开放单位谢绝参观"。

走到寿比胡同 9 号,这里还是老门头,门口电表箱上分别写着现住户的名字,浏览一番,没有钱姓。门头上挂着一块区政府发放的"民族团结先进院",看来这里应该住着一些兄弟民族。

走入院中,里面也盖起了许多小房子,仅剩下半米多宽的过道。院落进深不长,但是正房依然是青砖灰瓦,我猜测这里应当是钱家的正屋,两边的厢房应当就是他的藏书处。而今这里住着不同的人家,我在院里站立了十几分钟,没有住户走出,也无从打问院落的沿革。

≡ 寿比胡同9号院　　≡ 9号院正房

史语所图书馆

奠定该所地位的一批重要史料

1927 年 4 月 17 日,国民党第 74 次会议在南京举行,李煜瀛提出设立中央研究院(以下简称"中研院"),决议推举李煜瀛、蔡元培、张静江共同起草中研院组织法,一个月后成立了中研院筹备处,同时推举蔡元培、李煜瀛等五人为筹备委员。同年 11 月,《中央研究院组织法》公布,确定该院直属国民政府,同时是国民政府最高的学术研究机关,下设物理、化学、工程、地质、天文、气象、历史语言等十四个研究所。

1928 年 4 月 20 日,国民政府委员会第 56 次会议任命蔡元培为院长。5 月,启用印信。同年 6 月 9 日,中研院第一次院务会议召开,蔡元培宣告该机构正式成立。

1928 年 10 月,中研院历史语言研究所(以下简称"史语所")成立,由傅斯年任所长。初期该所分为史学、语言学和考古学三个组,由陈寅恪担任史学组主任,赵元任担任语言组主任,李济担任考古组主任。这三位都是那个时代顶尖的学术名流,同时又是清华五大导师中的三位,傅斯年能把这些人揽入史语所中,足见其气魄,也说明他能力之强。

当罗家伦出任改制后的清华大学校长时,梅贻琦辞去教务长之职,赴美任清华留学生监督处监督。此前梅贻琦兼管清华国学研究院(以下简称"国学院"),他离去后,校方没有指派由谁来接替。此时王国维已去世,赵元任常到外地调查方言,李济时常到外地做考古发掘,还要赴欧美参加相关学术会议,因此国学院的工作只靠陈寅恪一人支撑。

当时陈寅恪也想到了聘请新的导师入院,但是当年的五大导师名气太大,很多人不敢接续导师之职,蓝文徵在《清华大学国学研究院始末》一文中写道:"寅恪先生为发展研究院计,遂请校方聘章炳麟、罗振玉、陈垣三氏为导师,马叔平(衡)为特别讲师,校方一一致聘,章、罗二氏均不就,陈氏自以'不足继梁、王二先生之后'为词,再三恳辞,惟马先生应聘。"

陈寅恪在国学院内不但负责教学,还要张罗很多事务性工作,傅斯年觉得这是个时机,立即聘请陈寅恪与赵元任入史语所,但陈寅恪不舍得离开国学院,虽然答应了傅斯年的聘请,但并没有前往当时开办在广州的史语所。

聘下这两位大师后,傅斯年继续惦记着李济。李济 14 岁考入清华学堂,后以官费生的身份前往美国留学,当时他是哈佛大学人类学研究所唯一的外国留学生,后来获得了博士学位。

李济在国学院任教期间,人们常将王国维、梁启超、陈寅恪、赵元任誉之为"四大导师",还有人加上李济,于是成为"五大导师"。为什么多这样一个"还有",这是因为四大导师均有教授头衔,而李济是特别讲师头衔。他没有被评为教授并不是因为学术水平不够,而是由于李济当时正在跟美国弗利尔美术馆合作考古事宜,其大部分时间用在考古发掘方面,为此,他的大部分薪水由美方发放,每月得300元,国学院发100元,两项合在一起跟四大导师的薪水相同。因为清华支付的这100元不是教授级别,所以只能给他一个特别讲师的头衔。《研究院纪事》所载1927年6月清华学校评议会所讨论的相关问题中,即涉及此事:"如毕士博方面仍续约,则本校继续聘李济为研究院讲师;如毕士博方面不续约,则本校聘李济为大学部教授。结果毕士博继续聘李济与之一同进行考古发掘,李济下年度仍任研究院讲师。"

1928年,傅斯年在香港见到了李济,傅抓住机会,邀请李济加入史语所。经一番说服,李济终于答应了他所请,决定辞去清华和弗利尔美术馆的职位。至此,傅斯年将国学院在任的三大导师一并拿下。能够有这个好局面,令傅斯年十分兴奋,罗家伦之女罗久芳在其专著《罗家伦与张维桢:我的父亲母亲》中引用了傅斯年给冯友兰、杨振声和罗家伦信中所言:

> 现在寅恪、元任两兄,及李济之,我们的研究所均不免与之发生关系。这不是我们要与清华斗富,也不是要与清华决赛,虽不量力,亦不至此!亦不是要扯(拆)清华的台,有诸公在,义士如我,何至如此!乃是思欲狼狈为善(狼狈分工合作本至善),各得其所!

傅斯年的得意跃然纸上。为了发挥三大导师的重要作用,傅斯年于1929年6月在所务会议上,正式决定把全所的工作范围由原来的九个组压缩为历史、语言、考古三个组,统称为一组、二组、三组。后来又增加了人类学组,由留美博士吴定良主持。

原本史语所的地位在中研院排得很靠后,傅斯年找来了三大导师,使得该所在声誉上有了很大提高。但那时的史语所只是有了人才家底,尚缺乏相应的研究史料。傅斯年特别强调史语所的研究重点应当放在发掘新材料方面,傅斯年在《历史语言研究所工作之旨趣》(以下简称《旨趣》)

■ 静心斋匾额

中称："我们反对疏通，我们只是要把材料整理好，则事实自然显明了。一分材料出一分货，十分材料出十分货，没有材料便不出货。"可见他把原始材料的发掘放在第一位，但是从哪里得到更多的史料呢? 傅斯年说："北伐定功，破虏收京之后，这研究所的所在或者一部分在广州，一部分在北京，位置的方便供给我们许多工作进行的方便。"

北京与广州相比，这里有更多的学校，同时也有更多的原始史料，故傅斯年有了将史语所迁到北京的打算。他能下决心迁所，与他在《旨趣》一文中给出的结语有直接关系："总而言之，我们不是读书的人，我们只是上穷碧落下黄泉，动手动脚找东西!"

1929 年春，中研院史语所由广州迁到了北京，办公地点在北海公园内的静心斋，正是这个阶段，史语所得到了数量巨大的明清档案，也是俗称的"八千麻袋事件"。正是陈寅恪把这个信息告知了傅斯年，经过傅斯年不懈的努力，终于将这批极其重要的史料收归了史语所。岳南在《南渡北归·南渡》(以下简称《南渡》)中称："以史语所名义买下并运到北海静心斋供陈寅恪主持的一组整理研究——这是史语所自成立以来所获得的第一笔宝贵史料和学术研究资源，史语所'有此一得，声光顿起'，达到了一鸣惊人，为天下学界所重的奇效。"

这批史料对史语所而言极其重要，马亮宽在其专著《陈寅恪》一书中写道："1929 年 8 月，在陈寅恪等人的积极努力下，李盛铎转让的档案全部运往北平北海静心斋，合计约十二万斤，其中破烂不堪者约五万斤——这是史语所自成立以来所获得的第一笔宝贵史料和学术研究资源。"

溥仪年幼登基，由醇亲王载沣摄政。载沣下令内阁大臣去查看清朝立国之初摄政典礼的旧档，以便给自己的位置找到历史依据。大臣在内阁大库寻找之后，发现里面十分混乱，向载沣报告说里面的无用旧档太多，应当焚毁一部分来减少库存。载沣同意了这个建议，于是从宣统元年(1909)八月初一开始，派一些人每天从大库中挑选无用旧档，用一个月的时间挑出了一万六千余捆，堆在大库外的院落中等待焚烧。

大库中原本还收藏有殿试卷，一些朝臣闻讯后，纷纷前去寻找自己的或者名人的考试卷，有人从这些故纸堆中找出了玉牒残页，章梫将此残页影照后分送同好，同时送给了张之洞和荣庆。某天荣庆请张之洞喝午茶，由罗振玉作陪，张之洞问罗振玉大库内为什么会有宋人玉牒，罗告诉他南宋灭亡后，元朝以海运的形式把临安国子监的藏书运到了北京，内阁大库的这些文档有一些就是宋元时期留下来的，有重要史料价值，所以他建议奏请学部，将这些史料拨给即将建起来的京师图书馆保存。

张之洞认为罗振玉的建议很有道理，向朝廷上奏后，随即派曹元忠和刘启瑞两位中书内阁前往整理，罗振玉奉命随同前往。对于看书细节，罗振玉描绘说：

> 因委吴县曹舍人（元忠）、宝应刘舍人（启瑞）司整理，面令予时至内阁相助。一日，予往见曹舍人，方整理各书，别有人引导至西头屋，曰"此选存者"，指东头屋曰："此无用者，当废弃。"予私意原奏言"片纸只字不得遗弃"，何以有废弃者如此之多，知不可究诘。又观架上有地图数十大轴，询以此亦废弃者乎，对以旧图无用，亦应焚毁。随手取一幅观之，乃国初时所绘。乃亟返部，以电话告文襄，文襄立派员往运至部。于是所指为无用者，幸得保存。然已私运外出者，实不知凡几。今库书自南北人家流出者甚多，皆当日称无用废弃者也。（罗振玉《集蓼编》）

对于堆在院中准备焚毁的那些史料，罗振玉认为十分有价值，当宝熙等人要执行命令焚毁这些史料时，罗振玉到处呼吁，最终说服张之洞，由张奏报朝廷，将这批档案保护了下来："方予至内阁视察库书时，见庭中堆积红本题本，高若丘阜，皆依年月顺序结束整齐。随手取二束观之，一为阳湖管公干贞任漕督时奏，一为阿文成公用兵时奏。询'何以积庭中'，始知即奏请焚毁物也。私意此皆重要史稿，不应毁弃，归部为侍郎宝公（熙）言之，请公白文襄。宝公谓既已奏准焚毁，有难色。强之，允以予言上陈。及告文襄，文襄趣予请，然亦以经奏准为虑，低回久之，曰：'可告罗参事，速设法移入部中，但不得漏于外间。'"（《集蓼编》）

从这段描述看，张之洞也很明了这批史料的价值，他设法保护下来后，嘱咐参与人不要将此事泄露出去，以免引起不必要的争论。这批史料没有遭到焚毁，主要功劳还是应当记在罗振玉头上，金梁在《内阁大库档案访求记》中夸赞他说："此项库书，为明清二代国故所关，幸得雪堂先生一人之力，初将销毁，夺于火劫；终将造纸，夺于水劫。"

1912 年，民国政府教育部在国子监成立了"国立历史博物馆筹备处"，原藏在学部的这批档案装成八千麻袋堆在了筹备处的敬一亭内。在此期间，已经有些工作人员从麻袋中偷出档案带到外面去卖钱，此事被博物馆筹备处主任胡玉缙看到了，他担心偷盗太多之后，最终那些人为了销赃灭迹会放火烧掉这些史料，于是将此事报告给了社会教育司司长夏曾佑。

胡玉缙希望教育部能迁移这些史料，或者销毁无用之废纸。但夏曾佑不赞同胡的建议。当时鲁迅在教育部任佥事，对此写了篇《谈所谓"大内档案"》，他在此文中认为，夏曾佑"他是知道中国的一切事万不可'办'的；即如档案罢，任其自然，烂掉、霉掉、蛀掉、偷掉、甚而至于烧掉，倒是天下太平；倘一加人为，一'办'，那就舆论沸腾，不可开交了。结果是办事的人成为众矢之的，谣言和谗谤，百口也分不清。所以他的主张是'这个东西万万动不得'"。

这些档案在敬一亭放了几年后，教育部派鲁迅等人前去查看，此事仍无处理意见。直至 1921 年博物馆筹备处的某人将这八千麻袋十五万斤的史料，以处理废纸的名义卖给了北京同懋增纸店。

1922 年 2 月，罗振玉在市面上发现了洪承畴揭帖和朝鲜国王贡物表等明代档案，他立即意识到这是内阁大库之物，之后想办法找到了同懋增纸店，与之商议将这批史料买回。纸店老板原本是以四千元买下这批史料，见到罗振玉很重视，于是坐地起价，以一万三千元转售给罗。罗立即返回天津，通过筹款将这批档案买了下来。

因为档案数量太大，罗振玉无处堆放，只好借寺庙暂时安置。他在《〈史料丛刊初编〉序》中写道："壬戌（1922 年）春，予既得大库史料，谋筹金筑馆以贮之，而力未逮，乃权赁僧寺（即善果寺），暂安置之，充间塞牖，不可展阅。而四方友人，多移书问其中所有，苦无以应。乃运其少半至津沽，以数月之力，检理其千百之一二。沈乙庵尚书闻而欣然，函问'何时可毕事？'予报书曰：'检理之事，以近数月为比例，十夫之力，约十年当可竟。'"

此后罗振玉与王国维一同对毁坏档案进行整理，他们只整理出了很小的一部分，就汇编在《史料丛刊》十册陆续出版。1925 年 7 月，王国维受清华学生会之邀，做暑期学术演讲，他以《最近二三十年中中国新发见之学问》来讲述内阁大库文献的重要意义："自汉以来，中国学问上之最大发见者有三：一为孔子壁中书；二为汲冢书；三则今之殷墟甲骨文字，敦煌塞上及西域各处之汉晋木简，敦煌千佛洞之六朝及唐人写本书卷，内阁大库之元明以来书籍档册。此四者之一已足当孔壁、汲冢所出，而各地零星发见之金石书籍，于学术有大关系者，尚不与焉。故今日之时代可谓之'发见时代'，自来未能有比者也。"

在这里，王国维将内阁大库文档的发现与殷墟甲骨、敦煌文献等并提，足见他把这批史料看得何等之重。王国维还写过一篇名为《内阁大库书之发见》的文章，简述了发现过程，同时也谈到一个少有人留意的细节："曹君直舍人言内阁库中，向有库神，作一龟，奉之甚谨，外垂黄幔，无人敢揭视者。及清理之役，君直揭观之，则一物包裹甚严，开之则猴骨一具，审视之则枯树根也。其物想尚在库中。"

罗振玉听曹元忠说，大库内有一个龟状的库神，神龛前有黄幔布遮盖，以前没人敢揭开黄幔看看库神什么样，但曹元忠揭开黄幔观看，里面有一包裹，打开包裹，里面是一具猴骨，但是再细看发现是由枯树根制作的。这件事令人觉得十分神奇，不知道此物现存于哪里。

因为罗振玉是借钱买下的这批史料，又需租赁存储之地，导致他无力长期保存。日本人听闻此事后，准备以"满洲国"的名义将其买下。消息传出后，北大研究所国学门教授马衡等人对此提出强烈批评，坚决阻止这批史料运出京津。国民政府闻讯后，立即派农矿部参事李宗侗等人前去了解细节，罗振玉无奈，只好将这批史料卖给了藏书家李盛铎。

然而因为社会动荡，李盛铎也无力保存，想要将其出让。马衡得知后，写信给中山大学的傅斯年，请其想办法买下，但因款项太大，傅斯年认为很难将其拿下。此后又传出燕京大学准备买下这批档案的消息，陈寅恪闻讯后立即写信给傅斯年："现燕京与哈佛之中国学院经费颇充裕，若此项档案归于一外国教会之手，国史之责托于洋人，以旧式感情言之，国之耻也。"

陈寅恪努力说服各个学术机构，希望能买下这批无价之宝，后来傅斯年来北京办事，陈寅恪见到他时，力主由傅出面，向蔡元培申请拨款，胡适也持这个主张。傅斯年也觉得如果史语所能够买下这批史料，就具有了极大的资源，于是他在 1928 年 9 月 11 日给蔡元培写了封信，其在此信中首先称："午间与适之先生及陈寅恪兄餐，谈及七千麻袋档案，本是马邻翼时代由历史博物馆卖出,北大所得,乃一甚小部分,其大部分即此七千袋。李盛铎以万八千元自罗振玉手中买回,月出三十元租一房以储之。其中无尽宝藏,盖明清历史私家记载,究竟见闻有限,官书则历朝改换,全靠不住,政治实情,全在此档案中也。且明末清初,言多忌讳,官书不信,私人揣测失实。而神、光诸宗时代,御房诸政,《明史》均阙。此后《明史》改修,《清史》编纂,此为第一种有价值之材料。罗振玉稍整理了两册,刊于东方学会,即为日本、法国学者所深羡,其价值重大可想也。"

接下来傅斯年提到了李盛铎打算出让之事:"去年冬,满铁公司将此件订好买约,以马叔平诸先生之大闹而未出境,现仍在境。李盛铎切欲即卖,且租房漏雨,麻袋受影响,如不再买来保存,恐归损失。今春叔平先生函斯年设法,斯年遂与季、骝两公商之,云买,而付不出款,遂又有燕京买去之议。昨日适之、寅恪两先生谈,坚谓此事如任其失落,实文化学术上之大损失,明史清史,恐因而搁笔,且亦国家甚不荣誉之事也。"

傅斯年请蔡元培想办法以大学院的名义将其买下,然后赠送给中研院,之后中研院责成史语所来整理。傅认为这么做有三点好处:"(一)此一段文物不至失散,于国有荣。(二)明清历史得而整理。(三)历史语言研究所有此一得,声光顿起,必可吸引学者来合作,及增加社会上(外国亦然)对之之观念,此实非一浪费不急之事也。"

此时的蔡元培已经辞去大学院院长之职,该院事务由杨杏佛负责,傅斯年希望蔡元培找杨杏佛商议此事。蔡元培接信后,认为傅斯年所言在理,立即与杨杏佛协商。之后蔡又发电报给农矿部参事李宗侗和清华的陈寅恪,请他们立即与李盛铎商议收购事宜。此后几经磋商,最终在1929年3月,李盛铎将剩余的七千麻袋售于中研院。

在此期间,陈寅恪也费了很多心血,比如他给傅斯年的信中写道:"已付李公一万元,乞告杏佛先生,彼已书一收条,俟再付一万后,将与二次之收条一同寄院存案。李藏档案,天津有一部分,非特别请铁路局拨车运不可,此事弟已转托古物保管委员会北平分会,即马叔平,俟付清二万及房屋定后,才能进行,目前亦空空预备以待而已。"对此,岳南在《陈寅恪与傅斯年》中称:"内阁档案的交易,是陈寅恪加盟中央研究院以来,为史语所具体承办的第一件大事和实事。从后世留存的陈傅二人通信看,自1928年至1929年春、夏的一年多时间里,有相当大的一部分内容是商讨内阁

档案的收购事宜。"

此后，这批史料运到了北京，岳南在此书中写道："1929年8月，在陈寅恪等人的积极努力下，李盛铎转让的档案全部运往北平北海静心斋，合计约6万公斤，其中破烂不堪者约2.5万公斤——这是史语所自成立以来所获得的第一笔宝贵史料和学术研究资源。"

当年的中研院经过调整后，下设八个研究所，傅斯年负责的史语所排名倒数第二，但经过傅斯年的一番张罗，不仅挖来了人才，还拿到了重要史料，使得史语所的地位越来越高。董作宾在《历史语言研究所在学术上的贡献》一文中谈到："史语所在研究院创办之初，是排行第七，复员以后，设置新所，到三十七年20周年时，共有数学、天文、物理、化学、地质、动物、植物、气象、历史语言、社会、医学、工学、心理等13个研究所，他排行是第九，该是一位小弟弟，其实他一向在研究院中被推居老大哥的第一把交椅上。"

董作宾在该文中还说道："史语所的研究人员，向来是最多的，以20周年的报告为例：民国三十七年度，史语所的研究人员共58人，连职员共84人，比社会、地质两所多30人以上，比动物、植物、化学、工程四所多一倍以上，比数学、物理、气象、医学四所多二倍以上，比天文所多三倍以上，比心理所多九倍以上。史语所作工的人多，因而'出货'也多，23年之间，已刊行的专书，共有76种，已发表在集刊、报告中的论文，共有五百多篇，装起来两书箱，摆起来一书架。因此，那些兄弟所们，在敬、畏、妒，复杂情绪之下，不能不共尊他是老大哥，称之曰'大所'。"

史语所能够取得如此高的地位，与傅斯年的能力有直接关系，他在北大上学时，就曾带头赶走过教授，按照罗家伦的回忆，当年章太炎的弟子朱蓬仙在北大讲《文心雕龙》，傅斯年从他的讲义中摘出三十多条错误，让全班签名后，将此交给校长蔡元培。蔡不相信学生们能发现这么多错误，担心是某个教授在后面鼓动，于是蔡元培招来该班学生一一询问，同学们担心傅斯年一人担责，于是他们在进门前每人背熟几条。蔡元培考问完毕后没说话，过了一段时间，朱蓬仙就不再教授《文心雕龙》了。

傅斯年对史语所的人要求很严，民国文林编著的《细说民国大文人：那些思想大师们》中写道："张政烺精通目录版本学，因此傅斯年对张格外器重，但傅却让张在'史语所'整整做了十年薪水菲薄的图书管理员。

张是山东人,平日为人厚道,不与人计较。但到了1946年,张实在觉得忍无可忍,径直去傅的办公室找他理论。一进门,张用手指着傅说:'我干了十年图书采购员的工作,你都没有给我提过级,我今天真想揍你一顿。'张是山东大汉,傅更是人高马大,体重二百多斤,听罢便说:'凭我的块头和力气,加上我出手又快,若论打架,你打得过我吗?'"

此后张政烺继续为自己争取,他拿出了清华大学的聘书,告诉傅斯年自己已被清华聘为了教授,傅看到后舍不得放走张这样的人才,"只好无奈地改聘张为教授"。可见对于自己赏识的人,傅斯年并没有那么苛刻要求。他曾提出不允许兼职,但是陈寅恪和赵元任仍然在清华授课,并不理会所长提出的命令。傅斯年当然舍不得这两个宝贝:"他(傅斯年)不得已,为了请到这两位杰出的人才,只好退让一步。说,好!只有你们两位可以在外兼课,别人都不许!"(周维强《学林旧闻》)

在买史料方面,傅斯年十分舍得花钱,抗战期间物价飞涨,王叔岷很想研究《庄子》,那时市面上出现了一部宋本《庄子》,但价格奇贵,要用金条来算,傅斯年真的用金条买下了这部宋版书,之后专供王叔岷阅览,每次在王看完后,傅斯年都会把它锁在保险柜里。

对于那批明清档案,傅斯年当然也很看重,希望尽快从中找出重大发现。但是史料的发掘没有那么快,民国文林在书中写道:"一次,李济与傅斯年在北海静心斋闲谈,说起午门档案整理工作,傅颇感失望。李问他为何有此不满,他说:'没有什么重要的发现。'李笑问:'什么叫作重要发现?难道说先生希望在这批档案内找出清没有入关的证据吗?'傅听罢哈哈大笑,从此再不说这件事了。"

傅斯年对图书的搜集十分重视,明清史料到达史语所北海办公处后,由陈寅恪带领一些人员进行整理,《南渡》中写到陈寅恪时称:"除在清华授课,大部分时间都在城里北海静心斋带领史语所历史组人员如徐中舒、劳榦、李光涛等人整理内阁档案。"

此后,傅斯年与陈寅恪成立了"历史语言研究所明清史料编刊会",该会的成员除了傅斯年、陈寅恪外,还有朱希祖和陈垣,该编委会制作了一个庞大的出版计划,此期间,他们将这些史料边整理边公布。岳南在《南渡》中说:"这是陈寅恪一生在生活上最舒心、精神上最得意、学术上最有创见的极盛时期。"

　　当时在史语所负责整理史料之人还有李光涛。李光涛出身贫寒,据说他曾在老家安徽九华山落发为僧,寺中一位僧人发现李光涛天资聪颖,便给他讲授明清史,此后这位僧人又向史语所明清史料编刊委员会的徐中舒推荐了李光涛,使得李光涛进入史语所担任临时书记员,同时也成为最初整理这些档案的人员之一。

　　经年累积,这些档案上有着厚厚的灰尘,李光涛每天做的第一件事就是将这些灰尘去掉,然后将拉散的文档尽量地缀合在一起。当时档案整理委员会主席陈垣提出了整理八法：分类、分年、分部、分省、分人、分事、摘由、编目。李光涛在《明清档案与清代开国史料》一文中回忆说:"我们乃是整天的八小时都在字纸堆里爬进爬出,一片片的字纸都要展开细看的。而且这些字纸都是几百年的旧物,附带的尘土又特别多,每一麻袋或席包倒在地上时,尘土便腾起多高,室内差不多犹如烟雾一般。不说别的,单说这些麻袋在我们整理结束之后,所装的灰土便有一百二十余袋,堆在午门前端门门洞内,每袋灰土最少以一百斤计算的话,也就共有一万二千斤之多了。"

　　李光涛整理这些档案下了很大功夫,为此受到了傅斯年的赏识,将其升为助理员,继而任助理研究员,之后成为编刊会的正式成员。

　　全面抗战时期,史语所迁往四川,傅斯年十分看重史语所的档案及二十余万册藏书,他将馆中所藏装了六百多个大箱,指定由管理员那廉君护送。五年内,他们先后装运火车、卡车、轮船,最终将这批书完好地运到了李庄,抗战胜利后又安全地运到了南京。

　　因为这段经历,傅斯年被人戏称为"搬家先生",对于他在颠沛离乱中保护文献之举,董作宾在《历史语言研究所在学术上的贡献》一文中称:"自广州至此,在二十三年内凡经九次播迁,到现在还能维持四个组的大部分的工作,保存了十四万多册图书,一千余箱仪器、标本、古物,这是何等艰苦困难的工作。孟真先生一手采集的材料,一手培植的人才,都是他的'宝贝',不忍破坏或毁灭,所以他要屡次'搬家',也只有我们的所长,才有这样的'搬家'。"

　　2022 年 4 月 3 日,我从鼓楼步行走到北海,沿途看到玉兰初绽,有些游客围在树下拍照,无论疫情怎样肆虐,仍没有影响人们的爱自然之心,心下颇有感慨。

走过银锭桥,看到护栏上岁月的留痕,繁华的后海看不到几位游客,这种安静让人有些落寞。但是北海公园内的游客之多却大出意料,人们站在湖边观鱼,瞬间让我想到一句歌词"没有什么能够阻挡你对自由的向往",真的没有人能阻挡吗? 至少病毒能阻挡。所以当我看到静心斋的匾额时,却依然纠结于能不能阻挡静心的问题。

人们已经忘记了病毒的超级传染力,静心斋内满是游客,这里是北海公园内一个独立的院落,创建于乾隆二十三年(1758),其风格是模仿的苏州园林。

进门看到的就是方塘,正房为镜清斋,两侧为环廊,我从右路前行,正厅内不能进入,从窗户向内探头,感觉里面的几块匾都是出自乾隆帝之手,正中摆放的是御座,看来这里是皇帝休闲处。

转到后园,这里的主体是随形池塘,于此堆满了太湖石,对岸有罨画轩等建筑。但是登上后方假山的回廊却不准游客入内,我只好到右侧去看另一组建筑,在那里看到了抱素书屋,介绍牌说这是皇帝的读书之所。不清楚当年史语所的图书馆是否设于此书屋中,但是这座静心斋的院落确是史语所整理历史资料之处,当年这里一定预备着许多参考工具书。

■ 静心斋院门　■ 镜清斋

亚细亚图书馆

莫理循开创，东洋文库所藏

　　莫理循把自己创建的图书室称为"亚细亚图书馆"，后来这批书卖给了日本人，成为日本近代最著名的藏书机构——东洋文库的基础。日本人喜欢把图书馆称为文库，为此，他们把莫理循所创的亚细亚图书馆也称之为莫理循文库。

　　20 世纪 20 年代初，北京大学成立研究所国学门，由蔡元培兼研究所所长，沈兼士兼国学门主任。沈兼士在《筹划北京大学研究所国学门经费建议书》中谈及这座文库的重要价值："流传国外者如《永乐大典》、莫利逊文库、敦煌石室之书简古物，均应设法调查，编次目录，分别审定，何者须移钞，何者须照像，何者须施氈拓，何者须作模型。至于国内之史迹、古物、旧书、杂记之急须调查保存整理研究者，尤为繁赜，揆诸理论，则亟待料理；按诸事实，则滞碍万端。凡此种种，均非有负责之机关，充分之经费，相当之人材，长久之时日，莫能举办。而经费一层，尤为先决问题。"

　　莫理循文库虽然已经到了日本，但沈兼士认为其价值能与流传海外的《永乐大典》及敦煌遗书相并提。可见该文库在文献史上有特别重要的价值。

　　莫理循（又译作莫利逊、莫里循），出生于澳大利亚，年轻时就喜欢旅游冒险，毕业于爱丁堡大学医科，此后在医院工作。1893 年 5 月，他辞掉工作乘船从南太平洋出发，到访过菲律宾及我国香港、天津、北京等地，最终经日本到达上海。转年 2 月，他又从上海出发，乘船到达重庆，由重庆徒步到云南，经云南到达缅甸仰光。他将一路上的所见所闻写入旅行日记中，后来出版了《一个澳大利亚人在中国》，此书在伦敦出版，并在社会上引起轰动，由此让世人知道了莫理循这个名字。

　　《泰晤士报》总经理贝尔由此注意到了莫理循，聘请莫理循担任该报常驻北京的记者，但莫理循希望到印度和暹罗去看看。贝尔告诉他："对英国来说，暹罗比起中国来，那是次要的。"但莫理循坚持想到暹罗去看看，贝尔认定这位年轻人今后能干一番大事，于是同意了莫理循以私人身份前往暹罗。

　　莫理循在暹罗搜集到了很多资料，尤其是发现了法国想完全吞并暹罗的野心，他建议英国政府应当以强硬措施予以对抗。这次的报道更加让贝尔认识到莫理循对新闻有着超常的敏感度，此后他又让莫理循到中国的云南、四川等地采访，逐渐让莫理循意识到中国的重要性，于是愉快地接受了《泰晤士报》聘他为东亚特派员。从1897年2月开始,莫理循被派到北京做驻华通讯员。在京工作期间,莫理循以他的聪明才智,与中国社会上层关系密切,为此,他跟那个时段的许多重要事件发生了重要关系。

在京期间,莫理循能够通过各种关系拿到第一手资讯。在很多时候,英国政府都要通过《泰晤士报》的报道来了解中国的最新动向,比如英国政府一直想确认1896年沙俄政府和李鸿章是否真的签订了《中俄密约》。那时的英国驻华公使窦纳乐认为没有这个密约存在,然而莫理循通过他的情报网,已经了解到了该密约的具体内容。他在1898年3月24日的《泰晤士报》中刊发了这个消息,这使得外交国务副大臣寇松非常尴尬,他在答复质询时,只好说莫理循的报道可能是谣言。

义和团运动兴起后,莫理循敏感地注意到义和团可能得到了清廷的支持,因为他发现在一些王府内有义和团的人设坛练功。此后果然义和团大量涌入北京城内,开始焚烧外国人的房屋和教堂,各国公使乱作一团。莫理循建议使团派兵占领英国公使馆旁边的肃王府,以便在这里收容教士、修女及教民,同时指挥这些教民在使馆周围构筑起坚固的防线,并在肃王府内架设工事。果然几天后,义和团包围了使馆。

当时使馆与外界联系中断,莫理循详细记录下每天的状况,想办法高价雇人将消息送到天津,而后发给《泰晤士报》。张功成在《外国记者与近代中国》一书中称:"使馆被围期间,他发出求援电报,宣称英国人的生命和英国的利益正危在旦夕,成为后来英国政府派出远征军的一个重要促进因素。"

7月16日一早,莫理循跟英国公使馆卫队长斯特劳斯到肃王府视察防御状况,在返回使馆的路上遭到了义和团的狙击,斯特劳斯当场被打死,莫理循也被打伤。外间一度传说莫理循已死,《泰晤士报》得讯后刊发了讣告,高度表彰了莫理循的"忠诚、无所畏惧和精明能干",同时说他"在过去关键的三年里,正由于莫理循博士的杰出贡献,英国人才能每天都最早、最准确地知道中国所发生的一切事件"(霍恩伯格《西方新闻界的竞争》)。

事后莫理循调侃说,《泰晤士报》再也找不到解雇他的借口了。在此事之前,《泰晤士报》刊发的北京报道署名均为"本报驻北京记者",英国人并不知道具体是何人所写，自从该报刊发了莫理循的讣闻后，他瞬间成了英国众人皆知的英雄。

使馆区解围后，莫理循给《泰晤士报》寄去了3万多字的长篇报道《北京使馆区被围记》。八国联军进入北京后，特许军队抢劫三日，莫理循客观地报道了那些军人抢夺中国财富的具体事例。因为他的报道写得太明确，以至于报社主编不断地删改甚至扣发他的稿件，这令莫理循很恼火。

对于莫理循报道的权威性，陈冰在《中国报道第一课：莫理循模式》中说："莫理循在外国人圈子里被称为'中国的莫理循'或'北京的莫理循'，这个称谓来自于其报道的权威性。莫理循报道的权威性来源主要包括三个方面，即报道的快速准确、消息源的权威以及独一无二的私人图书馆带给他的对中国知识的博学。"

在晚清的官员中，莫理循最欣赏袁世凯。当时袁世凯署理山东巡抚，以高压手段对付山东团民，之后又倡议"东南互保"，这些措施博得了在华外国人的好感。袁世凯从山东巡抚升为直隶总督兼北洋大臣后，地位越来越重要，他还在天津组建了第一支警察部队，按照西方标准改造城市道路，架设路灯、安装电话等。同时，袁世凯主张效仿英国模式实行内阁责任制，以此限制皇权。

因为这些举措，使得一些官员对其有看法，1909年1月，袁世凯被摄政王载沣以足疾为由"开缺回籍养疴"。此前莫理循一直在《泰晤士报》刊发袁世凯的正面报道，而今他被免职回籍，以至于让《泰晤士报》外事主编姬乐尔认为莫理循对中国政局的判断是错误的，但莫理循坚持自己的看法。

1911年10月10日，武昌起义爆发，从次日开始，莫理循就在《泰晤士报》发出专电，进行将近一个月的报道。他前往汉口用五天时间搜集资料，客观地讲述了所见所闻。1912年2月12日，他写了通讯《帝国下诏宣布共和》，抢先报道了清帝逊位的消息。后来袁世凯当上了临时大总统，由此证明了莫理循有着超前的洞察力。

袁世凯上位后，聘请了22位外国顾问，其中之一就是莫理循。为此，莫理循辞去了《泰晤士报》驻京记者的职务。莫理循辞职的一个重要原因，那就是莫理循一直在报道日本人在中国的野心，但姬乐尔要保持英国对日政策的一致性，经常扣发他所写的相关稿件，故两人关系彻底弄僵。

1908 年《泰晤士报》易主，新老板北岩为了清理内部人员，努力拉拢莫理循，他们联合赶走了姬乐尔，但自此之后，北岩也开始扣发和删改莫理循的文章，这令莫理循有上当之感。

莫理循辞职而去做袁世凯顾问的另一个原因，则是出于财务上的考量。在华期间，莫理循为了了解中国形势以及亚洲各国的关系等等，大量购买相关书籍，但做记者收入有限，有时他只能靠赊账的方式来买书。他在日记中写道"我已负债 200 英镑，另欠书商 200 英镑"，并且直言"前景不容乐观"。他在给 Lionel James 的信中写道："我已不能依靠《泰晤士报》的薪水来生活在北京了……我是指保持像原来我所已习惯的那种生活方式——拥有几个佣人，购买许多书籍，以及如作为《泰晤士报》记者应该做的到各地旅行等。"

莫理循在日记中，以及给朋友的信中时常提到自己经济拮据，尤其他与私人秘书珍妮结婚后，经济压力更加沉重。张威在《莫理循轶事》一文中写道："他之受聘于袁世凯，金钱是一个极为重要的因素。当时他在《泰晤士报》任记者的薪水为每年 1200 镑，但袁世凯给他的年薪为 3500 镑，再加上住房津贴每年 250 镑以及在中国境内旅差费全部实报实销。"

国内介绍莫理循的文章大多会提到他想办法曝光"二十一条"密约之事。1915 年 1 月，日本驻华公使日置益奉命向袁世凯提出"二十一条"密约，当时袁下令外交总长陆徵祥和次长曹汝霖与日置益秘密谈判，日置益为了不让西方列强参与此事，要求中方严守机密。

当时的《泰晤士报》驻京记者端纳与财政总长周自齐关系密切，他想从周那里证实确有"二十一条"之事。周不便讲述细节，于是端纳想出了一个计策，他说自己写出日本可能提出的要求，然后让周自齐看，周只要把错的地方划掉即可，这样就没有人知道他是从哪里得到了"二十一条"内容。周如法照办，而后端纳将此内容刊发在《泰晤士报》和美国的《纽约时报》上。与此同时，端纳又访问美国公使芮恩施，将他所知道的"二十一条"内容转发美国，希望美政府对日有所行动。

但是，《泰晤士报》主编收到端纳电报后，要求说明信息来源，因为日本驻英使馆已否认此事。端纳没有想到自己通过妙计得到的消息竟然是这个结果，于是想到了莫理循。莫理循有"二十一条"密约副本，但没有办法拿给端纳。当端纳来到莫理循的住所时，莫理循用双手按了按桌上的一堆文件,然后对端纳说自己要到书房去一下。端纳心领神会地翻出这份文本带走了,而后把文本交给了英、美两国公使。

因为莫理循欣赏袁世凯,所以后来袁世凯称帝时,有人指责莫理循支持复辟帝制。其实莫理循是反对复辟的,1915 年 12 月 1 日,他在给英国《评论季刊》编辑普罗塞罗的信中称:"我是不同情这一运动(按:指复辟帝制)的,我认为它是不智的,而且做的不是时候,还可能把中国卷进严重国际纠纷之中。我坚决主张把这个运动推迟到欧洲战争结束之后。我虽然能够促使当权的人们听取我的意见,但是我不便在一份英国杂志上随便表示我的不赞成。"

1916 年 4 月 14 日,他在给庄士敦的信中写道:"袁世凯把事情搞得一塌糊涂。我比以往任何时候都更清楚地认识到,过去为他工作如此热情是犯了多大错误。"

第一次世界大战时期,莫理循力促中国参战,加入协约国。1917 年 8 月 14 日,中国宣布对德开战,莫理循终于实现了他的愿望。

一战结束后,莫理循跟随中国代表参加巴黎和谈,在此期间,他被诊断出了"恶性胰腺炎或胆囊阻塞",在伦敦住院期间病情恶化速度很快,莫理循在日记中写道:"我一直珍藏着的一个希望就是回到中国。我不愿意死,但如果回天无力,我要死在中国,死在多年来对我关怀备至的中国人中。"

莫理循在中国生活了二十多年,对中国充满着感情,他希望自己能够死在中国。家人按照他的要求,订了 6 月 18 日的船票,准备从英国先到加拿大,然后从温哥华乘船再到中国。遗憾的是,他没能等到这一天,在1920 年 5 月 30 日这天去世了。赵焰在《1916—1928 年的中国》一书中写道:"莫里循带着对中国的一腔热爱和怨尤离开了人世。因为太不方便,家人只好把他葬在英国。莫里循在西德茅斯的墓地,既没有墓碑也没有十字架,只有一圈中式的汉白玉栏杆,上面刻着英文:北京的莫里循。"

关于莫理循所建的亚细亚图书馆,1911 年《字林西报》刊发的一篇文章介绍说:"就在北京的使馆区边上,你会看到一座典型的中国房子,它的门房对着大街,里面有个大院儿,房间在一边,另一边是一长串矮房子……这串矮房子就是他的书库,里面收藏着今日的远东地区也许堪称最好的图书。那井井有条的收藏揭示了主人的性格。每一本书都有编号和索引,哪怕是极细微的内容也可以马上被找到。这位不留胡子、身材健硕的澳大利亚人喜欢向懂行的客人展示他的藏书以及他管理藏书的方法。他在这里工作,他身在中国,也同全世界的人保持联系。他的知识建立在一种基础上,那就是同所有阶层的人进行大量系统、精准、持续的交流。"([澳]罗清奇著,盛韵译《莫理循的书斋和文库》)

莫理循在中国期间广泛搜集各种文献,他总计搜集到了24000多册图书,另外还有100多种定期刊物,以及6000多册小册子。他在担任中华民国总统府顾问期间,利用职务之便,搜集了一些重要文书和年报,另外还搜集到了1000多幅地图和版画。对于其所藏地图的价值,王古鲁在《最近日人研究中国学术之一斑》中称:"所藏古图,阅之可测知十六世纪以来欧人对于东洋地理知识的发达;所藏新图,阅之亦可以明了近时西人在远东各地精密实测结果的一斑。"

到1901年时,莫理循的图书馆已经颇具规模,当时这些书藏在马建忠的旧宅中。义和团运动爆发后,中国教民帮助莫理循将这些书转到了肃王府内。等战乱平定后,莫理循特意建造了一栋能够耐火的书库。对于书库中所藏,莫理循自称:"实历二十余年之久搜集而成。其中凡欧洲各国记载中国本部藩属各种事件之新旧书籍,大之如鸿篇巨制,小之如寸纸片楮,糜不具备。"

莫理循不只是将搜集来的书堆积在那里,还对它们做了仔细梳理。李彭元在《莫理循文库评述》中写道:"莫理循将自己的藏书命名为'亚细亚图书馆',但时人习惯上称之为'莫理循文库'。'莫理循文库'始建于东郊民巷使馆区内原清末民初著名语言学家、改良主义思想家马建忠的故宅,后迁至王府井大街西侧,东安市场的对面,原朱启钤的私宅。莫理循将自己的藏书对外人开放。为了方便读者,还亲自为藏书编目录,题为《莫理循博士的亚洲图书馆藏书目录》,共两大卷,1353页。在公共图书馆还处于起步阶段的20世纪初的中国,以系统收藏西方各国出版发行的有关中国的图书、期刊的'莫理循文库'在当时便成为东方学研究的重要基地。当时来自世界各地的许多学者都曾利用过莫理循的藏书,为读书而拜访莫理循的人也络绎不绝,因此'莫理循文库'在当时即有很高的知名度。"

对于该图书馆藏书的门类,张功臣在《洋人旧事:影响近代中国历史的外国人》中写道："为了方便读者，莫理循还亲自为这些藏书编了目录，即《莫理循博士的亚洲图书馆藏书目录》，共两大卷，1353页。仅从目录中人们就可看出，莫理循是怀着极大的热情从事这项工作的，达到了只要是有关中国的欧美文字，一页也不想漏掉的着迷程度。因此，除了成卷的图书杂志，他的藏品里还有日记、书信、备忘录，更有地图、剪报、照片、纪念章、明信片，旅顺失陷后在战场上拾到的日本人的请柬、入国许可证、剧场节目单、招待会的菜单，以及形形色色的电车票、旅馆和书店的收据、当铺的当票等等，显示出他极强的收藏意识和宽泛的爱好。"

周振鹤先生在《从莫里循文库到东洋文库》中谈到了该文库藏书涉及的语种："只要是用西方语言撰写的，不管是英、法、德、俄、荷、拉丁、西班牙、葡萄牙、意大利等文字，还是瑞典、丹麦、挪威、芬兰、波兰、匈牙利诸语种，甚至希伯来语、土耳其语、威尔士语都无所不藏。"该文还提到了莫理循正是抓住时机，以很便宜的价格买到了大批的书："当时北京西文书籍的价钱是很便宜的，许多书是七折八扣卖的，若与后来的书价相比，有些书贱到等于是白送。只是在日俄战争以后，当美国各图书馆把注意力转移到中国来的时候，书价才一个劲地向上蹿。可是那时莫里循文库的基础已经奠定了。"

1916年，莫理循的大总统顾问五年任期将满，他准备返回澳大利亚，故想出让自己的藏书。消息传出后受到各方面的关注，美国哈佛大学校长愿意出40万美金购买，但莫理循没有答应，耶鲁大学、加利福尼亚大学等机构和个人都想购买这批书，但均未谈成。当时也有人建议将这批书留在中国境内，但国内没人能拿出这笔钱。此时日本东京帝国大学文科大学校长上田万年带着刚毕业的助手石田干之助正在北京旅游，闻讯后于1916年11月末拜访了莫理循。当他了解到莫理循文库的学术价值后，认为日本有必要买下这批书，于是上田万年见到日本驻华公使林权助，提出了自己的想法。此时日本横滨正金银行董事小田切万寿之助正在中国分行工作，此人与莫理循私交不错，闻讯后很快将消息报告给了横滨正金银行行长井上准之助。

井上准之助又将此消息转告给三菱财阀第三代掌门人岩崎久弥，他答应出资35000英镑购买下这批藏书。1917年8月29日，岩崎久弥的代理人小田切万寿之助在莫理循家签订了购买合同。交接完毕后，其将

24000 册藏书装入 57 个大木箱内,从北京运到天津,在天津装到日本邮船高砂丸号上,9 月 26 日,邮船抵达横滨港,之后用火车运到东京。

其实,当时中国的一些有识之士很想把这批书买下,龚晏邦在《方寸书香:早期中国题材藏书票》(以下简称《方寸书香》)中写道:"中国实业家张謇曾拜访编过《天一阁见存书目》的钱恂,希望莫氏图书能成为南通图书馆的收藏。以后他进一步了解了图书目录、价格等,认为'若付现五千,存款一万,作年息七厘,则犹可说也'(《张謇全集》)。可惜的是之后便没有了下文,大概是昂贵的书价使其却步,这是中国的一大损失。"

消息传出后,《东方杂志》1917 年第 14 卷第 12 期刊发了署名"愈之"的文章《记莫利逊氏之藏书》,该文感慨说:"吾人对于此事,足征华人陋点之暴露。何以言之?此项藏书与华人利害密切相关,顾华人乃漠然视之,转使关系较轻之东邻,不靳重资,购备参考。则彼日人之关心时局者何如?华人之自暴自弃又何如?此皆不问而可知矣。则中国人不思求智识,尚何疑哉。"

其实当时莫理循也希望这些书能够留在中国,莫理循给丁文江信中说:"前些时你曾问到我的藏书是否售出。当时它还没有卖出去。我只是向日本人开价,他们是否会接受当然不能肯定。然而,今天这件交易已经完成。我的这套藏书在适当的时候就会转移到东京去了。我订出一个条件,那就是要让这套藏书和从前一样对一切认真学习的学者开放。它一定得保存它的完整并以我的名字命名。更进一步,这份藏书必须随时增补,使它赶上时代。它的买主就是有名的岩崎久弥男爵,他买过麦克斯·穆勒的藏书,尽管穆勒的藏书很蹩脚。我将藏书卖掉觉得很难过,但要维持它也是一个很大的负担,使我的时间和财力都大感紧张。我本来希望它能留在北京,可是这办不到。……"

莫理循写信给丁文江,原因是丁文江在担任地质研究所和调查所所长时,曾经利用过莫理循的藏书。当年辜鸿铭和严复也时常到亚细亚图书馆看书,由此也说明了莫理循的藏书尤其受到懂洋文的学者所喜,想来这也是中国传统藏书家没有下力气购买这批书的原因。

莫理循将这批书出售给岩崎久弥男爵时提出了三个条件,其中之一是将这批藏书永远保存于一处,并称其为"The Dr. G. E. Morrison Library"。显然这是莫理循图书馆,然日本称其为"莫理循文库"。岩崎男爵得到这批书后,在此基础上继续购买相关书籍,想以此建起一座规模宏大的亚细亚图书馆。他与一些学者商议继续购买各类书籍,到1924年11月,已新购入25000册图书。此后,又将这批书建成了财团法人东洋文库,同时由岩崎氏捐赠一笔钱作为基金,以产生的利息来支付相关费用。

二战结束后,日本的文部省开始对东洋文库给予政府补助金,此后有关阅读整理的部分并入了国立国会图书馆。到如今,东洋文库已经是日本最大的亚洲文化研究图书馆,藏书量超过了一百万册。

关于莫理循在北京创建亚细亚图书馆的地址,孙洪权在《莫里逊·承华园·"三不沾"》一文中说:"莫氏来中国后,开始住在东交民巷,1902年他用七百五十英镑在王府井大街买了一所房子。因为他是知名人士,起码从1912年起,王府井大街在外国人中就称为'Morrison Street'(莫里逊大街)。"对于此路名的来由,该文转引了韩素音在《病残的树》(英文版)中所言:"1916年袁世凯爬上了'洪宪皇帝'的宝座后,就亲自下令将莫里逊住过的大街改名为莫里逊大街,并在王府井大街的南口树立了英文路牌。"

关于该图书馆位于王府井大街的具体位置,孙洪权在文中称:"就是在原来的王府井大街路西100号(现在王府井大街271号,北京市钟表眼镜公司瑞士表专修店的原址)。这所房子据莫里逊自称,原来是一个当铺。他在这里住了前后达十六年之久。该房以后归大甜水井金家所有,1934年金家将此房租给了承华园饭庄。"

孙洪权在文中写到租下此房开饭店者有赵元方、张重威等人,赵、张都是著名的藏书家,他们租下图书馆来开饭店,不清楚是不是一种巧合。对于该院落当时的规模,此文中称:"共有房子三十余间,前后大小共五个院,其中有两个大院,前院北大厅三间,两头有耳房,东西厢房各两大间,屋里都是地板,外面都有明柱走廊,南面是四扇屏门,后院是一拉六间,中间用木头隔扇,分为两个大厅。房子没有走廊,但在设施上有点西化,花砖铺地,花玻璃门窗,院子很大并有假山,其余的三个院子较小,房子也不太整齐。"

按此所言,亚细亚图书馆已经有了明确的位置。赵迅的《王府井谈往》一文中也谈到了这些:"民国初年,街北口自东安门大街东口至灯市口大街西口一段街叫作丁字街,由于清乾隆时曾在这里设有八个供官员饮马用的水槽,以后又把这段街改叫八面槽。八面槽北口到今美术馆的一段叫作王府大街,民国十七年(1928),将以前的土路面铺设了沥青。袁世凯当政时,因北洋政府英籍政治顾问莫里循(George Ernest Morrison,1862—1920)在街西 100 号(今 271 号瑞士表专修店址)建宅居住,曾改名叫莫里循大街。直到北京解放,外籍人士仍称之为 Morrison Street,给这条老街添上了洋味。"

几十年来,我去过王府井大街无数次,这个瑞士表专营店也看到过多回,但从未将其与莫理循联系起来。2022 年疫情再一次严重起来,相关部门一直在劝民众非必要不离京,这期间我只能努力在北京寻访历史遗迹,而目标之一就是想到原地去细细地查看一番,当年赫赫有名的亚细亚图书馆是否还有遗迹留存。

2022 年 3 月 12 日,我打车来到王府井大街步行街入口,街上的行人不足往日的十分之一,可见疫情对商业影响之大。此前我留意到王府井街上似乎有两三家瑞士钟表店,不确定哪家是图书馆旧址,好在有门牌号。可是沿街一路看下去,这些店铺门口极少标有门牌号。

边走边探看,走到百货大楼对面时,看到了亨得利表店,此店的隔壁是著名的中国照相馆。两者之间有一条小巷,名为帅府园胡同,我不清楚帅府园是不是以前的承华园。沿着这条胡同一直走下去,顶头的位置是协和医院的老楼,于此探看一番,找不到祈盼的说明牌,于是返回王府井大街,沿街向西走。走到步行街将近终点的位置,又看到一家亨得利钟表维修中心,其侧柱上写着"瑞士钟表维修",这里同样没有门牌号。

推门入店,里面的面积很小,问店员这里是否是 271 号,对方竟然说不知道。无奈转身出门,沿着旁边的胡同向内走,看到街名牌是"锡拉胡同"。这条胡同还有几座老房屋,然院门上着锁,无法打听这一带建筑的变迁。

继续向前走,走到了东堂的门前,这里依然是拍婚纱照的胜地。继续往前走,又看到一家瑞士钟表维修中心,该中心处在一座大厦的一楼底商,此楼的门牌号为"王府井大街 50 号"。由此我判定刚才看到的第二家钟表维修中心,应当就是在亚细亚图书馆旧址上盖起来的。

遗憾的是莫理循故居早已被拆掉了,其实他当年建造的图书馆十分坚固。当年他希望中国人能把他的书买下来,同时他附赠这座图书馆,以

= 看到的第一家瑞士钟表维修中心 = 中国照相馆曾经是中国名气最大的照相馆

便让人们能够继续使用下去。龚晏邦在《方寸书香》中说："其实最初莫理循是希望将他的藏书留在中国的，他曾设想由中国人买下他的图书，他愿意把建有防火设备的图书馆（莫理循的私产）送给中国：将楼上他居住的地方用作一个外国图书馆员的住处，直到他把图书编目完成付印为止，楼下的房子辟为阅览室。但 1917 年的中国，军阀统治的北洋政府热衷于争权夺势，根本无人顾及此事，而一些有识之士却囊中羞涩。如此国势是不可能将莫理循文库留住的，这真是中国学术界的一大憾事。"

中德学会图书馆

差点否定创建者的功劳

中德学会的初始创建人是郑寿麟。郑寿麟是广东潮安人，早年毕业于同济大学工程科，后留学德国，1921 年参与发起成立中德文化研究会。1924 年毕业于德国莱比锡大学，获得博士学位。回国后历任安徽大学、国立四川大学、国立北京大学、国立中山大学等校教授。

当时中国赴欧洲的留学生，以人数论，德国排在美、日、法之后位列第四。20 世纪初，德国经济总量跃居世界前列，第一次世界大战后成了战败国，使得德国马克大幅贬值，为此吸引了大批留学生前往。到 1921 年 5 月 20 日，中国以战胜国的身份与德国签订了《中德协约》，该协约规定德国要赔偿在德华人的资产，同时要帮助中国留学生完成学业，致使那里的中国留学生数量大增。

1921 年留德学生分会会长魏时珍与王光祈、郑寿麟、宗白华等九人在德国成立了"留德学生中德文化研究会"，他们在宣言中说："我们是华人，是东方文化最古最高的国民，目下旅居德邦，是西方文化最出类拔萃的地方"，"我们应当努力，来担任两大文化的融合及发展。"（翁智远《同济大学史（1907—1949）》）

这九位留学生后来都取得了博士学位，但他们的博士论文大多是研究中国问题，比如王光祈的论文是《中国古典歌剧》，金其眉的论文是《中国的货币制度》，郑寿麟的则为《古汉语中的俗语》。郑寿麟在归国后还写出了《德国志略》《中西文化之关系》《亚里士多德》等书，可见他将自己的视角放在了中德文化交流方面。

正是基于这些原因，郑寿麟回国后在北平图书馆内找到了一间房屋，于 1931 年在此房屋内发起并成立了"德国研究会"，该会的宗旨正是留德学生中德文化研究会的创会宗旨，他希望将两国的文化融为一体，并且产生一种新的文化。

郑寿麟成立的德国研究会很快受到了德国驻华使节的关注。1932 年 2 月 9 日，德国驻华公使陶德曼向德国外交部汇报了德国研究会的情况，他注意到郑寿麟财政状况一般，但是对中德交流很热心，因此建议对此会予以赞助："虽然郑寿麟出于热心创办了'德国研究会'，但他为了维持生计，不得不去从事教学工作，并且由于资金的缺乏，他也无法雇佣助手，这一状况势必会对学会的运行产生影响。"（崔文龙《中德学会的成立及相关争论》）

陶德曼提出了具体的建议,请求将原计划资助欧特曼教授的 2000 帝国马克转付给郑寿麟,用来资助德国文学作品的翻译,并想以此作为契机,与郑寿麟及其他有影响力的人士来商讨该会重组和扩建问题,由此将该会建成中德两国文化交流的新平台。

1933 年 3 月 27 日,郑寿麟、袁同礼、张嘉森邀请中德学者二十余人在袁同礼家聚会,于此召开了中德文化协会筹备委员会会议。经过详细商议,他们达成三条决议,并且商讨了该研究会的组织和运行机制等等问题。之后在 5 月 4 日于北平德国公使馆召开了成立大会。在此次大会上,根据叶企孙的建议,该会定名为"中德文化协会",推举德国驻北平公使陶德曼博士为德方名誉会长,南京教育部长王世杰担任中方名誉会长,协会中方负责人由郑寿麟担任,德方负责人由卫德明担任。同时因为郑寿麟长期不在北平,故中方负责人由李守力代理。

关于该协会的费用问题,德国大使馆参赞斐霞在协会筹备委员会上,代表德国公使馆发表声明:"德国方面已经为中德文化协会编译组筹得经费 2000 帝国马克,并许诺到 1933 年年底,德国除了前期拨给的 2000 帝国马克外,再提供不超过 1000 美元的资金帮助。"

筹委会商定,该协会的费用由中德双方共同负担,关于中方的资金,筹委会决定由徐道麟负责向教育部申请,希望能按月拨付。但实际上南京政府的拨款数量很少,该会初期的经费主要是靠北平图书馆及北京各大学的捐助。周棉在《冯至传》中称:"中德学会为中德两国合办,但由于当时中国已经岌岌可危,并不支付费用,中德学会实际上是德国人出钱办学。"

直到 1934 年,德国外交部才正式通过了该会的资金财政预算,后来该会得知在南京还有一家同名的协会,于是中德文化协会在 1935 年 5 月 22 日召开的会议中决定将名称更改为"中德学会"。

但是,在该协会正式成立不久的 1933 年 9 月 1 日,德国外交部开会讨论中德协会事务问题,当时法兰克福中国学院的罗塞勒教授对中德文化协会创建的必要性提出了质疑,他首先认为郑寿麟创建这样一个机构,其根本目的是为自己求得一个固定的工作,虽然郑寿麟为协会提供了 2000 册德语书,但他自身缺乏科学声望,个人才能和组织能力都有限。

罗塞勒提出的第二个质疑则是关于卫德明,他觉得由卫德明担任中德

三 板厂胡同口对面的古建

协会德方常务干事，具有随意性和临时性。当卫德明到达北京时，罗塞勒的助手丁文涛把他推荐给了胡适和丁文江等人，因为这层关系，使得德国领事馆对卫德明很重视。

罗塞勒提出的第三个质疑，就是该协会与一些中国名流之间的关系问题，此问题是接续第二个问题而言。在罗塞勒看来，胡适、丁文江作为协会理事，只是中国人习惯性的礼仪署名，其实他们对此并不感兴趣。

罗塞勒针对这些问题逐一提出自己的主张，比如他建议由一位有声望和有能力的中国学者作为协会负责人，同时把协会迁往上海，以便与同济大学取得密切联系，最好由同济大学任命一位具有国际声望的哲学家或历史学家等等担任协会负责人。

此后德国外交部致信德国驻华使馆，要求对罗塞勒的意见做出回应，以便外交部最终决定是否对该协会进行资助。对于罗塞勒提出的质疑，北京公使馆逐一做出了答复。1933 年 12 月 23 日，陶德曼给外交部的报告中指出，关于这样一个机构的职能范围、设立地点和涉及的人员，人们必然会有各种各样的意见，而且毫无疑问，学会在初始阶段有很多方面存在不足，并且需要通过善意的意见和合理的批评来加以改进。陶德曼同时认为，中德学会目前的结构是非常合适的，它能够满足中方和德方的需求。

针对郑寿麟创建研究会的真实目的，陶德曼认为："关于学会创始人郑寿麟先生的质疑就非常错误。质疑郑先生创立学会是为了给自己谋求职位，这一点，不但没有根据，而且，抹杀了郑寿麟先生对德国文化的真诚友好之情和为推动中德文化交流的无私奉献精神。郑寿麟先生虽然个人生活条件比较艰难，但他拒绝从学会获到任何物质好处，比如郑先生甚至拒绝他为学会写文章而得到的奖金，这些奖金是他为中国的杂志、报纸写文章或者翻译应该得到的。郑寿麟先生很早就知道，学会一旦扩建，他是不适合再担任领导职务的，并在帮助学会完成重组、扩建后，离开学会。"（1933 年 5 月 15 日陶德曼就中德学会重组致电德国外交部）

经过一番争论，最终德国外交部认可了北平领事馆的解释，此后陶德曼向德国外交部申请相关的资助基金，1934 年，外交部财政预算中资助基金获得通过。

从《中德文化协会筹备委员会会议报告》可以得知，该协会的董事都是当时的学界名流，比如有北平地质调查所所长丁文江、北京大学校蒋梦麟、南京国民政府交通部总长朱家骅、中央研究院院长蔡元培、南京中央大学校长罗家伦、北平大学教授傅斯年、铁道部部长顾孟余、北大文学院院长胡适、清华大学校长梅贻琦、同济大学校长翁之龙等。真可谓阵容强大，难怪罗塞勒认为这些人只是挂名。

事实上，即便是以上名人只是挂名，该会的常务理事也很有实力，比如1934 年当选中方常务干事的是杨丙辰，当时德方常务干事仍由卫德明担任。但是这年秋天，杨丙辰因为前往开封担任河南大学校长，辞去了该会常务干事职务。同年 12 月，卫德明也提出了辞职。

卫德明是著名汉学家卫礼贤的第三子，出生于青岛，从 1933 年开始的五年里，一直在北大教德语。他精通中国先秦古籍，是西方研究《周易》的权威。比如他认为《易传》的作者是孔子及其弟子，因此由他来担任协会的德方干事是最佳人选。他辞职的原因，是其妻为犹太人，1933 年希特勒上台后开始排犹，卫德明感到不便再担任该协会职务，只好辞职。

接替杨丙辰常务干事职务的是北平大学女子文理学院经济系主任董洗凡，接替卫德明职务的是辅仁大学教授兼图书馆主任谢礼士。1935年中德学会召开董事会，推举冯至和谢礼士为常务干事，冯至在德国留学时获得文学和哲学博士学位，两人都认为中德学会应该把翻译双方学术著作作为工作重点："把德国人文科学和自然科学中一流的学术著作，系统地介绍到中国来，使中国人了解德国文化的根本精神。"（仇妍《浅论"中德文化丛书"诞生与突破》）

当时该会定出的宗旨是："该会以研究德国之学术与文化及增进中德两国学术上之合作为宗旨。中德文化协会依据其宗旨暂定的工作范围如下：第一，设立大学问讯处，为中国志愿留德人士介绍相当学校，并为中德学术机关介绍交换教授及学生。第二，编译德国重要书籍。第三，设立参考图书馆为中国学术机关及大图书馆介绍德国图书。"（赵慧芳《中德学会研究》）

根据此宗旨，学会下设图书组为三大重点之一，该组组长由国立北平图书馆馆长袁同礼担任，组员有谢礼士和南京中央图书馆馆长蒋复璁。可见图书组的重要任务是建立一所具有特色的图书馆。对于该馆的藏书情况，丁建弘、李霞在《中德学会和中德文化交流》中给出的数据是：

图书资料方面：（一）德文藏书达 2871 种 4450 册，德国学术著作的中文译著亦增至 1000 册，尚有少数其他语种的书籍；（二）德文杂志增至 72 种，中文杂志 20 余种，德国重要报纸数种。其中普鲁士科学研究院的《学术集刊》及哲学、历史类的专刊，自 1900 年起至 1941 年止共 99 册，极有价值；（三）德文图书分类目录（《Katalog der Bucherei des Deutschland-Institutes》）已于 1940 年出版，中文图书目录也已编制完成。此外尚编有《中文期刊有关德国论文索引》。中德学会的图书馆为当时藏有德文人文科学书籍最完备的图书馆。另外汉学图书室的基础也已奠定。图书馆平日向社会开放。

"七七事变"后，沦陷区的大批重点学校转移。转年，冯至离开北平前往上海任同济大学教授，之后又随同济大学内迁。中德学会仍然留在北京，因为德国与日本的密切关系，故该学会能够继续开办。在此期间，学会主要由德国汉学家傅吾康来主持。1938 年，谢礼士启程回国休假，1940 年 2 月，病逝于德国。傅吾康是在"七七事变"爆发前的一个多月接触到中德学会的，当时他的工作是协助谢礼士处理中德学会中的各项事务，后来中方常务理事也离开了，于是傅吾康就成为了该会中德双方的负责人。

傅吾康 1912 年出生于汉堡，是德国汉学家福兰阁的小儿子，受到父亲影响，他对中国文化很感兴趣，1935 年，他在柏林大学的博士论文题目就是《康有为和康党的维新变法运动》。后来来到中国，在中国生活了 13 年。因为福兰阁表达过对纳粹活动的不满，由此也影响到了傅吾康对纳粹的看法。

在傅吾康看来，中德学会的重要任务是让中国人了解到德国文化优秀的一面，他认为中国人更多的是看到德国在自然科学方面的成就，而忽略了德国在文化方面的成就。他在《1937 年至 1941 年中国学生主要活动概览》报告中称："与设于法兰克福的中国学会相对应，中德学会的主要任务是建立德国人文文化和中国之间的联系，加深或唤醒中国对于德国文化的价值认同。这是一项长期任务，它不仅仅是偶尔的政治宣传，而更是要把自 1918 年以来大多数已深受盎格鲁—萨克逊文化影响的中国学术精英们争取过来，向他们表明，德国能提供给中国的不仅仅是自然科学和技术，而且拥有光辉灿烂的人文文化。鉴于中国学术界倾向于盎格鲁—萨克逊文化，中德学会的工作要保持低调，以避免一开始就受到强烈的反对。学会的影响不取决于影响范围的广泛,而是取决于影响的深入,中德学会影响的对象是受过教育的中国知识精英,而不是广大普通民众。学会工作的经验证明,只有通过这样的方式,德国文化才能取得成功。"

在此之前的 1938 年 1 月,谢礼士向德国外交部的汇报中也提到了这一点:"中德学会在 1933—1937 年间取得了令人满意的成果,这充分证明了中德学会发展道路的正确性。中德学会之所以能够在充满列强竞争,并且对德国事业来说并不友好的环境中脱颖而出,是因为这个以中德平等形象出现的机构时刻注意避免以宣传机构的形象出现,或者被归纳为宣传机构。相反,这个机构一直强调自身的学术特征,毫无疑问,这些学术应该是德国的,并且为德国服务。"

中德学会没有政治化,除了傅吾康等人的努力,还有当时社会风气原因。崔文龙在《中德学会与德国对华文化外交》一文中说:"对于保持中德学会的学术特征,陶德曼等外交人员大都有着清醒的认识,并给予充分的重视和支持。中德学会成立之初,德国驻华大使陶德曼、参赞费舍尔以及主管中德学会事务的毕德(Dr. H. Bidder)等外交官都努力确保学会的独立性,具体内部事务不受德国政府干涉。"

在纳粹管制下,中德学会真的能独善其身吗?对此,托马斯·詹森在《对北京中德学会在 1933—1945 年间所从事工作的几点说明与质疑》一文中提出:"仅从学会的半官方性质和财政上对德国政府的依赖,我们就不能期待中德学会能对纳粹主义采取一种中立甚或绝对公然拒绝的态度。这一点可以从学会提供的文化活动上得到证实。"

詹森从中德学会出版的特刊第三册中找到了第三帝国内政部长威廉·弗里克的宣传性作品《统一国家之德国》。另外,墨柯通过梳理德国档案,找到了更多纳粹政府试图控制中德协会,以谋求自身利益的证据。比如中德学会会长罗越赴南京会见汪伪政府的高官,以此来沟通德国与汪伪政府的关系,故墨柯认为:"在 20 世纪 30 年代中期,中德学会首先是作为德国官方在中国的'文化竞争的行动者'发挥作用的。纳粹宣传机构并不能将它作为直线型的传送轨道来使用。尽管如此,却不能否认,这个研究所是在纳粹体系统辖之下的,具有一定的政治功能,不论在那里工作的科学家是否承认,也不论他们的中国伙伴是否对此有所认识。"(墨柯《评霍福民 1940—1945 年在北京中德学会中的作用》)

然而也有学者对此提出了反证，童欣在《中德学会是纳粹政府在华的宣传工具吗？——基于〈中德学志〉内容的分析》一文中，分别引用了以上詹森和墨柯的说法，而后谈到纳粹政府并未将《中德学志》编成一份宣传刊物。那么如何解释德国政府会为中德学会提供资金之事呢？童欣说："其实，德国政府提供资助这件事本身并不能说明学会必然受到政治干预。政府资助学术机构而不施加政治影响，这种传统自洪堡以来在德国有悠久的历史。"而后童欣转引了墨柯在文中引用的德国政府内部文化所透露出的给中德学会所定的任务："……在中国唤醒或加深对德国文化成就价值的理解。换句话说，这是一项着眼于长期的文化工作，不是为了或多或少政治现实化的当前宣传，而是为了争取自 1918 年以来主要处于盎格鲁—美利坚影响下的精神领导者的圈子，向其展示德国不仅可以在自然科学和技术方面，还可以在精神文化和人文科学领域对中国有所助益……重要的不是作用的广度，而是深度。也就是说，我们的目标不是广大的民众，而是有文化修养者的最上层。"

1941 年 7 月，由于希特勒宣布承认汪伪政府，中德关系恶化，在华的顾问团、德国驻华大使陶德曼等人撤离中国。在珍珠港事件后，中国对德国宣战，中德关系完全中断。中德学会努力避免涉及政治，比如傅吾康把纳粹政府宣布为非法的禁书从图书馆的书架上拿下来，放在另一间房屋内，专门提供给非纳粹学者来阅读。

中德学会能做到这一点，其实并不容易，这与傅吾康的坚持有一定关系，为了能将学会的学术研究坚持下去，傅吾康也做一些表面的妥协。李雪涛在《豪华落尽见真淳——傅吾康〈为中国着迷〉中文版序》中转引了《为中国着迷》的所载："一个由德方资助的学院当然是不可能与德国的政治导向为敌的，必须要作一些妥协，比如悬挂希特勒的像等等。"

尽管如此，傅吾康这样做依然冒着很大的风险，李雪涛在《误解的对话——德国汉学家的中国记忆》一书中专门讲到了傅吾康，其中有这样一段文字："1943 年德国公使考德——当时是南京德国使馆的二号人物，并且德国政府已于 1941 年 7 月承认了汪伪南京政府——来北平访问时，也到了中德学会参观。在查看图书馆的中文图书时，考德随手抽出了一本本来不应当放在那里的译本，那是在德国早已被禁止的雷马克的《西线无战事》的中译本。公使很平静地将书放回了原处，没有说什么。傅吾康当然很是担心,不知道之后会发生什么事情。不过后来什么也没发生,傅吾康所不知道的是,考德此时已是反纳粹运动的成员。1950 年他们在德国再次见面时,考德又提到这次在北平的小小插曲,并告诉了傅吾康其中的内幕。"

1945 年春,傅吾康担心学会的图书因德国投降而受到影响:"傅吾康提议,让德籍职员和会员全体退出中德学会,职务完全交给中籍同仁。"(丁建弘、李霞《中德学会和中德文化交流》)

对于中德学会在当时的所为,童欣在其文中则有如下结论:"中德学会既有中国学者的开辟之功,又有德国政府的资助之力,而在'七七事变'后因为德日同盟这样的特殊原因才生存下来,这一切都导致了《中德学志》面貌的复杂性。从杂志的文本看,德国政府、德国学者(其中又有纳粹党员和非党员之分)、中国学者都试图利用这本杂志达到自己的目的。而经过几方复杂的博弈之后,他们都在一定程度上实现了自己的目标,又都受到其他各方的掣肘。德国政府在学志上的宣传力度历经了一个由弱转强,又由强转弱的起伏。"

1949 年 11 月 10 日,中德学会向北京市民政局递交了新的申请登记表,此时中德学会负责人冯至已经去苏联。为此,北京民政局在转年的 4 月 11 日,批复该会不予登记。

1950 年,傅吾康离开北京抵达德国汉堡,担任德国汉堡大学中国语言文学系主任、文学院院长,直至 1977 年退休。此后他多次访问中国。季羡林在《德国学术论文选译》一书的序言中夸赞他说:"傅吾康教授,是我的老朋友,他的治学态度和治学方法,我是一向钦佩的。过去的不必说,就拿眼前傅所进行的工作来说,也可以充分表现出这些特点。傅先生正在进行东南亚华侨问题的研究。……他锲而不舍,决不后退,甚至一件不太重要的资料,也决不放过。数十年如一日,勤勤恳恳地工作着。'德国的彻底性',在他身上难道还不是表现得很具体,很充分吗? 这一点是很值得我们学习的。"

中德学会在创办期间翻译出版了许多书籍,比如席勒的《阴谋与爱情》《谋叛》,还翻译出版了《五十年来德国学术》,后来组成了《中德文化丛书》,该书系计有 25 种,涉及历史、宗教、文学、教育等方面。1939 年该学会出版会刊《研究与进步》,由傅吾康做总编,但是此刊太具学术性,有读者提出中国研究自然科学的人大多数能读原著,因此不必要费力地将其翻译成中文。于是中德学会做出调整，另外创办了《中德学志》，该杂志为季刊，分为五个栏目，刊发文艺及书评类作品，这些刊物颇具市场影响力。

关于中德学会图书馆的位置，张树华编著的《北京各类型图书馆志》中说："1933年5月，中德学会图书馆成立，地址：安定门内板厂胡同7号。"

2022年4月4日，我打车前往该处，站在胡同口看到对面有一处仿古建筑，怀疑那里可能是我要找的地方，于是穿过马路来到古建前。看到这里的文保牌写明"原北平第一助产学校旧址"，而今此处为东城区妇幼保健院。因为疫情之故，心里还是有些忌讳，只在院门口搜寻一番，没敢走入院中一探究竟。

回到板厂胡同口，于此看到介绍牌，原来这里原称板肠胡同，到宣统年间方称为板厂胡同。可惜上面没有介绍中德学会。这条胡同进行过改造，左侧为老民居，右侧已是几十年前盖的宿舍楼。

沿着胡同一直向内走，先看到了8号院，这里的砖砌门楼颇有味道，再看下去是10号，可见这条胡同左为双号，右为单号。往前走20余米，右侧也成了老房子，这一带没有被拆迁掉，终于令我松一口气。走到7号院门口，这里变成了交道口派出所。

派出所的门楼里有一工作人员坐在办公桌后，用严肃的眼神望着我，我与之攀谈，谈到这里是中德学会旧址，他马上说了一句"就算是也不让你进"。我只好退而求其次地提出可不可以拍摄门洞，他点头表示答应，但我仅拍了两张，他就说"够了"。

无奈，只好沿着板厂胡同继续向前走，看到7号院至少还有两座三开间的倒坐房，以此说明现存院落面积不小。一路前行，走到了板厂胡同22号，里面传出了装修的电锯声。八字墙上挂着金属牌，上面写着"僧王府侣松园"，看来这里是僧格林沁府第的后门，而今改成了饭店。

沿着胡同兜一圈，原路返回，在7号院隔壁看到了一处修复好的四合院，砖雕和影壁制作得颇为精美。当我走回到派出所门口时，问那位管理人员这个院落是否保留得很完好，他向我点点头。看来还是没有让我进去的意思，要想入院一探究竟，必须再想另外的办法了。

≡ 板厂胡同8号院旁的砖砌门楼

中国营造学社图书馆

专藏建筑图籍

2013 年，中国嘉德拍卖公司举办了王世襄先生旧藏专场拍卖会，此场拍卖会举办得很成功，许多拍品的成交价都是底价的十倍以上。主持这场拍卖会者乃是嘉德公司古籍部总经理拓晓堂先生，有关这场拍卖会的细节，他详细地写入了其专著《嘉德亲历：古籍拍卖风云录》中，书中讲道："在此有世襄先生在营造学社工作时期的亲笔手抄《营造学社图书馆藏书目录》。封面有世襄先生亲笔书'畅庵钞存'字样，书尾有题记（疑为朱启钤先生手笔），称此为营造学社最完整和系统的藏书目录。"

正是通过这段记载，我方得知著名的营造学社还建有专门的图书馆。遗憾的是，在拍卖时，未能将这本目录拿下。近十年后，当我写此文时，已然记不起当时在书目中看到该馆有哪些珍本，也记不得当时目录中有没有统计出藏书总量。按照拍卖法的规定，拍卖公司有替卖主和买主保密的义务，这使得我不好意思找拓先生打听该目录究竟落入何人之手。

好在后来看到了中国文化遗产研究院高夕果所撰的《中国营造学社藏书考释》一文，该文提到此院收藏了营造学社图书馆旧藏："中国文化遗产研究院递藏的学社藏书都钤盖'中国营造学社图籍'朱文长方形印章，据统计，这些藏书包括图书 501 种、期刊 89 种。有手写本、刻本、刊本等多种版本形式。"

从数量上看，似乎营造学社藏书量不大，我猜测这可能不是该馆藏书总量。之后又读到了高夕果、钱高洁合写的《中国营造学社藏书手书题记探析》（以下简称《题记探析》）一文，该文谈道："中国营造学社做了大量的古建文献搜集、整理和研究工作，并对中国古代建筑实例进行了调查、研究和测绘，从而编辑、出版、征集、购求、庋藏了许多质量一流的典籍，积累了丰富的藏书。这些藏书从 1937 年封存到 1951 年被中国文化遗产研究院接收，经历内忧外患历时 80 余年至今仍保存完好。"同时文中又称："中国营造学社并非一个专门的藏书机构，但在 1930 年代搜集的有关营造方面的中外文书籍达到 1 万多册。这些藏书以古籍为主，有刻本、有影印本、有稿本、有批校本、有抄本。"

营造学社图书馆当年的所藏，主要是建筑以及与之相关的图籍，这在传统典籍中属于冷门品种，他们却能搜集到一万多册，想来其中应当有不少是国外出版的专著。即使如此，这种专题收藏在中国绝对是首屈一指。由此可见，当年该馆在搜集相关文献方面下了不小的功夫。

至于该馆藏书的来源,《题记探析》一文通过这些书中的封面题字、扉页题记、书衣题记、卷端题记等内容做了相应梳理,从中可以了解到,有些书是购买而来,有些书是他人赠送。比如《北平市立第一普通图书馆图书总目》扉页有墨笔题"中国营造学社惠存。北平市立第一普通图书馆赠,二五年三月"。《钦派承修三坛工程奏咨全卷》封面题有"傅孟真先生赠",可见这是史语所的傅斯年所赠之书。单士厘所著《归潜记》有钱稻孙墨笔题记"朱桂老赐鉴,钱稻孙谨呈"。单士厘是钱稻孙之母,他将母亲的著作赠给了朱启钤,朱又将此书转赠给营造学社。还有一些书有营造学社文献部主任刘敦桢的题记,以及营造学社初创人之一阚铎的题记。阚铎是在刘敦桢之前任文献部主任,他们二人相继整理了营造学社图书馆的藏书。

营造学社的创始人乃是朱启钤,其字桂辛,贵州开阳人,晚清及民国政府时身居要职,曾任京师大学堂译学馆监督、北京内城巡警厅厅丞、外城巡警厅厅丞,北洋政府时期担任过交通部总长、内务部总长、代理国务总理等职。

因为工作原因,朱启钤接触到了古建筑问题,国家图书馆的王喜民、许燕、杨镇在《朱启钤先生与国图所藏"样式雷"图档的文献价值》一文中说:"当年袁世凯准备登基称帝,要修缮紫禁城三大殿。朱先生身为政府要员,为此在宫中多有走动,接触到了一些老工匠。"

这件事虽然没有办成,却让朱启钤对古建筑有了兴趣,他开始搜罗与之相关的历史典籍,随即发现清朝只有《日下旧闻考》《春明梦余录》之类的书,但这类书只是描写景致,没有谈及工艺。在此阶段,他结识了样式雷的后裔,从雷氏后人那里看到了大量的建筑资料。遗憾的是,那时的雷氏后裔认为这些史料放得越久越有价值,于是偷偷将史料做了转移,使得朱启钤没能买到这些史料。

对于样式雷的重要性,梁思成在《中国建筑与中国建筑师》中写道:"在清朝(公元 1644 至 1912 年)二百六十余年间,北京皇室的建筑师成了世袭的职位。在十七世纪末年,一个南方匠人雷发达应募来北京参加营造宫殿的工作。因为技术高超,很快就被提升担任设计工作。从他起一共七代,直到清朝末年,主要的皇室建筑,如宫殿、皇陵、圆明园、颐和园等都是雷氏负责的。这个世袭的建筑师家族被称为'样式雷。'"天津大学

古建筑学家王其亨教授在《建筑世家：样式雷》中则称："我们国家已经列入世界文化遗产名录的单位，有五分之一是'样式雷'世家的作品。这在全世界找不出第二个。"

也许是精诚所至金石为开，因为一个偶然的机会，朱启钤见到了中国古代最重要的建筑学文献——宋代李诫所著的《营造法式》。

1918年9月，段祺瑞操纵安福国会，选举徐世昌为总统，冯国璋下野，致使直系、皖系矛盾更加尖锐。9月13日，吴佩孚通电主和。11月16日，徐世昌向北方前线军队发布停战令，23日，广州军政府也发布了停战令。12月2日，英、美、法、意、日五国公使向北京政府提出和平统一，五国驻广州领事馆也向广州军政府提出同样劝告。12月10日，北京政府派朱启钤为议和代表。17日，广州军政府派唐绍仪为议和代表，共同前往上海参加南北议和会议。

此次会议最终谈判破裂，但是朱启钤在去上海途中，路过南京时发现了《营造法式》。他当时是受齐耀琳省长之邀参观江南图书馆，此馆所藏善本主要是十年前端方任两江总督时买下的丁氏八千卷楼旧藏，其中就有这部旧钞本的《营造法式》。

朱启钤得见此书十分兴奋，劝齐耀琳将该书影印出版，于是齐耀琳委托商务印书馆将此书出版发行，同时请朱启钤为该书的再版写一篇序言。朱启钤在此序中讲述了中西建筑手法的不同，以此说明中西建筑各有其特点："泰西建筑则以砖石为主，而以木为骨干者绝稀，此与我国不同之点也。惜也积习轻艺，士夫弗讲，仅赖工师私相授受，书阙有间，识者憾焉。自欧风东渐，国人趋尚西式，弃旧制若土苴。乃欧美人来游中土者，睹宫阙之轮奂，惊栋宇之翚飞，翻群起研究，以求所谓东方式者。如飞瓦复檐，科斗藻井诸制，以为其结构奇丽，迥出西法之上，竞相则仿，特苦无专门图籍可资考证，询之工匠亦识其当然，而不知其所以然。夫以数千年之专门绝学，乃至不能为外人道，不惟匠士之羞，抑亦士夫之责也。"

朱启钤在研读《营造法式》时，困惑于书内的很多专业术语，意识到应当请专家来做专业的研究。对于这段心理变化，几年后他在《中国营造学社开会演词》中说：

民国七年过南京，入图书馆，浏览所及，得睹旧本《营造法式》一书。于是始知吾国营造名家尚有李诫其人者,留书以诒世。顾其书若存若佚将及千年,迄无人为之表彰,遂使欲研究吾国建筑美术者莫知问津。启钤受而读之,心钦其述作传世之功,然亦未尝不于书中生僻之名词、讹夺之句读兴望洋之叹也。于是一面集资刊布,一面悉心校读,几经寒暑,至今所未能疏证者犹有十之一二。然其大体已可句读,且触类旁通,可与它书相印证者往往而有。自得李氏此书,而启钤治营造学之趣味乃愈增,希望乃愈大,发见亦渐多。

1925 年,朱启钤个人出资创建了营造学会,最初这个学会的办公地点设在他家的客厅右侧房间内,里面摆放了三个工作台。对于此事,他在自传年谱中写道:"民国十四年乙丑创立营造学会,与阚霍初、瞿兑之搜辑营造散佚书史,始辑《哲匠录》。"

《哲匠录》是由朱启钤辑本,由梁启雄、刘敦桢等人负责校勘。他们参照史料和方志等历史文献,从中寻觅出在建筑、桥梁、水利等营造方面作出过贡献的古人。朱启钤在《哲匠录》序中写道:"本编所录诸匠,肇自唐虞,迄于近代,不论其人为圣为凡,为创为述,上而王侯将相,降而梓匠轮舆,凡于工艺上曾著一事,传一艺,显一技,立一言若,以其于人类文化有所贡献,悉数裒聚,而以'哲'字嘉其称,题曰'哲匠录',实本表彰前贤策励后生之旨也。群书所载,凡与本编有关涉者,浏览所及,多至千数百言之传记,少至只词片语,靡不甄录。甄录之准则,以兹编以刊载古今工艺颛家为主旨,故姓名爵里及生存年代而外,间采其言论行事有关工艺者,余如德业功勋,琐闻轶事,或择尤酌举,或概从阙略。惟以'无征不信',故凡所引据,附录原文,且俾阅者有所依据而正其疵误。"

该书可谓是国内第一部中国建筑学名人录,可见朱启钤在创社之初,就以表彰营造前贤为己任。

营造学会成立后,朱启钤、阚铎、瞿兑之等人努力搜集相关文献,以此来研究《营造法式》。因为八千卷楼旧藏的这部钞本经过多次传抄,中间有不少误笔,为此,朱启钤决定邀请多位专家和藏书家来共同校勘此书。阚铎在《仿宋重刊营造法式校记》中写道:"民国乙丑,重刊《营造法式》。曾由武进陶君湘,以石印丁氏钞本,与文渊、文溯、文津三本互勘,复以晁庄陶唐摘刊本、蒋氏密韵楼钞本对校,补缺正误,其各本相同者,明知为误，不敢臆改，疑以传疑，诚哉慎之又慎。顷承紫江朱先生之命，讲求李书读法，乃以仿宋刊本，与四库校本及丁本重校一过。斧落徽引，爬罗剔抉，于当日检校疏漏者一一标出。引用之书，证以原本。本书前后互见者，参酌订正，间有疑义，折中图算。其字体不同，如'闲'之为'间'，'叚'之为'段'，'徧'之为'遍'之类，人所习知，一目了然者，仍不列举。又陶君附录，与焦竑《经籍志》、周亮工《书影》二事，未及采录，今为补述。《宋史·艺文志》著录、李氏新集《木经》，曾以书本互校，兹并附录于后。"

营造学会想尽办法搜集到不同的传本，然后进行折中，他们用了七年时间，十易其稿，方将此书重新刊刻了出来。

但是一事之成，仅靠个人和几位朋友的热心，往往难以长久维持，所以在几年后，朱启钤申请到一笔庚子赔款，将营造学会改为中国营造学社："民国十九年庚午。傀居北平，组织中国营造学社，得中华教育文化基金会之补助，纠集同志从事研究。"（《蠖公纪事：朱启钤先生生平纪实》）

朱启钤在中国营造学社的开会演讲中，提到了该社要广泛搜集与建筑有关的一切，通过解读古代建筑文献，加以实物证据，来做系统研究："本社命名之初，本拟为中国建筑学社。顾以建筑本身，虽为吾人所欲研究者最重要之一端，然若专限于建筑本身，则其于全部文化之关系，仍不能彰显，故打破此范围，而名以营造学社。则凡属实质的艺术，无不包括。由是以言，凡彩绘、雕塑、染织、髹漆、铸冶、抟埴、一切考工之事，皆本社所有之事。"

营造学会成立之时，他们复刻的《营造法式》还未完工，学社成立后，继续研究此书。朱启钤在《中国营造学社缘起》中指出了《营造法式》一书的重要性："工艺经诀之书，非涉俚鄙，即苦艰深，良由学力不同，遂滋隔阂。李明仲以渊雅之材，身任将作，乃与造作工匠详悉讲究，勒为法式，一洗道器分涂、重土轻工之锢习。今宜将李书读法用法先事研究，务使学者融会贯通，再博采图集，编成工科实用之书。"

朱启钤觉得学社成立后的重要任务之一，就是要融会贯通地研究透李诫《营造法式》。要想做这样的专业研究，必须请来专业人才，在朋友的介绍下，朱启钤将梁思成纳入该会。

1924 年，梁思成在美国留学深造期间，已经意识到了中国没有对传统建筑做系统研究和梳理，而日本在这方面已经有了一定的研究，这让梁思成有了一定的危机感："欧美各国对本国的古建筑已有系统的整理和研究,并写出本国的建筑史,唯独中国,我们这个东方古国,却没有自己的建筑史。当时西方学者尚未注意中国建筑的发展和技术。但我感到日本学术界已开始注意中国,如著名者有大村西崖、常盘大定、关野贞等都对中国建筑艺术有一定的研究。我相信如果我们不整理自己的建筑史,那么早晚这块领地会被日本学术界所占领。"(林洙《建筑师梁思成》)

1928 年,梁思成回国后,梁启超安排他到东北大学任教,他在该校创办了中国第一个建筑系——东北大学建筑系。在此阶段,清华学校的早期校长周诒春想起了这位弟子。

当年朱启钤参加南北和谈时,朱是北方总代表,周诒春任秘书长。1921 年,北京政府派代表团访欧,朱是团长,周是成员之一,两人关系密切。1924 年 5 月,美国参众两院分别通过了退还庚款的议案,中美两国共同成立了中华教育基金董事会(以下简称"中基会"),周诒春是中基会的董事之一。1928 年 5 月,在第四次年会上,周诒春当选为干事长,当时周诒春与美国董事贝诺德负责款项的拨付。周为人正直,他没有因与朱启钤的私人关系密切,而给营造学会拨款。当他退职时,却想办法帮助营造学会争取到了资金。中基会经过讨论,同意对该学会补助三年,每年资助1500 元,三年后将再次予以资助。正是因为这个原因,朱启钤将营造学会改名为"中国营造学社",可见该学社能够延续下去,实得周诒春之助。

学社成立后,周诒春又想到为学社延揽人才,特地前往沈阳去见梁思成。周是梁思成的老校长,他的到来令梁很兴奋,但当周诒春提出邀请梁思成回京加入营造学社时,梁思成还是有些犹豫。对于这件事,林洙在其专著《困惑的大匠·梁思成》中写道:

> 1930 年,朱启钤为筹措学社的研究经费,向支配美国退还庚款的"中华教育基金董事会"(简称"中基会")申请补助。"中基会"董事之一周诒春是学社的名誉社员,也是思成初入清华学堂时的校长(他曾是朱启钤的幕僚)。他认为学社缺少现代建筑学科的专门人才,担心庚款补助得不到成果。他从梁启超那里知道思成对研究古建筑有兴趣,因此专程跑到沈阳来找他,劝说思成加入营造学社。开始思成十分踌躇,因为东大建筑系刚刚办起来,他一时舍不得离开。另一方

面，由于朱启钤曾为袁世凯称帝筹备大典，这事使他感觉很别扭，不想和朱合作。但终于被周诒春说服，答应他考虑这件事。

朱启钤与梁启超很熟悉，但朱属于袁世凯阵营的人，梁启超则是反对袁世凯称帝者，从政治立场来说他们是政敌，但私下里两人的关系却很不错。当朱启钤翻印出《营造法式》时，还送给梁启超一部，梁把此书转寄给了在美国学习建筑的儿子梁思成。

虽然那时梁思成并不能完全看懂该书，但以他的专业，意识到这是一部伟大的建筑学著作，当儿子出生后，给其取名为从诫，以此表示要追随李诫之意。出于这些原因，他对于前往朱启钤手下任职颇有犹豫，但是为了研究《营造法式》，他还是回到了北平。当然他回北平也有客观原因，因为东北天气寒冷，林徽因患了肺结核也需要回北平调养。

梁思成加入营造学社后，通过考察历史遗迹，来印证书中所载的名词，终于使得一些读不懂的地方得以明晰。1933 第 4 卷第 1 期的《中国营造学社汇刊》上刊发的《本社纪事》称："近岁社员梁思成君，调查宋辽金元诸代遗构多出，以实际测量古物之结构，诠释原文，经长时间之检讨，……旧日不易了解处，大多数得以朗然大白，文字疑难，亦往往随之附带解决。"

因为中国营造学社得到了中基会的资助，为此，学社给基金会报上了未来的五年规划："一、属于沟通匠儒、浚发智巧者。讲求李书读法、用法，加以演绎，纂辑营造辞汇，辑录古今中外营造图谱，编译古今东西营造论著及其轶闻，访问大木匠师，各作名工及工部老吏样房算房专家；二、属于资料之征集者，实物、图样、摄影、金石拓本及记载图志、远征搜集古籍……；三、编辑进行之程序，第一年工作，整理故籍，拟定表式，第二年工作，审订已有图释之名词，第三年工作，制图撰说，第四年工作，分科纂辑，第五年工作，编成正式全稿。"

从中可以看到学社的重要工作之一，就是征集各种典籍以及相关实物。此后他们出版了一系列与营造有关的历史著作，比如元薛景石著《梓人遗制》、明计成所著《园冶》、清李斗所著《工段营造录》、清李渔所著《一家言·居室器玩部》等等，同时出版了《同治重修圆明园史料》，此书的出版跟梁启超设法搞到样式雷史料有直接关系。

如前所言,朱启钤很想得到样式雷大量的建筑图纸和模型,但当时,"雷氏犹以为将来尚有可以居奇之余地,乃挈家远引,并将图样潜为搬运,寄顿藏匿,以致无从踪迹"(《社事纪要》)。

到了 20 世纪 30 年代,雷氏家族各支生活困难,他们分别将祖上留下来的史料出售,朱启钤已经看到一些零星售出部分,担心这些史料卖散后无法用以研究。1930 年 5 月,他前去查看原件,此后整理出了雷氏藏品目录,然后致函中基会,建议拨款购买这批文献。中基会第二十六次执行财务委员会同意批准拨款 5000 元,但点明由国立北平图书馆购买和庋藏,这是因为中基会通过教育部,将下属的国立北平图书馆与中基会自办的北平北海图书馆合并为国立北平图书馆,按照《合组国立北平图书馆办法》中的规定,此图书馆之后的经费由中基会负担。

此后国立北平图书馆以 4500 元的价格从东观音寺雷氏嫡支购买到了圆明园模型 27 箱及工程图样数百种,之后又从西城水车胡同的雷氏别支雷文元处购得南海勤政殿、圆明园戏台和地安门的模型。这些都是由朱启钤介绍该馆购买到的。1931 年 5 月,雷文元又出售一批家藏图档,被中法大学购得,该校将整理出的目录送给朱启钤一份。朱将此目录与国立北平图书馆所购目录进行比较,而后将其转赠给国立北平图书馆。此后国立北平图书馆又陆续购得了一些相关图档,直到 1937 年北平沦陷时,收购工作方结束。

除了样式雷外,朱启钤还为国立北平图书馆增添了一批重要的图书,这批书是德国汉学家穆麟德的旧藏,此人在华三十年,除了精通汉语外,还精通满语、希伯来语、土耳其语、波斯语、维吾尔语、梵语等东方语言,收藏了大量相关史料。1914 年,朱启钤在任内务总长时,听闻到穆麟德的遗孀想要出售这批藏书,于是与友人共同出资买下了这批书中的 22 箱。当时朱启钤在紫禁城内筹办古物陈列所,故将这批书暂存于故宫一个空闲的房屋内。两年后,他离开北京,等他再返京时,古物陈列所催促他将书搬走,朱启钤想到了国立北平图书馆有寄存图书的规定,于是跟当时主持馆务的副馆长商议,将这批书永久寄存于该馆。

对于此事,方堃在《朱启钤与国立北平图书馆》中予以了详细讲述,关于后来的情况,此文中写道:"在 1930 年 10 月 25 日朱启钤致袁同礼的信中曾提到对于当年《泰晤士报》驻京记者莫理循的藏书被外国人买走的遗憾，并且希望将穆氏遗书整体寄存，能够使得原藏家之姓名不致湮没无闻，而同时又能让这批丰富的东方文史资料为公众所利用。在接受此批图书之后，国立北平图书馆便开始着手编制详细目录，梁思庄女士编制的穆麟德藏书西文目录（A classified catalogue of the Möllendorff Collection deposited in the Library by Mr.Chu Chi-Chien），收录 1895 种图书和 191 种工具书，共计 2086 种图书。此时国立北平图书馆已经将中国学文献纳为重点采访对象，穆麟德藏书与 1932 年朱德容女士捐赠的普意雅藏书共同构成了国立北平图书馆东方学藏书的基础。"

1937 年，北平沦陷后，中国营造学社南迁，朱启钤留守北京，他拒绝出任伪职，将主要精力用在搜集和整理贵州地方文献上。1953 年，朱启钤向北京图书馆捐献了 619 部图书，另外还有 689 部贵州地方文献。

在全面抗战期间，朱启钤担心营造学社的藏书受到损失，将这些书籍存入了天津麦加利银行，但未承想遇上了水灾，此次水灾让天津城浸泡了两个月之久，他们存放在麦加利银行的书籍史料也受损了。此后朱启钤与留守在北平的学社社员将这些资料抢救出来，经过小心晾晒，重新予以裱糊。到 1946 年，因资金问题，学社停止了活动。

关于营造学社图书馆所处的位置，《中山公园志》中在"驻园单位"一节中写道：

中国营造学社。1929 年 6 月由朱启钤创办，是在中华教育文化基金董事会的资助下成立的。是研究中国古代建筑文化遗产的第一个私人学术研究团体。由朱启钤任主任，下设法式组和文献组，有常务职员 6 人，名誉社员 42 人。法式组由梁思成主持，刘志平辅助；文献组由刘敦桢主持，另聘梁启雄、单士元为编纂。主要工作为到全国各地进行实地调查、勘测和编纂建筑书刊图册。其《中国营造学社汇刊》为民国间颇有影响的古建工程学术刊物。该社社址开始设在北平宝珠子胡同七号。1932 年迁入中山公园，租用社稷街门以南的旧朝房办公。1937 年"七七"事变以后，迁往四川。1950 年 3 月 1 日将营造学社所用朝房归还故宫博物院。

中山公园原本是明清两代的社稷坛，1914 年，朱启钤任内务总长时，将其

改为公园,初名中央公园。后来为了纪念孙中山,于1928年9月5日改名为中山公园。该公园乃是由朱启钤想办法找私人捐款改造而成的,出于这个原因,他将营造学社移入此园中。该学社在中山公园内的具体位置,《中山公园志》中没有写明,只是说:"1950年3月1日将营造学社所用朝房归还故宫博物院。"

2022年4月3日,我前往中山公园寻找营造学社遗迹,在网上预约了门票,上面提示要从西门进入。这一带无停车处,于是打车前往,但出租车司机说那一带也不能停车,只好停在长安街附近的一条小巷内,而后沿着长安街步行。在路上每走到一个路口,都要查验身份证和开包检查,走到新华门时,看到有几位游客在那里拍红墙衬托下的玉兰花,我也效仿拍了两张,感觉果然与他处不同。

中山公园西门外已经有很多游客在排队,坚持等候半小时得以入园。工作人员解释说,这是为了限制园内的人员密集度,乃是一种防疫措施。

入园后沿右侧前行,根据《中山公园志》中所言,当年营造学社用的朝房应当在公园与故宫交界处。一路走到皇园艺术馆,进内向工作人员询问,他不清楚我所说的朝房。我只好继续向前探看,在路上看到了颇具名气的兰亭八柱亭。

继续前行,走到了长廊位置。1931年3月,营造学社与北平图书馆在此长廊内举办了"圆明园文献展览",原本打算展一天,因为游客太多,只好又延展了一天。据说这两天的游客数量超过了万人。也许是受疫情影响,寻访时长廊内游客不多,我可以在此从容拍照。

长廊的前方乃是中山公园的南门,到这里看到一告示,上称此门许进不许出,早知道如此,走到这个门来入园,可以免去排队之苦。在园门内侧的广场上可以清晰地看到天安门的西侧脊,侧脊下方有一排仿古建筑,这里挂着游客服务中心的牌子,我觉得这个位置应当就是营造学社的办公处。

中华教育改进社图书馆

教育救国，读书致用

1921 年 12 月，中华新教育共进社、《新教育》杂志社和实际教育调查社合并改组为中华教育改进社，故而要谈改进社的来由，需从这三个组成部分讲起。

1918 年 12 月 3 日，北京各家学校图书馆主任在汇文大学开会，商议共同筹建一个图书馆协会，公推袁同礼、李大钊、葛飞伦、高德、李崇文和德韦思为筹备委员。当月 28 日，北京图书馆协会在北京大学举行成立大会，袁同礼当选为会长，高德为副会长，李大钊任中文书记，葛飞伦任西文书记。此乃中国历史上第一个地区性图书馆团体，但此事没有得到政府支持，不久就自行解散了。

1918 年 12 月 22 日，江苏省教育会、北京大学、南京高等师范学校、暨南学校、中华职业教育社在江苏省教育会开会，筹备组织中华新教育社。黄炎培受北大校长蔡元培委托代表北大出席，沈恩孚代表江苏省教育会、郭秉文代表南京高等师范学校、赵正平代表暨南学校、余日章代表中华职业教育社出席，经开会讨论，公推蒋梦麟为该社主任。中华新教育社的宗旨乃是："欲直接输入西洋学术，使吾国固有之文化受新潮之刺激，而加速其进化率。"（《新教育共进社编译书报》）

同时，他们计划在三年内出版《新教育》月刊 30 册、"新教育丛书" 18 册。1919 年 1 月 6 日，中华新教育社经教育部批准备案，到 3 月 15 日，该社更名为中华新教育共进社，在教育部立案，社址设在上海西门外江苏省教育会。从 2 月开始，此社开始编辑出版《新教育》月刊，由蒋梦麟做主编，黄炎培等几人任职业教育组编辑员。转年 1 月，各方代表在江苏省教育会两次召开会议，选举黄炎培为该社主任，郭秉文、蒋梦麟为副主任，沈恩孚为会计。当时新教育社独自营运，与中华教育共进社并行。

关于实际教育调查社，乃是 1921 年由范源濂、严修、袁希涛、张伯苓等人发起，成立的目的乃是为了配合孟禄来华从事实际教育调查。此事还要从杜威和孟禄的中国之行讲起。

约翰·杜威是美国实用主义哲学家和著名的教育家，他应邀来华，从 1919 年 4 月 30 日到 1921 年 8 月 2 日离开中国，在中国考察了十几个省的教育，举办了 200 多次演讲，这次中国之行在知识界和教育界产生了重大影响。杜威的女儿简·杜威在《杜威传》中谈到父亲时，称："中国是杜威所深切关心的国家，仅次于他自己的国家。"

1919 年初，杜威前往日本，当年 2 月，胡适听闻到此消息后，马上写信给南京高等师范学校教育科主任陶行知，商讨邀请杜威访华之事，因为胡适和陶行知都是杜威的学生，所以两人特别想促成此事。当时南京高等师范学校郭秉文和北大的陶履恭正准备赴欧考察战后教育，此行路过日本，二人到达东京后，盛邀杜威到中国，杜威对此很感兴趣，此后郭秉文又与哥伦比亚校方商议杜威到中国讲学之事。

陶行知得讯后，马上写了篇《介绍杜威先生的教育学说》，发表在 1919 年 3 月 1 日《时报·教育周刊》上。这是杜威来华前，中国学者撰写的第一篇宣传文章，此后《新教育》发表了多篇介绍杜威学说的文章，例如有郑晓沧所译《杜威氏之教育主义》，之后《新教育》专门出版一期为"杜威专号"，上面刊登了刘伯明的《杜威之伦理学》和朱进的《教育与社会》两文。

1919 年 4 月 30 日，杜威与女儿到达上海，陶行知、胡适、蒋梦麟等到码头迎接。接下来杜威在上海和杭州举行演讲，5 月 17 日抵达南京，他用六天时间在南京高等师范学校办了四场讲座，均由陶行知担任翻译。

杜威原计划在中国游学几个月，未承想这一待就是两年，他的讲座内容由其学生胡适和陶行知整理后，分别发表在《新潮》和《晨报》等刊物上。之后，他们又将杜威的讲座分为社会与政治哲学、教育与哲学、伦理学等类，结集为《杜威五种长期演讲录》。该书十分畅销，在杜威离开中国前已经再版了十次，由此使得杜威实用主义哲学在中国传播开来。胡适在《杜威先生与中国》一文中写道："自从中国与西洋文化接触以来，没有一个外国学者在中国思想界的影响有杜威先生这样大的。……在最近的将来几十年中，也未必有别个西洋学者在中国的影响可以比杜威先生还大的。"

1915 年，陶行知前往哥伦比亚大学攻读教育学，成为杜威的门生。陶行知最初的理想是学医，然其 17 岁时考入的是教会学校，在此期间，他意识到学医无法拯救社会，于是前往美国留学。在哥伦比亚大学上学期间，他被杜威的实用主义思想所吸引，在杜威看来，学校即社会，这个观念对陶行知很有触动，于是回国后把精力主要放在了乡村教育上。此次杜威来华，当然令陶行知兴奋不已，更加促使了他要下大力气改变中国教育的落后状况。

胡适也受杜威学说影响很大，正是他促成了杜威的中国之行。杜威到达上海时，胡适作为北大代表，同时也是北京教育界唯一代表到上海欢迎杜威。杜威在中国的两年，一大半时间都由胡适陪伴，胡适甚至打算辞掉北大职务专门陪同杜威。杜威的演讲专业性很强，致使业外人士难以听得懂，潘光旦在《清华初期的学生生活》中回忆过他听杜威讲实用主义哲学时的状况："他说话声音很低，又单调，不但听不清，还起了'摇篮曲'的作用，一起讲五次，我在座入睡过四次。"

真正促使实际教育调查社成立的乃是保罗·孟禄，他是哥伦比亚大学师范学院教育部主任，也是胡适和陶行知的老师。

1918年，中国教育家严修、范源濂到美国考察教育，当时张伯苓在哥伦比亚大学师范学院读书，经张引荐，严、范认识了孟禄，二人都对孟禄有着极好的印象，严修称孟禄先生"优于德，优于学，且优于才，严正而又和易"。难得的是，孟禄早在1913年前往菲律宾调查教育期间就曾到过中国，对中国颇有好感。

1920年，袁希涛和陈宝泉前往纽约会见孟禄，希望孟禄能来中国考察教育，孟禄接受了这个邀请，但因家事未能成行。袁希涛、陈宝泉等人在赴美考察期间，就有了回国后成立一个教育机构的想法，同时想聘请国外专家来谋划中国教育的改进方式。凌冰在《孟禄先生来华调查教育的缘起》中写道："参观毕，袁陈二先生看见美国教育的发达及美国教育家研究的精神，异常的佩服，他们就想在中国设立一个研究教育的机关，聘请教育专家，为中国教育谋改进的方法。"

1921年8月，孟禄要前往北京参加协和医学院落成典礼，为此，他想实现答应过的袁、陈二人的邀请。严修、范源濂闻讯后很兴奋，他们召集北京、天津教育界同仁，商议办法，当时议决创立实际教育调查社。

严修、范源濂、张伯苓等人商议在成立实际教育调查社时，将社址设在天津，后考虑到为办事方便，决定将社址改设在北京高等师范学校（以下简称"北京高师"）内，推举邓芝园为临时主席，主持实际教育调查社社务。此次孟禄中国之行的费用就是由该社提供的，而这些费用是通过募捐的方式予以筹集，为此，实际教育调查社的发起人黄炎培、范源濂、严修、梁启超、张謇、袁希涛、张伯苓、凌冰等十六人共同发出一篇启事，该启事先写到了中国教育需要经过认真调查而进行改变的原因：

敬启者。我国兴办教育，已近廿稔。言实际者，概墨守成规；谈理论者，多不求甚解。欲二者融合无间，俾教育与社会相一致，而合乎世界最新之潮流者，犹不易易靚也。曩者尚志学会、讲学社，及北京各校，曾迭约杜威、罗素诸先生公开讲演，促进文化，国人之思想界，为之一振。于教育理论方面，其成效昭然可睹。然此理论如何而可施诸实际，则非集合学常识经验丰富之教育家，为实际的调查研究不易为功。故同人等应时势之需要，组织实际教育调查社，首约美国孟禄博士来华，共同担任其事。

此文同时谈到邀请孟禄来华需要办四件事："一、筹集款项；二、预备招待及聘请译员；三、介绍社员及组织委员会；四、调查研究。"为此，对应需要的费用为："此四者之中，以筹款一项，尤为紧要。约计孟禄先生之酬金（每月 1000 美金）、调查旅费、译员费用及其他招待费、记录印刷费、杂费等，约需 2 万元之谱。"

启事发出后，社会反响很好，十几天内实际教育调查社筹备处就收到认捐 13000 余元，实收 8000 余元。

孟禄到达中国后，从北京开始在九个省内考察了十几个城市，前后达四个月之久，他在山西期间会见了阎锡山，并且对教育观念做了详细沟通。1922 年 1 月 4 日，孟禄在东南大学讲演，由陶行知做现场翻译。孟禄认为中国教育最弱的环节是中学，他阐述了自己的观点，而后说："要知当今之世，无论何事，总须有真正科学，方能办理。苟无科学，在平时恐徒供他人利用，一至战争，亦必不能战不能守，何以为国？故中学课程，必须注重科学，且必须使学生咸有一种动机。"

当年陶行知在哥伦比亚大学攻读教育学博士时，用两年时间连续四个学期专修由孟禄执教的教育史课程，为此受到孟禄的赏识。因为缺乏资料，当时陶行知的毕业论文无法在回国前完成，孟禄听闻此情况后，特意致信哥伦比亚大学哲学博士学位评议委员会主席伍德布里奇博士，建议将陶行知作为特例，在论文提交前进行考试。

在生活上，孟禄也对陶行知有很多关怀，他推荐陶行知申请该院为外国留学生特设的利温斯顿奖学金，又指点陶行知去登门拜访住在纽约附近的一些捐赠人。在孟禄的关怀下，陶行知终于获得利温斯顿奖学金，从而有了经济保障。所以孟禄来华后，陶行知几乎全程陪同，为其演讲担任口译。他对孟禄来华的意义，给予如下评价："此次博士来华，以科学的目光调查教育，以谋教育之改进，实为我国教育开一新纪元。"

杜威和孟禄来华，在中国教育界引起很大轰动，但两人对中国的影响各有不同，汪懋祖在《新教育》第一届年会发刊词上说："自欧战激荡世界，国人思潮为之一新。其间杜威博士来华，予吾人以新教育之概念与其涂辙；孟禄博士又指示实际的方针，益坚其教育救国淑世之信心，遂有全国教育改进之运动。"可见杜威是在教育理论上对中国有影响，而孟禄是在实际方针上对中国教育有改变和促进。

孟禄离开后，国内教育界一些专家聚集到北京共同商议中国教育问题及改进办法："大家痛恶门户之见、派别之分，都愿意牺牲己见，力谋合作。社会团体如新教育共进社、新教育杂志社、实际教育调查社的当事人，都自动的要把三个机关合并为一个机关。"（陶行知《四年前的这一周》）于是就有了中华教育改进社，该社由陶行知任主任干事，他成为了中华教育改进社的实际负责人，孟禄被聘为名誉理事之一。

然而孟禄来华的同时，也引起了中国教育界的一些纷争。他在来华之前，曾表示愿意为中国教育在美国筹集款项，帮助中国教育进行研究。1921 年 8 月，美国国会通过了退还庚子赔款案，其中一部分资金被指定要用于教育，而当时中国教育经费奇缺，这个消息无疑引起了中国教育界的关注，于是都想通过拉近与孟禄的关系，从而得到更多的资金分配。

如前所言，孟禄来华的主要邀请机构是实际教育调查社，经费也是由该社所筹集，陈宝泉是前北京高师校长，他与严修是姻亲关系，梁启超本人也与北京高师关系密切，这是实际教育调查社开办不久就将社址从天津移到北京高师校园内的主要原因。因此，孟禄来华的所有行程都是由实际教育调查社负责，这引起了其他教育机构的不满，其中就包括胡适。

1921 年底，孟禄返回美国后，加入了美国退还庚子赔款相关工作。1924 年 7 月，孟禄受美国政府委托，专为美国第二次退还庚子赔款余额之事，以非官方身份访华。这一年，孟禄当选为中华教育文化基金董事会临时副董事长，此后他任副董事长一职达 17 年之久，为促进中国教育的改革付出了很大努力。

中华教育改进社下设 32 个委员会，这是当时全国最大的民间教育团体。1922 年 2 月,该社董事会在上海召开,推举范源濂为董事长,张伯苓、郭秉文、熊希龄、蔡元培、黄炎培、汪兆铭为董事,另外聘请杜威、梁启超、严修、孟禄、张謇、张一麟、李石曾为名誉董事,聘请陶行知为主任干事,后因范源濂赴美考察,董事长由北大校长蔡元培接任,而该社的实际掌管者是主任干事陶行知。

1922 年 3 月底,陶行知前往北京就任此职,由于东南大学教育科主任之职无人代理,陶行知只能两面兼顾,三分之一时间在东南大学,三分之二时间在中华教育改进社,在当时交通不太便利的情况下,颇令其身心疲惫。他多次向东南大学提出辞职,但未获批准,校长郭秉文允许他请长假,专心办理中华教育改进社之事。

当年夏天,陶行知举家迁往北京定居。7 月 28 日,他趁东南大学改约之时致函代理校长刘伯明提出辞职,他在信中解释说 :"本校教育科及中华教育改进社合聘知行担任两处职务,已经有一年半。虽职务性质颇有相成之处,但两地距离太远,每月来往一次,渐觉精疲力倦,难于支持,且教育科与中华教育改进社,现已发展到不可兼任之地位。要想这两处事业继续充分发展,必须有人专心主持,若再兼筹并顾,譬如一个人站在两只船上,不到船翻人亡不止。静夜思量,不胜危惧。故为事业计,为学生计,为个人精力计,万万不能再事兼任。但中华教育改进社约订三年,现在决无舍去之可能。"8 月底,东南大学批准了这份辞呈,陶行知可以全身心地投入改进社的工作。

中华教育改进社下设图书教育委员会,此委员会的设立与陶行知、戴志骞、沈祖荣有直接关系。在中华教育改进会成立之初,他们几人提议下设图书教育组,此后该组在中华教育改进社第一次年会期间成立了图书教育委员会。此次年会在济南召开,沈祖荣、戴志骞、洪范五、杜定友受陶行知邀请参加了会议。会议期间,由戴志骞提议成立图书馆管理学会,杜定友提议在教育部设立图书馆教育司,经与会者讨论,认为条件不成熟,故建议均未被采纳。最后在陶行知的倡导下,戴志骞临时提出成立图书馆教育委员会,这一建议得到了其他成员的认同。

为此,陶行知责成戴志骞、沈祖荣、洪范五起草组织大纲,最终定下该委员会下设四个组 :图书馆行政与管理组、征集中国图书组、分类编目研究组、图书审查组。1923 年 8 月,中华教育改进社在清华大学召开第二次年会，陶行知倡导全国各地成立图书馆协会，以促进各地图书馆建设，于是戴志骞等人首先成立了北平图书馆协会，而后各地相继成立了相关的协会。

在这次年会上，戴志骞提交了两件议案：《组织各地图书馆协会案》和《交换重本图书案》。经过讨论，前一议案获得通过，提请中华教育改进社办理，后一议案则被保留。戴志骞积极支持文华大学图书科全体提议的《呈请中华教育改进社转请政府及美国政府以美国将要退还之庚子赔款三分之一作为扩充中国图书馆案》，最终使之通过，为后来中华教育文化基金董事会对中国图书馆事业的支持埋下了伏笔。

在图书馆建设方面，中华教育改进社利用庚子赔款起到积极作用，韦棣华说："中华教育改进社对退还庚款用途颇有影响力，该社建议两个计划：一为在中国设置一应用科学院，另一个系介绍美国图书馆制度。"（转自《严文郁先生图书馆学论文集》）

他们的提案详细规划了庚子赔款在 20 年的偿还期中，以 200 万美元作为本金，用在 20 年中产生的利息在全国设立和维持八所模范图书馆，最后设立图书馆基金。这个蓝图未能实现，在实际拨款中，仅办了一所北京图书馆，后该馆与京师图书馆合并，改称为国立北平图书馆。此笔款项中在民国十五年至十八年（1926—1929）为 25 名学生提供图书馆学助学金，每名学生每年助学金 200 元，在文华图专选习课程。

陶行知极其注重图书馆建设，被业界推为"新图书馆运动的重要推动者之一"，他在改进社中所设的机构对全国图书馆建设都有着较大影响。金敏甫在《中国现代图书馆概况》中说："教育团体所附设之图书会议，以教育改进社之图书馆教育组为最有精神。"1933 年中华图书馆协会编印的《中华图书馆协会概况》中亦称："我国图书馆协会之组织，首推北京图书馆协会……至于全国之总会，则发轫于民国十一年成立之中华教育改进社图书馆教育委员会。"

对于图书馆建设的概念，1929 年陶行知在金陵大学举办的中华图书馆协会第一次年会的开幕式上，做了题为"图书馆之真意义"的演讲，其称："图书馆事业之进步可分为三时期：一为藏书时期，即收罗与庋藏；二为看书时期；三为用书时期，即书为人所用，而非人为书所役，此时期实为图书馆之新纪元。治外交者，不可不用外交书籍；从事政治者，不可不用政治书籍；做工者,不可不用做工之书籍；做农者,不可不用做农之书籍。世上有两种人生活极无意义：一为读书而不做事,一为做事而不读书。此两种人之生活各有所偏,均属毫无意义。"

陶行知强调书不只是藏,而是用来读的,如果书不被人读就变得毫无意义。同时,陶行知在中华教育改进社建起了一所教育图书馆,李菊花在《中国近现代著名教育家的图书馆建设思想与实践》（以下简称《建设思想与实践》）中写道："1923 年夏天,中华教育改进社开始筹备教育图书馆,委托高仁山起草建设教育图书馆的计划。改进社把总事务所所在的帝王庙东殿作为图书馆馆舍,面积约 2000 平方尺,所备书架可以存书 2 万册以上,可以同时供 100 余人阅览。内部设备委托清华学校图书馆主任戴志骞负责筹备,安排东南大学图书馆主任洪范五、朱家治选择图书。"

对于教育图书馆藏书的来由,从文献记载看,陶行知主要是利用他自己以及中华教育改进社的声望向国内外出版机构募集图书,一些大出版机构纷纷赠书给该馆。关于陶行知征书的细节,李菊花在书中写道：

> 商务印书馆赠图书 992 种,共 2000 余册,多数为该馆出版的科学书籍、辞典、小学中学课本、英文课本、各种地图、挂图等；中华书局送图书 600 余种,共 1700 余册；中美图书公司赠西文图书 101 册,大都关于教育、文学、商业等；亚东图书馆赠图书 40 余册,为新出版的新文学书籍；群益书社赠图书 47 册,为该社出版的科学书籍、英文课本、辞典、文学等；北京晨报社赠图书 10 余册；上海医学书局赠该局出版图书 30 余册；牛津图书公司赠中西文图书 50 余册,大都关于文学、历史等书；申报馆赠《最近之五十年》1 册；中华职业教育社赠《职业教育研究》1 册；英国非利比公司赠西文书 60 余册；英美各大学寄赠了许多章程,书馆寄赠目录,研究会寄赠研究报告等,共计 400 余种。

对于教育图书馆的推进,1923 年 12 月改进社在上海召开了第七次董事会,决议由主任干事陶行知主持筹备教育陈列所："在改进社成立周年纪念会上报告该社办事精神、组织系统、学术研究、社员情况、经费来源等向社会公开,使社会了解,争取多方面的赞助。其中,在学术研究中提到,教育图书馆与教育物品陈列所亦正在进行组织。" 同时提到："拟下年获

得国内外捐款 21 万元,为教育图书馆及教育陈列所的基金。"(《建设思想与实践》)

1924 年 1 月,教育图书馆正式聘请高仁山为主任,经过三年的建设,该馆初具规模,李菊花说:"(教育图书馆)是中国近代较早的专业图书馆之一。"

除此馆之外,陶行知所建的其他教育机构也会附设图书馆,比如 1927年他在创办晓庄乡村师范学校时就强调:"本校一切建筑都是茅草屋。除宿舍外,我们要有图书馆、科学馆、教室……"此后岭南富商霍守华捐建了乡村图书馆。

另外,陶行知还与范源濂、许世英、胡适、梁启超、蒋梦麟、熊希龄、洪范五共同发起创办"东原图书馆",以此纪念戴震诞辰 200 周年,此馆设在安徽省立第四女子师范学校内。1932 年,陶行知组织生活教育社,在上海郊区创办山海工学团,倡导普及教育运动。他在工学团总部创办了一所流通图书馆,专门用流通图书车送书到周边乡村,由图书馆主任、管理员等挑着书担或推着书车,专门到人群聚集的地方出借图书,每周至少去各村一次。他在借书简则中规定:"凡借书最多,同时又能尽量教人者,本馆得酌赠文具盒和铅笔、练习簿等作为奖励。"

陶行知广泛发动各界人士捐赠图书,很快流动图书馆就征集到了一万多册书。对于流动图书馆的意义,他在《流动图书馆与普及教育》一文中称:"流通图书馆的意义,只要看一看它的名字就能明白一个大概。从藏书到看书,从看书到借书出去看,这过程是代表了图书馆发展之三阶段,也就代表了普及教育发展之三步骤。让人借书出去看是流通图书馆的特性。但是借给谁看,怎样借法已成了问题。这些问题如果不弄明白,则流通图书馆不免要做成知识分子及有暇阶级的高等听差,负不起普及教育之使命。……流通图书馆的对象是大众,它必须为劳苦大众充分地服务,才算是一个真正的流通图书馆。"

从以上这些,都可看出陶行知的观念:要想让社会进步,就要改进教育,而改进教育的首要步骤就是要多开设能够让民众阅读的图书馆。

如前所言,教育图书馆开办在中华教育改进社内,找到该社旧址,就可找到当年图书馆的位置。我从网上得知,中华教育改进社近些年已经恢复,并且设有官网,将官网各类文章浏览一遍,均未提及该社当年的开办地址,但下面有咨询人及固定电话。拨通电话后一位自称为李老师的人接听,我向他讲了自己查到的几个模糊地址,他告诉我说该社的最早创办地其实是在现在的历代帝王庙内,我闻讯大喜。

改进社何以开办在了历代帝王庙内呢? 后来我从金林祥、胡国枢主编的《陶行知词典》中查得,这件事与许世英有直接关系。入民国后,许世英做过内务总长、交通总长、内阁总理等职,"1922 年陶行知专任中华教育改进社主任干事后,由于同乡关系,两人的关系日渐密切,并对陶行知所推进的事业多有协助。如中华教育改进社总事务所,即由他主持的内务部拨借北京帝王庙以充;又如中华教育改进社第一届年会的与会者,即由他联络交通部统一发放免票"。

2022 年 3 月 12 日,我打车前往历代帝王庙,出租车司机竟然不知此去处,只停在了阜内大街一个十字路口上,我只好步行沿着阜内大街从西向东走。在路边竟然看到了书报亭,以往这种书报亭遍及各个街道,如今却成了稀罕物。书报亭的前方就是绿瓦红墙,印象中这就是无数次路过的帝王庙,因为每次路过此地时都会看到右手边有一堵长长的影壁,今天却是第一次细细打量。

今日虽然是周六,但街上行人却很稀少,帝王庙门前未见游客,我先端详了那两块下马碑,似乎不是被砸碎后又拼在一起的。赵迅的《南柯庭集》中有《历代帝王庙》一文,其称:"左右有下马石碑各一座,碑铭用六种文字镌刻'官员人等至此下马',原立于旱石桥两旁,解放后移至门廊前,'文革'中碑身被砸碎、就地挖坑掩埋,仅存底座。1999 年 10 月,挖出后经粘结立于原碑座上。"

因为疫情防控要求,来帝王庙参观必须提前预约,于此扫码后,花二十元买票进入院内。站在院落前方探看,感觉帝王庙分为三路,我从右路前行,先看到钟楼,然对应一侧却没有鼓楼。继续向前走,在一个角落看到堆放着许多碑石残件,可见没有恢复原有建制。

帝王庙的主殿是景德崇圣殿,殿的两侧有四块御碑,登上高阶进入此殿,里面高大敞阔。前方摆着大量的牌位,这些牌位都是后来复制的。戴问天在《父亲的脚印》中写道:"1958 年'大炼钢铁',帝王庙内许多铁铜器被当作'废铜烂铁'捐献。'文革'期间'下马碑'被红卫兵砸烂,帝王和名臣神牌则被当作'四旧',全部改制成板凳。1972 年女三中改为北京

= 历代帝王庙内的御碑亭

■ 景德崇圣殿内景

市第 159 中学,2003 年 1 月撤离,迁入金融街旁边的新校舍。"

看完大殿,继续向后走,最后一座小殿原本是存放祭器的,而今正在办展览。在大殿的后脊一字排开立着许多展板,一一浏览过去,其中第二块展板就是中华教育改进社成立于此的介绍文字。上面有很多人站在大殿前合影的老照片,另外还有一张剪报,内容是改进社成立于此的介绍。这是我在本院中找到的与改进社有关的唯一介绍之文。

按照李菊花在书中所写,教育图书馆办在历代帝王庙的东殿,我不知东殿处在院落的哪个位置,转过大殿,先到东侧殿去探看,这里正在展览从祀名臣。在此遇到一位工作人员,向他询问这里是不是当年教育图书馆的位置,他说不清楚。我又问他这是不是东殿,他说这里没有这个称呼,但东侧的确有一个独立的院落。

走入此院落,这里有正殿、配房,还有一口水井,在院中转了一圈,没有看到介绍牌,以我的猜测,当年的教育图书馆应该就是办在这个院内。

二 东院，应当是教育图书馆所在地

中华图书馆协会图书馆

业绩丰赡，资料全散

中华图书馆协会的成立与美国退还的部分庚子赔款有直接关系。1900 年 6 月，清政府向八国宣战，而后八国联军攻打京津，慈禧太后带着光绪帝避往西安。转年，清政府被迫与列强签订《辛丑条约》，该条约规定清政府赔偿八国款项折合白银 4.5 亿两，此即庚子赔款。其中应当给美国的折合美元 2414 万元，从 1901 年 7 月起分年交付，每年计息四厘，赔付期限为 39 年，本息合计 5335 万美元。

因为赔偿给美国的金额与实际美国战争期间所需军费相差较大，当时中国驻美公使梁诚就此事跟美国政府进行磋商，最终美方同意从 1909 年起实行减收，减收金额为 1100 万美元。对于多收的部分，也会一并退还我国，经过双方沟通，此笔款项用作我国派遣留学生赴美留学之学费。梅贻琦、胡适等正是利用这一部分退款留学美国的。

1917 年，中美一些人士又提请美国政府将赔款的余存部分一并返还中国，1924 年美国国会通过了继续退还庚款案，同时表示该款用于发展中国教育文化事业。根据当时驻美大使施肇基的报告，继续退还庚款的数额为 1215 万美元，分 20 年交付。为了安排这笔款项的用途，1924 年 9 月，中美两国共同组成中华教育文化基金董事会，该会中方代表 10 人，美方代表 5 人。

此基金会在天津举行第一次年会，年会决议为："美国所退还之赔款，委托于中华教育文化基金董事会管理者，应用以：（一）发展科学知识及此项知识适于中国情形之应用，其道在增进技术教育、科学之研究、试验与表证，及科学教学法之训练；（二）促进有永久性质之文化事业，如图书馆之类。"

从 1925 年成立到 1949 年间，该会共资助中国文教组织计 96 个，包括国立北平图书馆、北京大学图书馆、清华大学图书馆等一系列与图书馆有关的项目。

韦棣华女士积极争取退还的庚子赔款，为促进中国图书馆事业的发展作出贡献。洪焕椿在《美国退还庚款补助图书馆事业之由来及经过》一文中称："女士鉴于中国财政困难，教育文化经费拮据最甚，而其支配于社会教育一项者，尤极少数中之少数。在如斯情况下，自非别行设法，筹定可供利用之专款，不足以资振兴中国教育及培植方在萌芽之中国图书馆事业。因忆其本国曾将中国庚子赔款退还一次，用以设立清华学校，今后尚以陆续退还之款,分别用之于中国其他教育文化事业及图书馆方面,实最切要。"

韦棣华向美国方面提出希望将庚子赔款的剩余部分退还中国,把其中一部分用作现代图书馆建设。韦棣华写了一篇请愿书,先是找到美国驻华大使舒尔曼,又在北京找到了一些中外知名人士,向他们宣讲图书馆建设的重要性,之后有150多位人士在请愿书上签字。韦棣华携此请愿书以及中华教育改进社第二次年会通过的两项议案,于1923年9月返回美国,将这些文本呈送给美国总统及国会。与此同时,韦棣华为了能够通过议案,在美国用时一年访问多位美国国会议员及各界名人,最终使得国会通过了总统全权退还庚款余额的动议。

对于此事,韦棣华在给中华教育改进社主任干事陶行知的信中写道:"溯自旧岁十二月一日,即美国议院开始集会之日起,至本年六月上旬该议院闭会之日止,棣华躬赴美京华盛顿株守此都,于参议代表两院内,亲往叩谒。获见参议员八十二人(该院共八十六人),获见代表议员四百二十人(该院代表四百三十五人)。专为庚子赔款案运动,希得通过。两院中未克接谈者,不过数人而已。然棣华亦曾与各该秘书作一度之接洽。"

若将庚款用于图书馆建设,必须得到美国图书馆界资深人士的赞同,有人给韦棣华建议,让她以改进社的名义聘请资深专家前往中国考察。韦棣华说:"后有中美数要人提议,须由贵改进社名义,聘请美国图书馆界中声望昭著之专家,来华考查中国情形及图书馆之急需况状。俾向贵改进社有具体之建议,以便转达中美庚款委员会。棣华旋往纽约省赴美国图书馆全国协会之本年年会。当时即恳请该会资助成此义举,并请选定相当专员以应贵改进社之聘请。"

韦棣华了解到美国图书馆协会会员有6000多人,该会在美国图书馆界最有影响力,同时还了解到该会喜欢对外国图书馆予以帮助,欧洲有多家图书馆受到了该协会的赞助,比如法兰西创办的图书馆专校,但是邀请该会专家来中国考察必须要有一个相关的有实力的机构,于是韦棣华想到了中华教育改进社:"窃以教育改进社者,中国最有声望之组织也,美国图书馆协会者,著名全美之团体也。兹者有此专员来华,匪特能使此两大机关可资联络,互通声气,更可敦笃友谊,而感情则愈浓矣。"

韦棣华在美国申请到这笔款项自然很高兴,所以她写信给陶行知,请其尽快促成此事。她在此信的结尾处还说了几句中国式的谦虚语："此次美国议会议定退还庚子赔款，全赖中国各大老之力，棣华不过稍有所效劳。"

中华教育改进社接到韦棣华的信后，于第三次年会时进行了讨论，改进社董事长熊希龄以该社的名义给韦棣华回信，信中高度赞扬了韦棣华为此所做出的努力："将此事经过情形详为报告后，凡二十省、三特别区及蒙古等处到会会员一千零四十人，对于女士于敦睦友谊、赞助文化上表现此种纯洁之精神，远大之见识，与坚韧之毅力，莫不深致敬仰。"

经过韦棣华的多次联络，美国国会图书馆接受中华教育改进社的邀请，准备派美国国会图书馆馆长赫伯特·普特南作为代表来中国考察图书馆事业，后因普特南工作繁忙未能成行，改派圣路易斯公共图书馆馆长、美国图书馆协会前主席鲍士伟前往中国。鲍士伟著有《美国公共图书馆》《公共图书馆管理》和《图书馆与公立学校之关系》等十多部专业著述，其中以第一部最为著名，曾多次再版。

中华教育改进社接到鲍士伟来华考察的通知后，各地图书馆协会分别致函北京图书馆协会或上海图书馆协会，建议在鲍士伟到达中国之前，从速筹建全国性的图书馆协会，由该协会来负责安排鲍士伟来华的行程和活动。由于各种原因，北京和上海的这两家协会事先没有为此事做联络沟通，而是各自成立了全国性的图书馆协会筹备工作，北京方面成立了中华图书馆联合会，上海方面则准备成立中华图书馆协会。

1925 年 3 月，北京方面先成立了筹委会，该会有委员 10 人，由高仁山任主席，由其他几地的图书馆协会作为发起人，发起人中还包括 56 位个人，这些人包括蔡元培、梁启超、熊希龄、丁文江、傅增湘、胡适等一系列名人，还包括韦棣华。他们在宣言中写道："历代帝君，虚饰右文之典。文教之衰，由来久矣。近虽取法欧美，颇有设施，顾尚馆自为政，不相闻问。将取远效，实待他山。同人服务典藏，行能无似，深苦观摩乏术，商榷莫由。兹经公同定议，请集全国图书馆及斯学专家为中华图书馆协会。"

4 月 12 日，北京图书馆协会在中央公园来今雨轩召开发起人大会，该会推举邓萃英为临时主席，决议组织筹备委员会，由高仁山任主席，邓萃英、熊希龄、范源濂、沈祖荣等 15 人为筹备委员。推举北京图书馆学会会员袁同礼为临时干事，洪有丰、查良钊为书记。4 月 19 日，在北京师范大学乐育堂召开第一次筹备会议,推选熊希龄为筹备会主席。

1925年春,由河南开封图书馆协会提议,请上海图书馆协会筹备全国图书馆协会,该会接到提议后,认为此事应尽快着手:"迭接安徽、山西、浙江、河南、江西等处图书馆之函请,皆以全国图书馆协会之组织,刻不容缓,而为便利进行起见,地点以在上海为宜,故委托该会筹备。该会因即集会讨论,金谓义不容辞,遂乃从事筹备。"(《中国现代图书馆事业概况》)

1925 年 4 月 5 日,上海图书馆协会在上海总商会图书馆召开会议,讨论全国图书馆协会筹备之事。杜定友主持会议,他倡议由上海图书馆协会组织全国图书馆协会,并且说他们收到了青岛、安徽、山西、河南等处图书馆的来函,这十几家图书馆均赞同在上海设立全国图书馆协会,为此决定在 4 月 22 日至 25 日,由各地图书馆代表来沪开会,会后各位代表参加欢迎鲍士伟博士大会。

4 月 12 日下午,上海图书馆协会举行了全国图书馆协会筹备委员会及欢迎鲍士伟博士筹备委员联系会议,计有 14 个地方图书馆代表前来参会。恰好在同一天,北京图书馆协会在北京中央公园来今雨轩召开发起人大会,组织了全国图书馆协会筹备委员会。

杜定友听闻到这个消息后,立即致电袁同礼,请袁前往上海共同商议成立全国图书馆协会之事。袁因事不能脱身,委派蒋复璁为代表前往上海。17 日,杜定友见到了蒋复璁,告诉蒋上海已经成立了全国图书馆协会筹委会,请蒋返回北京后向袁讲明相关情况。

4 月 21 日晚,袁同礼到达上海,与杜定友商议合并北京和上海分别成立的两个筹委会,他们一直商议到凌晨 4 点,方达成一致意见,于 4 月 22 日下午两点共同参加在南洋大学图书馆召开的会议。此次会议由杜定友为主席,讨论了成立全国图书馆协会事宜,但当时没有达成一致意见。

4 月 23 日上午 9 时,各地图书馆代表 60 余人在南洋大学图书馆召开第一次讨论会,会议由杜定友主持,韦棣华、袁同礼发表演说和报告,当天下午继续讨论全国图书馆协会成立问题,同时商讨了组织法、名称、地点等,但因为各方意见不同,未能取得决议。杜定友担心图书馆界形成南北两派,努力说服各方代表。对于此事,黄增章编著的《中国图书馆事业开拓者:杜定友》中描述到:"袁同礼一行于 21 日抵沪进行双方会商,并产生了激烈的争论。原因是北京方面仅代表三四省,上海方面有 17 省之多,且北京方面的人员大都是当时的名流，真正从事图书馆事业的人只有少数。"

为了说服大家接受北方成立的协会，杜定友颇费口舌，事后他追述当时的情形时说："群情汹涌，会议有分裂之势。我以图书馆界出现'南北政府'，期期以为不可，乃奔走斡旋，樽酒折衷，主持会议凡三昼夜……唇焦舌烂，说服多数，为之撮合。承认北平（京）方面，但改选职员。如果上海之全国图书馆联合成立，则我被选为首任会长，自在众料之中。而我放弃个人名誉地位，会务仍由北方戴志骞领导，由我副之。中华图书馆协会始告成立。"（《中国图书馆事业开拓者：杜定友》）

经过杜定友的努力撮合，双方终于达成一致意见，黄增章在书中写道："南北双方达成协议后，4月24日，会议通过协会组织办法，定名为中华图书馆协会，由杜定友等五人起草协会章程。次日，召开协会成立大会，杜定友为临时主席，通过章程草案，宣告中华图书馆协会成立，推举蔡元培、梁启超、胡适、沈祖荣、陶行知、袁同礼等15人为董事部董事，戴志骞为执行部长，杜定友、何日章为副部长。"

当时戴志骞在美国攻读学位，其部长职务由袁同礼暂代。会议决定在6月20日于中华教育文化基金董事会举行中华图书馆协会成立仪式。

5月12日，协会印制了协会调查表，然后请基本会员来推荐各地图书馆同仁入会。5月18日，协会呈请京师警察厅转呈内务部，要求立案。6月4日，警察厅批准了协会所请，之后呈请教育部立案。此呈文为："为报请备案事：窃同礼等前为研究图书馆学术，发展图书馆事业起见，曾联合各省图书馆同人，共同组织中华图书馆协会。业于四月二十五日在沪成立。当经大会通过《组织大纲》，选出职员，并经议决在北京设立总事务所，择日举行成立仪式。兹择定西单牌楼石虎胡同七号松坡图书馆为本会总事务所，并拟于六月二日假南河沿欧美同学会举行成立仪式。理合检中华图书馆协会缘起，及组织大纲，并董事部及执行部职员名单各一份，呈请鉴核，并乞转呈内务部备案，实为公便。谨呈京师警察厅总监。"

协会董事部于1925年5月27日举行第一次会议，公推梁启超为董事部部长，袁同礼为书记，熊希龄、丁文江、胡适等人组成财政委员会，筹划协会基金。推举教育总长黄郛以及施肇基、鲍士伟、韦棣华四人为名誉董事。通过了罗振玉、徐世昌、傅增湘、王国维、张元济、叶德辉、李盛铎、董康、刘承幹、卢靖等 33 人为协会名誉会员。

名誉会员中还有 10 位美国图书馆界专家，该协会分别给这些专家去信，征求意见，各会员分别回信表示同意。其中美国图书馆协会创始人杜威在回函中说："鄙人被贵会推为名誉会员，无任荣幸。"他回忆了 1897 年代表美国图书馆协会前往英国参加维多利亚女王执政 60 周年纪念典礼时，见到了中国代表梁诚的过程。杜威在信中还谈到了创建美国图书馆协会时的艰难："图书馆事业增进平民教育之效能，较学校尤过之；故贵会对此种运动，自当积极参加。但幸勿以进步之缓，而兴丧志之叹。四十九年前鄙人创立美国图书馆协会，未尝不受人讪笑。当日会员仅三十人，经费全无，鄙人服务其中，凡十五载，不仅无酬报，且自付一切费用。今日会员达一万人，'以最善之书籍，用最经济之方法，供给大众之阅读'；辅助教育，影响卓著，各国群起仿效之。"

美国图书馆协会成立后，经过多年的努力，已经受到了各界的认可，为此他鼓励中华图书馆协会说："如贵会办理得当，对于伟大中华民国新生命之贡献，定必无量，此鄙人所敢断言者也。"

6 月 2 日，中华图书馆协会在北京欧美同学会礼堂举行了成立仪式，而后协会发表了《中华图书馆协会成立宣言》，该《宣言》中讲到图书馆的任务不只是搜罗典籍，同时还要弘扬教育文化，他们认为图书馆馆政的好坏，直接决定了学术的兴废与民族的盛衰，但中国虽然建成了许多图书馆，但因为没有专业协会的指导，所以在发展上会有一些问题："国中图书馆近既林立！而应用专学以管理之者，盖犹鲜例。如各馆之内设备必如何而后周；组织必如何而后当；利用藏书之道，何似而宜；启发社会之方，何似而可。以至通乎全国，宜如何分布设置，调剂经费，皆讨议规划，不厌精详。同人无似，爰有中华图书馆协会之组织。将并群力，庶收远效，今以十四年四月二十五日成立于沪，复以六月二日举会于京国。用掬宗旨。敬宣言于国人之前。幸垂教焉！"

在协会董事部举行的第二次会议上，重点讨论了中华教育改进社提出的美国退还庚子赔款的建议书："前由中华教育改进社图书馆教育委员会所提出，拟用美国退还庚款三分之一，建设图书馆之提议，及鲍士伟博士之意见书，经本协会董事部于十四年六月二日议决，认为可行。"同时该协会做了如下细节说明：

一、提出美国退还庚款本利三分之一，发展图书馆事业。

二、假定中华教育文化基金董事会决定只准用利，本协会为确定图书馆事业基础起见，认为有立即创办第一图书馆及图书馆学校之必要：拟请将前三年之本，准予拨给，每年约美金十万元，共美金三十万元。

三、假定中华教育文化基金委员会决定许用本，则照原计画（划）进行；但其中详细办法，得由中华图书馆协会董事部随时斟酌决定之。

1925 年 4 月 26 日下午 3 时，鲍士伟乘轮船到达上海，上海图书馆协会和上海筹建中华图书馆协会的各地图书馆代表 20 余人前往迎接。转天，40 余个社会团体共同举办了欢迎会，此后在两个月的时间内，鲍士伟参观考察了上海、杭州、苏州等 14 个城市的 50 余家图书馆，并且举行了 50 场演讲。《图书馆学季刊》多次刊发了鲍士伟考察时的情形以及他所提出的建议，比如鲍士伟注意到汉字无字母，这对于汉字排检构成困扰，故其建议应当组织专家予以研究："故中国字统一之顺序，为今日亟应研究之问题。前此亦曾有各种方法之创试，惜皆不适于实用。其缺点在不共同研究，各自为法。在作者已煞费苦心，讵知此重大问题不聚多数知者之心力，取同一目标，欲收美满之效果，直缘木求鱼耳。"（朱家治《鲍士伟博士考察中国图书馆后之言论》）

中华图书馆协会刚成立时，对全国图书馆的整体概况了解得不深入，为此，他们开展了全国图书馆调查工作："现在全国共有图书馆若干所，其所在处所，非但从事于图书馆者欲知之，即一般人亦莫不欲知之，本会调查之结果，已发表于会报第三期，兹仍拟继续调查，以期完备。"（《中华图书馆协会第一周年报告》）

第二年，该协会开始调查全国各地的书店情况，之后又开始调查私家刻书版片问题，以及《永乐大典》的留存问题，同时又开始调查国内现存的善本书。

书版可谓图书之母，这是该协会重视书版的原因，为此，他们在 1929 年特别组建了版片调查委员会，该会由徐森玉任主席，王重民任书记，委员中有柳诒徵、陈乃乾、欧阳祖经等。该委员会在《中华图书馆协会会报》和《图书馆学季刊》上分别发布了《启事》："版籍尚矣，萌始于隋唐，大盛于五季；闽雕蜀刻，传古香于后世；坊刊监本，播嘉惠于士林。溯元迄明，士夫不学，读书而义愈晦，刻书而书愈亡。有清朴学独炽，订讹补佚，必以宋刻为征，于是百宋一廛之赋，宋元行格之表，见重于世矣。独叹夫藏书之家，网罗珍秘，核订之士，考索源流，而于板片反多忽焉！宜乎，五百年后，欲求勤有堂、陈道人之刻书掌故者，已云不易，况板片乎？即汲古阁刻板存亡考一书，亦因时尚不远，故得存千百于十一，若再五百年后，亦将有如勤有堂、陈道人者矣。中华图书馆协会有鉴于此，特组织板片调查委员会，拟及时广为调查，详为登记，板片不限新旧，一概著录。"

1932 年，善本调查委员会并入版片调查委员会，由柳诒徵为主席。1935 年，该委员会再次调整，柳诒徵继续任主席，委员有赵万里、傅增湘、张元济、董康、周叔弢、瞿启甲等人。但是调查版片并不容易，最终只完成了河南、江苏、江西等部分地区的调查工作。

1930 年 9 月，该会执行委员会注意到有些旧书店私下里把古书卖到外国，他们致函古物保存委员会，希望予以杜绝，以便保存文化。

此外，该协会还做了许多推广及征集工作，比如曾向海外图书馆致函，发出征书启事。美国国会图书馆在 1938 年 6、7 月间举行的第 60 届年会上，由鲍士伟宣讲了中华图书馆协会的请求，1938 年冬发起全美捐书援华运动，在不到 1 个月的时间内征集到图书 5000 册，此后数量越来越多。美国图书馆协会将第一批书装了一百余箱，先寄到香港。1939 年底，美国各种机构捐赠的图书超过了 25000 册，这些书由美方运到国立北平图书馆香港办事处，再由该处转运入云南，到达之后，由张伯苓提出建议，分配给各院校。

1940 年初，美国图书馆协会又募集到 200 余箱图书，之后运抵香港，此后征集活动仍然在进行中。每月平均有 20 箱书寄到香港。此事进行到 1941 年底，太平洋战争爆发后，香港被日军占领，书籍无法运送，征书活动被迫中断。

中华图书馆协会在开展业务的同时，也自办有图书馆，任继愈主编的《中国藏书楼》一书下篇《中国藏书大事年表》中说："'中华图书馆协会图书馆'成立。主要负责搜集图书馆学研究的各种书刊。以协会所刊行的出版物与国外进行文献交换活动，交换国家涉及英、法、德、美、苏联、日本、比利时、西班牙、捷克等。"

但是，对于该图书馆藏书的情况，却难以查到相关史料，李彭元在《中华图书馆协会史稿》中提到："令人遗憾的是协会无形解散以后，有关中华图书馆协会的完整档案资料却始终未见踪影。无论是台湾学者宋建成，还是大陆青年学者王阿陶，在开展有关中华图书馆协会历史的相关研究时，均未能发现有关中华图书馆协会的档案资料。"

为什么会出现这种情况，李彭元在该书中转引了《中华图书馆协会会报》第 21 卷第 3、4 合期上刊发的消息："本会事务所战前即有迁京之议，业与中国工程师学会等联合筹建中国学术团体联合会所于首都西华门，不幸战乱发生，工程中辍，战后经济情形益劣，短期内难有独立会所。经袁理事长与蒋常务理事商定，本会会所由北平图书馆迁至南京中央图书馆内，所有事务亦由中央图书馆派员办理，以节开支，并请于震寰为常务干事。（1948 年）三月间由北平移来最近档案及图章戳记，由上海移来已出版会报若干册。此外尚有旧档及会报一箱存重庆沙坪坝南渝中学，又书物八箱于抗战期内由李钟履先生存入北平政治学会，皆因财力不足未能移运来京。"

李彭元说这是"有关中华图书馆协会档案资料的最后消息"，"此后，又历经近七十年的沧桑岁月，不知中华图书馆协会的档案资料尚存天壤之间否。档案资料的缺失是中华图书馆协会研究的最大遗憾"。

直到今日，未能发现与该协会有关的档案面世，想来那些档案中一定有关于该协会图书馆的藏书具体情况，期待着该史料能够再次出现。

对于中华图书馆协会的办公处，以及图书馆所在的位置，施金炎、施文岚编著的《中国书文化要览·近现代部分》一书中说："中华图书馆协会在上海召开成立大会。通过协会章程，推蔡元培、梁启超等 15 人为董事，戴志骞为执行部部长，杜定友、何日章为副部长。事务所设在北京西城松坡图书馆。协会下设图书馆教育及分类、编目、索引、出版等五个委员会。6 月 2 日，在北京举行成立仪式。该协会办有会报和图书馆季刊，并附设图书馆。"

此处提到了协会图书馆位于松坡图书馆，然当年的松坡图书馆有两个办公地点，一是位于北海公园，二是位于石虎胡同 7 号，该馆处于哪里，霍瑞娟在其专著《中华图书馆协会研究》中所列的"中华图书馆协会大事记"称："（1925 年）4 月 25 日，中华图书馆协会在上海成立。大会通过组织大纲,蔡元培、梁启超、胡适等15人被推举为董事部董事,戴志骞被推举为执行部部长,杜定友、何日章为副部长,聘定执行部干事33人,并经议决在北京设立总事务所,地址位于石虎胡同七号松坡图书馆,择日举行成立仪式。"

李彭元在其专著中亦称 :"协会成立之初,因事务冗繁,总事务所地址亟须觅定。北京松坡图书馆慨然将该馆石虎胡同7号第二馆房屋三间暂作协会总事务所之用。1925年6月,聘请国立北京美术专门学校图书馆书记于震寰为总事务所书记,掌记录缮写及保管文卷簿册,常川到会办公。"

但是此时该协会的办公地点是暂借性质,在那里设立图书馆的概率似乎不高,到1927年,该会从松坡图书馆迁出,霍瑞娟在"大事记"中写道 :"3月1日,中华图书馆协会搬离石虎胡同七号松坡图书馆,迁入北京图书馆内。"

这里所说的迁入北京图书馆,应该是指北图与北海公园之间的那块隙地,陈源蒸等编的《中国图书馆百年纪事(1840—2000)》中称 :"6月,中华图书馆协会图书馆于北京文津街1号开办,藏书重点为图书馆学。"可见,中华协会图书馆开办于文津街1号。

2022年3月18日,我前往文津街1号,去寻找该协会图书馆,而今这里是北海公园的旁门,沿着湖边窄路一路向北走,一百余米后看到一处仿古建筑,其匾额为西华艺楼。门柱上挂着北海公园管理处的招牌,不清楚这个地方是否为协会图书馆旧址。继续向前走,看到一座三层高的中西合璧式楼房,此楼已处在公园院外。在公园的一侧建成了游客休憩的长廊,长廊内挂着一些宣传板,一一浏览过去,没有提到中华图书馆协会图书馆。

于此处向工作人员询问,对方告之如果继续北行,就走到了公园北门位置。沿途已经没有古建,只好掉头回返,走到入口不远处,这里有铁栏杆,透过栏杆可以看到国家图书馆古籍馆的主楼距此不足十米远。如此推论起来,这么窄的地方盖不下图书馆,但是文津街1号院落的入口位置与古籍馆门前的广场相邻,并且在这个位置有一块伸入水中的半岛。而今,这里为公园管理处,想来此处很可能是中华图书馆协会图书馆旧址。可惜找不到可以印证的史料。

西华艺楼

≡ 北海公园内的琼岛　≡ 北海公园湖边

一星期后,我前往小石虎胡同,去探看中华图书馆协会成立后的第一个办公地点。打的来到此处时,眼前所见是在一片高楼大厦中夹着的一处古建维修点,这里四周都包起了围挡,从上面探看,里面正在做古建维修。我在施工处敲门,里面一位工头模样的人问我有何事,当他听闻我的想法时,明确地说上面有要求,施工期间禁止拍照,他建议我过几年修好后再来拍照。

看来古建修复工程需要慢工出细活,然来到此处不能拍照,总是觉得遗憾,我站在那里张望一番,看到两侧的高楼大厦均为商业机构,猛然想起曾在网上看到过俯瞰拍照的照片,其定然是在其中一座楼上开窗拍到的,于是我走入一座商厦,向工作人员直言自己想上楼开窗向下拍照,工作人员告诉我说,高楼上的窗户没办法打开。当对方听我说看到俯瞰照片时,他突然说:"有可能是在天桥上拍的。"而后他告诉我如何能够走上天桥。

按其所言,果然在天桥的拐角处可以看到院内情形。但眼前所见是全部用围挡包起来的多个房屋,有几间房的屋顶也被遮盖了起来,此时真的难以看到古建的模样,我还是有些不死心,于是转到天桥的另一侧,在那里总算看到了几个屋顶,同时注意到有几位施工人员正在屋顶上搭脚手架,看来过不了多少天,连房顶都拍不到了。

■ 小石虎胡同7号，中华图书馆协会曾在此办公

附：北京图书馆协会

我国最早的地方图书馆联合会

1918 年 12 月 3 日，北京中学以上学校图书馆主任在汇文大学开会，商议组建一个北京地区的图书馆协会。此次会议推举出袁同礼、李大钊、葛飞伦、高德、李崇文、德韦思为筹委会委员。

1918 年 12 月 21 日《北京大学日刊》刊发了《北京图书馆联合会之组织》的报道："前由汇文大学发起，约集北京各图书馆于十二月三日下午四时在该校开会，议北京各图书馆相互之联络，以未及到会者尚有多处，故仅指定起草委员数人。旋于七日下午三时在本校开一起草委员会，议定会章及附则若干条。并定于今日下午二时在本校文科事务室开北京各图书馆全体会，议决会章及一切重要事项云。"

12 月 28 日，北京图书馆协会在北京大学举行成立大会，袁同礼当选为会长，高德为副会长，李大钊为中文书记，葛飞伦为西文书记，此乃是中国历史上第一个图书馆协会，也是我国第一个地方性图书馆联合会。

1919 年 1 月 21 日《北京大学日刊》刊发了《北京图书馆协会成立纪闻》："北京图书馆协会于去年十二月二十一日午后二钟，假本校文科事务室开成立会。各馆代表到会者共二十人，当将会章及附则各六条议决通过，并即选举职员。清华图书馆代表袁同礼君当选为正会长，副会长，本校图书馆代表李大钊君与汇文大学图书馆代表高罗题君（Mr. Galt）得票相同，即提出高君请众认可，高君当选为副会长，李君当选为中文书记。协和医学校图书馆代表吉非兰女士（Miss Crilfillon）当选为英文书记，北京图书馆协会遂完全成立。兹闻将于本星期六日即二十五日下午一时半，仍假本校开第一次职员会，商议进行方法云。"

日刊同时刊发出了《北京图书馆协会章程》：

一、本会定名为北京图书馆协会。

二、本会宗旨，在图谋北京各图书馆间之协助互益。

三、本会会员，以图书馆为单位，但须设有专任职员者始得入会。每馆派代表一人，有投票权，其他职员亦可到会与议，但无投票权。

四、本会设会长一人、副会长一人、中文书记一人、西文书记一人，每年春节常会选举之。上列各职员得组织职员会，如须委员协助时，职员会得由会员中指定之。

五、本会每年开常会二次，于春秋两季举行。其地点、日期，由职员会商定,遇有必要时,职员会得召集特别会。

六、本章程经出席代表三分之二之肯定,得行修正。惟修正案,须于开会前一星期通告各会员。附则之修正,得以出席代表之多数通过之。

转天,《北京大学日刊》又刊发出《北京图书馆协会成立纪闻（续）》附则：

一、以个人书藏加入本会者,经本会职员会认可,得为准会员,享会员同等权利,但无投票权。

二、各图书馆所藏图书,凡经本会会员之介绍者,得互相来往参考之。

三、各图书馆互借图书、应由图书馆自为交涉。

四、各图书馆应于每年春季常会报告各该馆一年之成绩,其报告书、应由书记保存之。

五、各图书馆应谋互换其出版物。

六、本会如需费用时,经大会议决,由各图书馆均担之。

可见,该会在成立之初就已有了完备的章程制度,几乎考虑到了相关问题的方方面面。但是这个协会创建后不到一年就解散了："民国七年的时候,北京各图书馆发起北京图书馆协会,当时已经起草章程,修正通过。因为教育部不准立案,加以经费困难,就停顿了。"（杨昭悊编《民国丛书 第1编 46 文化 教育 体育类 图书馆学》）

在中华教育改进会的第二次年会上,戴志骞提交的《组织各地方图书馆协会案》获得通过,该会积极推动各地创办图书馆协会。1924 年 3 月 26 日下午,中华教育改进社在该社总部召开了北京图书馆协会筹备会,拟定《北京图书馆协会简章》。四天后,该会正式成立,当时有三十多人参会,推举戴志骞为会长,冯陈祖怡为副会长,查修为书记。后来戴志骞第二次赴美深造,北京图书馆协会改选袁同礼为会长,冯陈祖怡为副会长。

1924 年 8 月创办并出版的第一期《北京图书馆协会会刊》中称："（该会）是第一个比较完备的地方图书馆协会,在中国图书馆史上具有相当重要的地位。"

成立大会上有 12 名甲种会员、17 名乙种会员到会，4 月 20 日，该协会在清华学校图书馆召开第一次年会，到场的甲种会员增至 16 位，乙种会员增至 26 位。

1928 年 6 月，国民政府接管北京，将北京改为北平，而后北京图书馆协会改组为北平图书馆协会，同时修改章程。袁同礼建议以会员大会作为决策部门，于是选举了执行委员和监察委员，先行推定五人组成的"修改会章起草委员会"。该委员会重新拟定了相关文件，于 12 月 23 日在燕京大学召开常委会。此次会议由袁同礼主持，逐条讨论了所拟草案，最后大会同意将会长制改为委员制，实行决策民主化，以大会为决策机关，另设七人组成的执行委员会与五人组成的监察委员会。

1930 年 6 月 7 日，胡适前往故宫博物院图书馆看书，正赶上北平图书馆协会在此举办本年度第三次常委会，该会邀请胡适即席讲演，于是讲到了前几天在回答北大某学生提问时讲的一段话：

> 良好教师可求而不可得，图书馆则可求而可得，故青年当埋头于图书馆中。北平好图书馆极多，为全国读书最适宜之所在。如北京大学、清华大学、国立北平图书馆、政治学会图书馆，所藏适用书籍颇为丰富。惜青年对埋头读书一层，尚不能彻底耳。

在胡适看来，北平最难得之处就是有很多图书馆，他认为图书馆的作用远超过学校和老师的作用："我国年来学校教育不过骗人而已，作校长，作教员，官立学校，私立学校，鄙人均曾有其经验。所授予学生者毫无真东西，能供给真正之知识者，惟有图书馆耳。"

为什么这么说呢? 胡适以个人经历讲道："昔余在美国康奈尔大学读书时，校长白氏（Burr）亲教历史学，即在图书馆中授课（此馆即名白校长图书馆）。授课时首先认定题目，互相研究，诸生各报告其心得，在架上自觅书籍参考。始初亦多感觉无味，继续鼓励，乃颇引动兴趣。有时发现不经见之书，更能发生新兴趣，所谓图书馆为真正好教师也。各学校近来时有风潮发生，人皆知其影响学生课业甚大，然图书馆如不停止，不罢工，则所谓学风，所谓学潮，皆不成为问题。"

接下来胡适讲到了孔德学校图书馆收藏的小说为中国第一，他以此为例, 希望有些图书馆能有各自的特色, 比如故宫图书馆应当多藏殿本开化纸的书, 协和医学院应当重点收藏医书等等, 以此避免重复而浪费有限的财力。同时, 他也讲到国外图书馆大量收购中国古书, 希望相关图书馆能够增加费用, 将这些书留在国内, 以便给学者提供更为充足的研究资源。他在讲话中具体提到了松江韩氏售书的消息, 以及铁琴铜剑楼和海源阁藏书陆续要散出的情况, 可见他对国内私家藏书楼的情况了解得很清楚。

古书外流也是北平图书馆协会关注的问题, 早在 1929 年, 该协会已经通过中华图书馆协会向国民政府建议, 全国海关要禁止古书出口, 此后中协将该议案与其他相关议案合并为"防止古籍流出国境案"。此案得到了行政院的认可, 之后颁布了《禁运古籍须知》, 同时国民政府指示教育部、铁道部、交通部、财政部等部门联合执法, 共同抑制古籍文献非法出境。

胡适在讲话中提到的诸多问题, 对北平图书馆协会都有着提示意义, 他们以数据为依据, 指出各馆购书经费并不少, 但因为各馆之间没有互通购书信息, 致使许多图书馆采购的书出现重复。为此, 北平图书馆协会通过会务交流, 基本实现了各馆之间采购信息共享, 有效地节约了购书经费。

为了便于对外交流, 北平图书馆协会设置了"国际交换局", 该局代为转寄学术团体出版品, 实行免交邮费待遇。此建议得到了中华图书馆协会的认可, 经共同努力, 中研院颁布了关于图书等出版物的国际交换原则, 明确认可北平图书馆协会的建议。

在国内图书邮寄方面, 北平图书馆协会会员于震寰发现图书馆寄书费用过高的问题, 为此, 他在中华图书馆协会年会上提出了减轻图书馆寄书费用的建议。

对此, 交通部答复说："国内书籍内邮费, 现行资例尚系民国九年一月起更订, 实行已来, 已历十年。现在社会生活程度日高, 百物腾贵, 各地邮局所付运费较前增高数倍, 而内地及边远尤觉高昂, 远非十年前所可同日而语, 邮局转运书籍报纸等, 赔折甚巨。……对于所请减轻邮费一节, 认为窒碍难行。"

此后, 教育部与铁道部、交通部继续沟通, 至 1934 年公布了关于运载教育物品的减价章程, 使得图书运输费用大降。

另外, 北平图书馆协会为了增加各图书馆的藏书量, 他们通过中华图书馆协会呈请教育部转呈国民政府《请国民政府整理前北平政府各机关旧存出版品分赠各图书馆案》，文中提出："民国元年以来，北平政府各机关所刊出版品甚多，前北京大学及北平北海图书馆均编有专目，阅者称便。惟以搜集不易，未能完备。现查此项出版品，存储于各部院北平档案保管处，为数甚多。拟请国民政府明令北平各保管处，从事整理，并分赠各大图书馆以广流传。"（《中华图书馆协会第一次年会报告》）

为了摸清家底，北平图书馆协会从 1929 年到 1933 年编制出版了多种联合目录，比如有《北平各图书馆藏西文书籍联合目录》四册，另有《期刊目录补编》一册。此乃北平 29 家图书馆所藏西文书籍的总目录，该书著录书籍 85000 多种，经过调查编纂，历时三年方完成。

《北平各图书馆所藏中文期刊联合目录》涵盖了北平 24 个图书馆所藏中文期刊 1100 余种。《北平各图书馆所藏丛书联合目录》收丛书 900 多种。另有《满文书籍联合目录》和《北平各图书馆所藏中国算学书联合目录》。

1937 年，北平沦陷后，该协会停止了一切会务，袁同礼等协会主要成员大多随各图书馆西迁。1945 年，北平光复，各会员陆续回到北平。1945 年 12 月 2 日，北平图书馆协会在国立北平图书馆召开了光复后的第一次会员大会。此次有 50 多家图书馆代表和 100 多名会员参加，会议公推国立北平图书馆等 12 所图书馆代表组成"临时会务负责推进人"，以此重新做会员登记等工作。

因为全面抗战时期很多图书馆的藏书流入旧书店或私人手中，北平图书馆协会提请北平市政府协助各图书馆收回书籍，他们制定了《北平圕协会拟订收回散失图书办法》，该办法提出："凡持有各图书馆盖有章记及留有暗记或遗有章记痕迹之图书，统限于民国三十五年一月底以前办理之。"

凡是盖有北平各图书馆收藏章或者留有暗记之书，都需要在 1946 年 1 月底前交付给原馆。为了鼓励民众能够交出图书馆散出之书，北平图书馆协会提议得书之人可将此书的书名、版次、册数等信息写在清单上，为了打消藏书人的顾虑，北平图书馆协会承诺："图书经审查后估定价值，通知各图书馆备款赎回，其无力赎回或不拟赎回者则加盖查讫字样仍行发还，听其自由售卖或保藏。"

全面抗战时期的确有很多公藏之书散失出来,谢兴尧在《堪隐斋随笔》中写道:"山东图书馆所藏,在省立中可称巨擘。方(卢沟桥)事变后,即闻最先散出,并闻隆福寺某书店派人至鲁坐收,所获甚夥。乃亲至某书店欲选购,讵彼坚不承认,且藏之极秘,即同行人亦弗得见。后余开一目录,悬之书室,愿出大价征求,不数日书样遂至,中如张兆栋《剿办回匪奏议》,及《潍县方言考》等,果有'齐鲁先哲遗书'印章,足证所闻非虚。"

北平图书馆协会史上最重要事件之一,乃是接待鲍士伟来华之事,1925 年 3 月,美国图书馆协会派鲍士伟来华调查中国图书馆事业。对于此事,该协会予以积极响应,4 月 12 日下午 3 时,他们在北平中央公园来今雨轩召开了发起人大会,此会公推邓萃英为临时主席,袁同礼为临时书记,由高仁山报告筹备的经过,同时决议组织筹委会。

对于此次参会人员,王文岭撰《陶行知年谱长编》转引 1925 年 4 月 11 日北京《晨报》报道:"4 月 12 日(陶行知)与蔡元培、梁启超、黄炎培、张伯苓、熊希龄、颜惠庆、汪精卫、袁希涛、丁文江、胡适等出席在北京中央公园来今雨轩举行的中华图书馆协会发起人大会。"

筹委会决定由北京、南京、江苏、上海等各地图书馆协会会长和邓萃英、熊希龄、范源濂等 15 人共同组成筹委会,推举北京图书馆协会会长袁同礼为筹委会临时干事,由他主持具体事宜。

中央公园内的来今雨轩是个有故事的地方,此楼创建于 1915 年,最初是由赵升承租,于此开设华星餐饮和茶座。中央公园即今日之中山公园,位于天安门旁边,因为交通便利,这里成为了文人雅聚之地。中央公园的创建人是北洋政府内务总长朱启钤,他根据杜甫《秋逝》诗小序中所言"秋,杜子卧病长安旅次,多雨生鱼,青苔及榻,常时车马之客,旧雨来,今雨不来……",给此饭店起名为来今雨轩,还请北洋政府大总统徐世昌题写了匾额。

2022 年 4 月 3 日,前往中山公园探访来今雨轩,因为交通管制,出租车不能在天安门附近停车,于是我停在长安街边上的一条小巷内,步行约两千米走到了中山公园西门。虽然两天前我已做了预约,但仍需在门口排队,据说是疫情防控要求。寻访当日天气甚好,我站在外面晒了半小时太阳,身上有种暖洋洋的感觉,但是这么多人密密地在一起排队,还是让人担心会感染新冠。

二 来今雨轩外观

终于进入院中，从地图上看，来今雨轩是在南门附近，于是斜穿公园，终于找到了那个独立的区域。在前广场上先看到了著名的太湖石"青云片"，此乃朱万钟的旧藏，后来乾隆皇帝把它移到了圆明园。乾隆皇帝很喜欢这块石头，为此写了八首御题诗。1925年此石被朱启钤移到了中央公园。此石被铁栏杆围了起来，我在那里探头探脑一番，没有看到乾隆所书"青云片"三个字。但这块石头矮趴趴的，我体会不出乾隆皇帝为什么这么喜欢它。

青云片后有一个不小的广场，广场的南端就是来今雨轩的前围墙，从外观看过去，来今雨轩是一座仿古建筑，但是《中央公园二十五周年纪念册》载："（民国四年）建来今雨轩。坛外东南隅建大厅五楹，环厅四出廊。厅后置太湖石山景，为广东刘君所叠，前置石座湖石一。原拟为娱乐部，嗣改为餐馆，有徐大总统题匾。民国十五年，厅前增建铅铁罩棚七间，以避风雨。"

此楼门前还有铁皮罩，而今已被拆除掉了。走到铁栅栏前，看到此轩之前还有一块太湖石，想来这就是纪念册上所言之"石座湖石"。铁栅栏外有介绍牌，上面称这里是中国共产党早期革命活动旧址，"1919年7月少年中国学会成立后，李大钊、周恩来、邓中夏、高君宇等多次来来今雨轩参加学会的聚会、座谈会，阐明政治主张"。

来今雨轩两侧有回廊相通，因为天气突然热了起来，再加上此刻是中午，很多游客坐在回廊里吃包子，我好奇于他们为什么吃的是同一种食物，猜测这是一个旅游团队。走入院中，此时院里排着两支队伍，左边的一支竟然是在刷印木版水印的鲁迅像，因为是免费赠送，所以有不少人在此耐心等候。这位刷印人旁边的提示牌上，写明让游客保持一米的距离，然无人遵守。

转到右侧，去探看那一队游客，原来包子出自此处，介绍牌上称这里的包子很有名。我站在那里瞬间就闻到了包子的香味，但看到那长长的队伍，只好咽了咽口水，先进来今雨轩去拍照。

走到正门前，先探看了匾额，此匾字迹显然不是出自徐世昌之手，回来后查《中山公园志》，书中写道："1966年'文化大革命破四旧'时，将北洋政府大总统徐世昌题写的来今雨轩匾额摘下做了面案。1971年'五一九工程'后，来今雨轩经重新装修油饰，但无匾额。当时负责施工的北京房

修二公司请书法家郭凤惠重新书写'来今雨轩'四字,并制成木质匾额,悬于来今雨轩的南面厅门上方。"

大门口有工作人员看守,我走上前问他可否入内拍照,他很和气地点点头,让我先扫码再进入。

来今雨轩里面很敞阔,中厅为餐厅,摆放着一些方桌,每个桌上都有食客,看来生意不错。但是当年这里的经营情况并不佳,1929 年初,因为营业亏损,承包人赵升急得患了癫痫症,于这年 2 月退租。此后由王尧年续租,于此开设了公记西餐馆兼茶座,此人很会经营,这里迅速火了起来,一直经营到 1950 年才歇业。这里的菜品颇有名气,许多讲美食的书都会谈到来今雨轩的名菜,有赵先生鸡丁、干烧鱼、家常鳝段等。我偷偷地望了望,好像没人点这几道名菜。

餐馆的两侧有楼梯可以登上二楼,我先从左边上楼,上面也摆放着一些餐桌,只是没人登楼。这里挂着一些展板,上面介绍说,1921 年 1 月 4 日,文学研究会在此成立。

对于该会的情况,郑源在《郑振铎画传》中称："1921 年 1 月 4 日,由郑振铎牵头,与沈雁冰（茅盾）、叶圣陶、周作人、蒋百里、朱希祖、耿济之、瞿菊农、郭绍虞、孙伏园、许地山、王统照等十二人一道发起的文学研究会在北京中央公园来今雨轩正式成立。这是五四运动后我国成立的在中国现代文学史上占有重要地位的一个文学社团。"

在这里看到了多个参加该会人员的老照片,其中就有郑振铎,叶圣陶说："郑振铎是最初的发起人,各方面联络接洽,他费心最多。"郭绍虞亦称："文学研究会的发起与筹备都是郑振铎一人之力。"

在此会成立的前两天,郑振铎给周作人写信,邀其前来；"文学会开成立会,如先生可以,务请必至,时间为 1 月 4 日,地点在中央公园来今雨轩, ——请注意,不在水榭。"

当时参加会议的有周作人、朱希祖、郑振铎、瞿世英、王统照、叶圣陶等,茅盾也是发起人,他当时在上海,没能参加这场聚会。此后他们在《小说月报》发表了《文学研究会简章》,以及由周作人起草的《文学研究会宣言》。为什么鲁迅没有加入文学研究会? 茅盾在《革新〈小说月报〉的前后》中说："文学研究会的宣言,据郑振铎说,是周作人起草而经鲁迅看过的。鲁迅为什么不做文学研究会发起人甚至也不算是会员呢? 据说,当时北洋政府有所谓文官法,禁止各部官员参加社会上的各种社团;鲁迅那时还在北洋政府教育部任金事,因此不便参加文学研究会。"

但是鲁迅经常来此,并且也在这里吃过包子。许钦文在《来今雨轩》一文中写道:"一个茶房走过,鲁迅先生向他招手,轻声说了些话,不久那个茶房就送来了一盘包子,热腾腾的;鲁迅先生放下报纸,稍微静了一下,到那热气渐渐减少下去,不再烫手的样子了,他就拿起一只包子,用另一只手把那装着包子的盘子推到我的面前,微笑着说:'这里的包子,可以吃;我一个就够了。钦文,这些就由你包办吃完罢!'他一个包子很快就吃完,就又拿起报纸来翻阅。"

来今雨轩跟鲁迅还有一个重要关联,当年魏建功在此举办婚礼,出席婚礼的刘半农把台静农拉到席外,告诉他瑞典学者斯文·赫定想给鲁迅提名诺贝尔文学奖,他让台静农写信征求鲁迅的意见,后来鲁迅回信称:

> 九月十七日来信收到了。请你转致半农先生,我感谢他的好意。为我,为中国。但我很抱歉,我不愿意如此。
>
> 诺贝尔赏金,梁启超自然不配,我也不配,要拿这钱,还欠努力。世界上比我好的作家何限,他们得不到。你看我译的那本《小约翰》,我那里做得出来,然而这作者就没有得到。

当年北大等五家单位在来今雨轩为杜威离华举行饯别会,80多位学界名流出席,北洋政府教育总长范源濂被推为主席,胡适为范源濂的致辞作英译。胡适在当天的日记中写道:"(中午)十二时余,博士(杜威)一家莅止,稍事寒暄,即入席。酒数巡,主席范源濂起立致辞,由胡适译为英语……"胡适不仅为范源濂的致辞作英译,还代表北京大学致辞,号召思想界把杜威的方法"养成一种思想上的习惯"。他所说的杜威的方法,就是指"历史的方法"和"实验的方法"。可惜的是,他没有记录那次的宴请是否有来今雨轩最著名的冬菜馅包子。

二楼两侧不相通,我下楼后穿过中厅又登上了另一侧,这里的展板上写着"少年中国学会主题展区",也是用展板的形式讲解了那段重要的历史。1920年8月19日,李大钊在此出席了少年中国学会北京会员茶话会,

= 左侧二楼情形　= 少年中国学会介绍展板

并且发表了讲话,此后他又多次来这里参加相关活动。

在楼内一一探看,看到不少介绍,遗憾的是,它们都未曾提到北平图书馆协会的那次重要活动。

图书在版编目（CIP）数据

馆窥 : 我的图书馆之旅. 辅翼编 / 韦力著.
北京 : 国家图书馆出版社, 2024. 6. -- ISBN 978-7
-5013-8140-1

Ⅰ. G259.25

中国国家版本馆CIP数据核字第2024YX6939号

书　　名	馆窥——我的图书馆之旅（辅翼编）	
著　　者	韦　力　著	
责任编辑	王燕来　王　雷　闫　悦	
责任校对	宋丹丹　霍　玮	
封面设计	周　晨	

出版发行	国家图书馆出版社（北京市西城区文津街7号　100034）
	（原书目文献出版社　北京图书馆出版社）
	010-66114536 63802249 nlcpress@nlc.cn（邮购）
网　　址	http://www.nlcpress.com
印　　装	北京雅图新世纪印刷科技有限公司
版次印次	2024 年 6 月第 1 版　2024 年 6 月第 1 次印刷

开　　本	787 × 1092　1/16
印　　张	26
字　　数	350 千字
书　　号	ISBN 978-7-5013-8140-1
定　　价	100.00 元